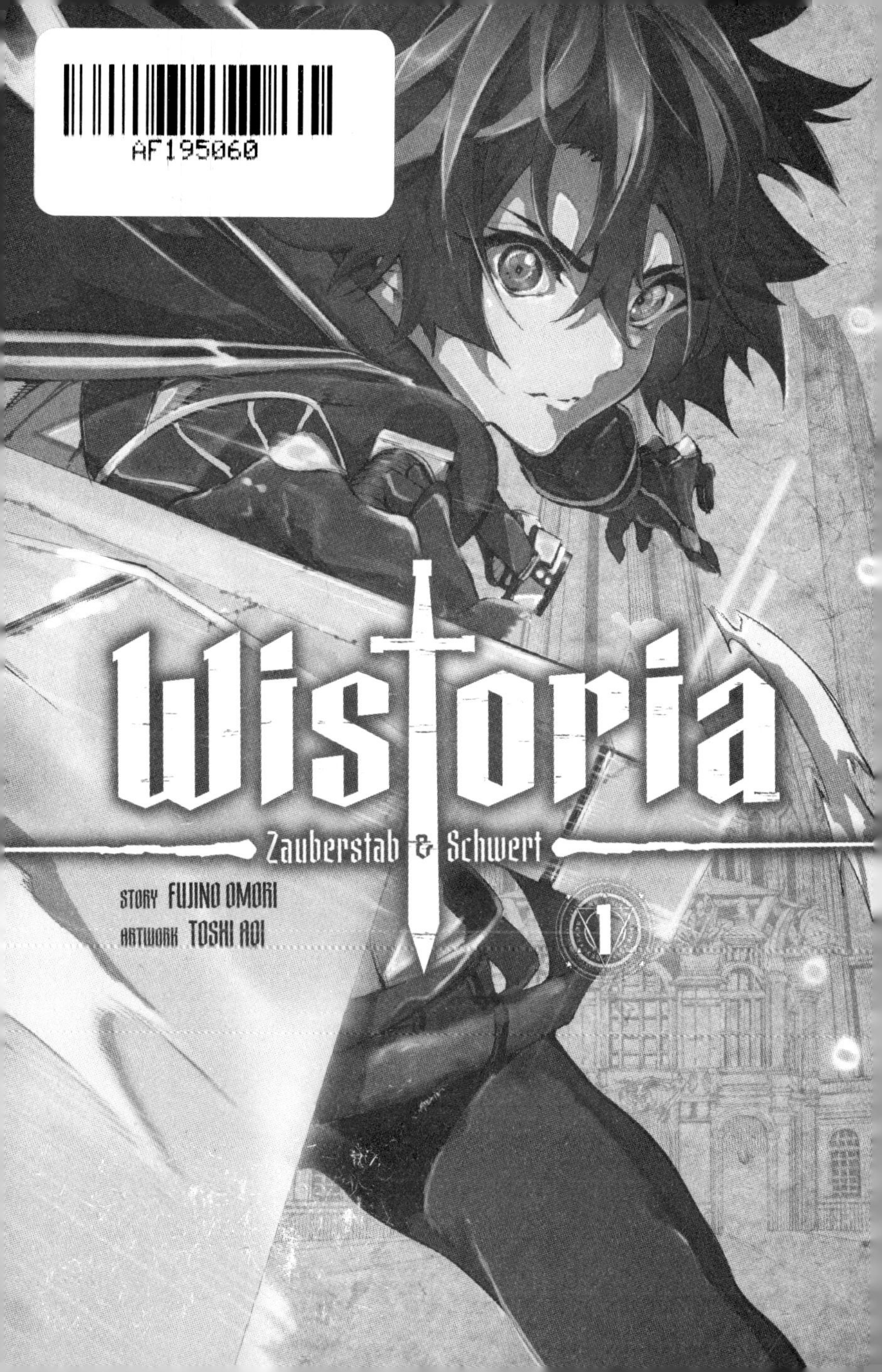
Wistoria
Zauberstab & Schwert
STORY FUJINO OMORI
ARTWORK TOSHI AOI
1

Inhalt

Kapitel 1 Lass mich dein Schwert sein **003**

Kapitel 2 Unerschrocken **073**

Kapitel 3 Auftraggeber und Watcher 1 **129**

Kapitel 4 Auftraggeber und Watcher 2 **161**

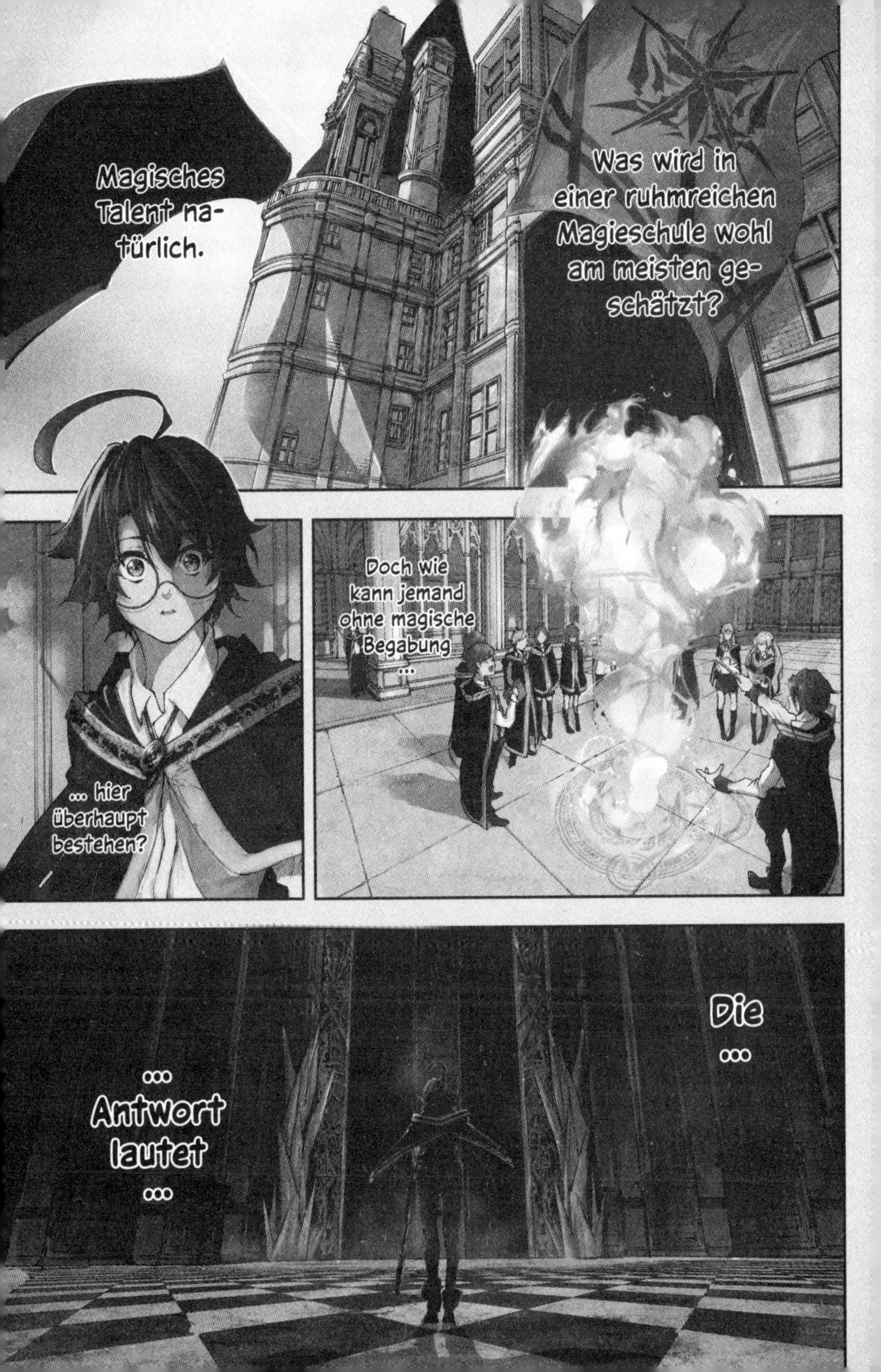
Was wird in einer ruhmreichen Magieschule wohl am meisten geschätzt?
Magisches Talent natürlich.
Doch wie kann jemand ohne magische Begabung ...
... hier überhaupt bestehen?
Die ...
... Antwort lautet ...

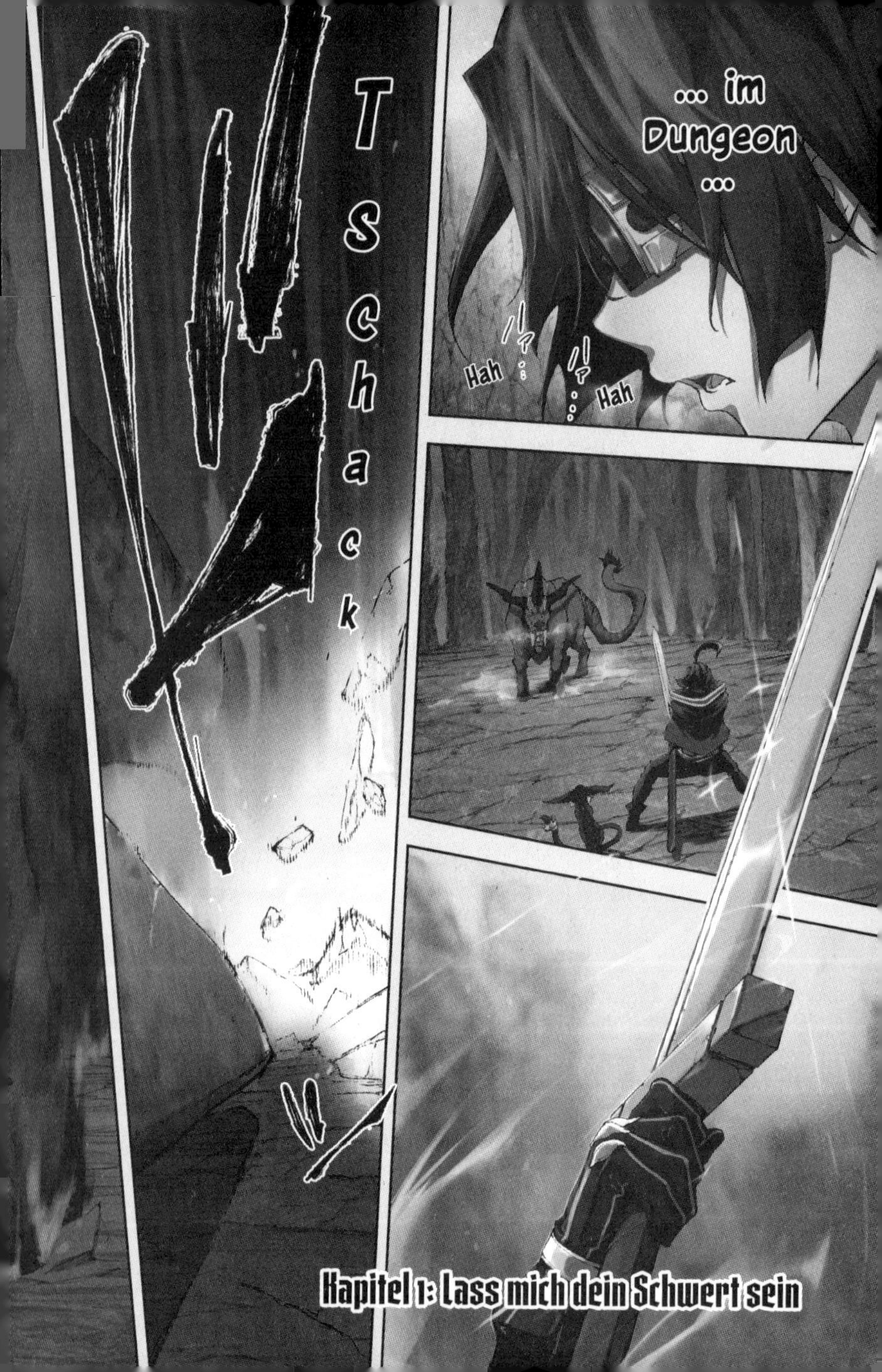
... im Dungeon ...
Hah
Hah
Kapitel 1: Lass mich dein Schwert sein
Tschack

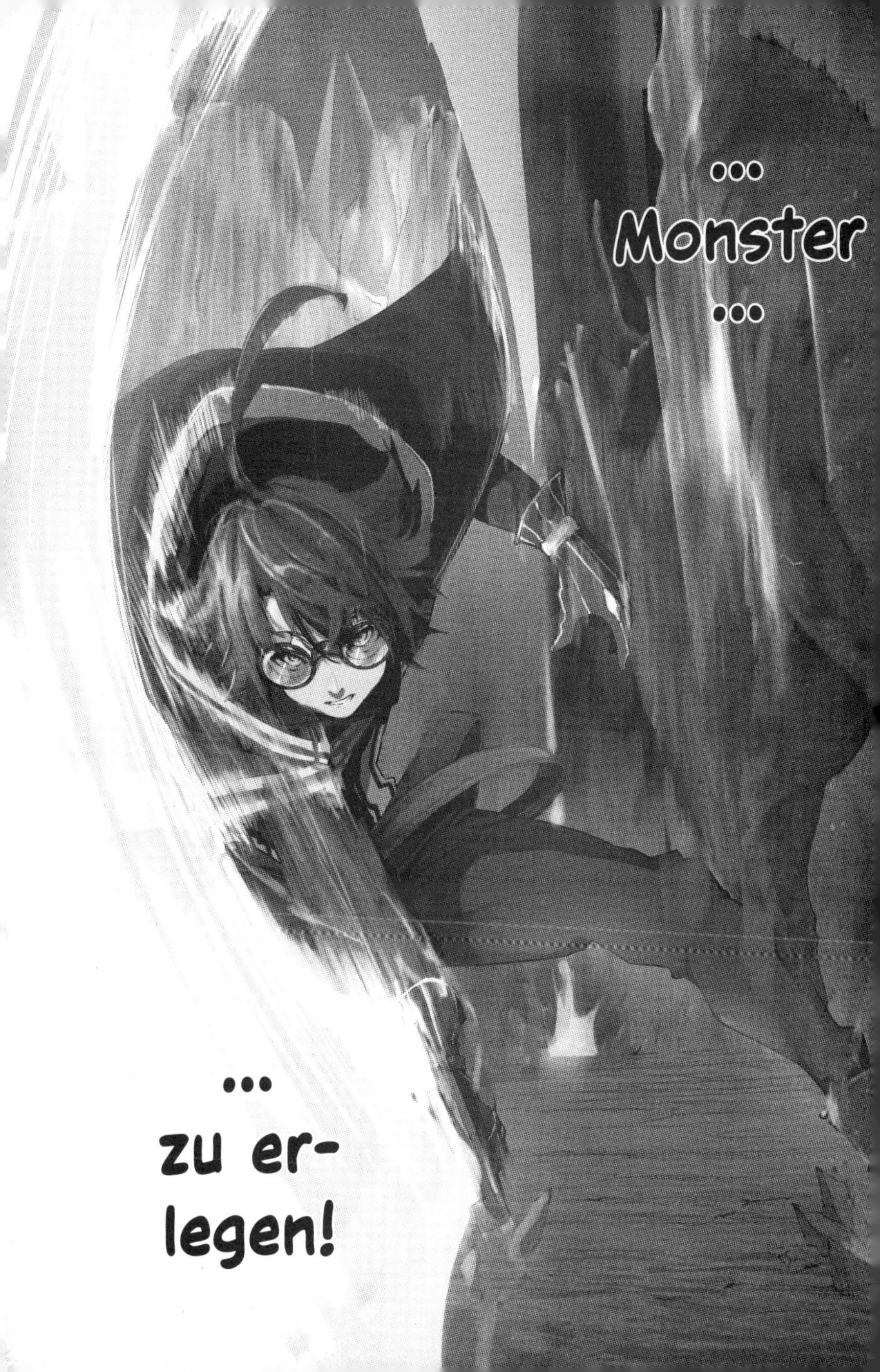
... Monster ...
... zu erlegen!

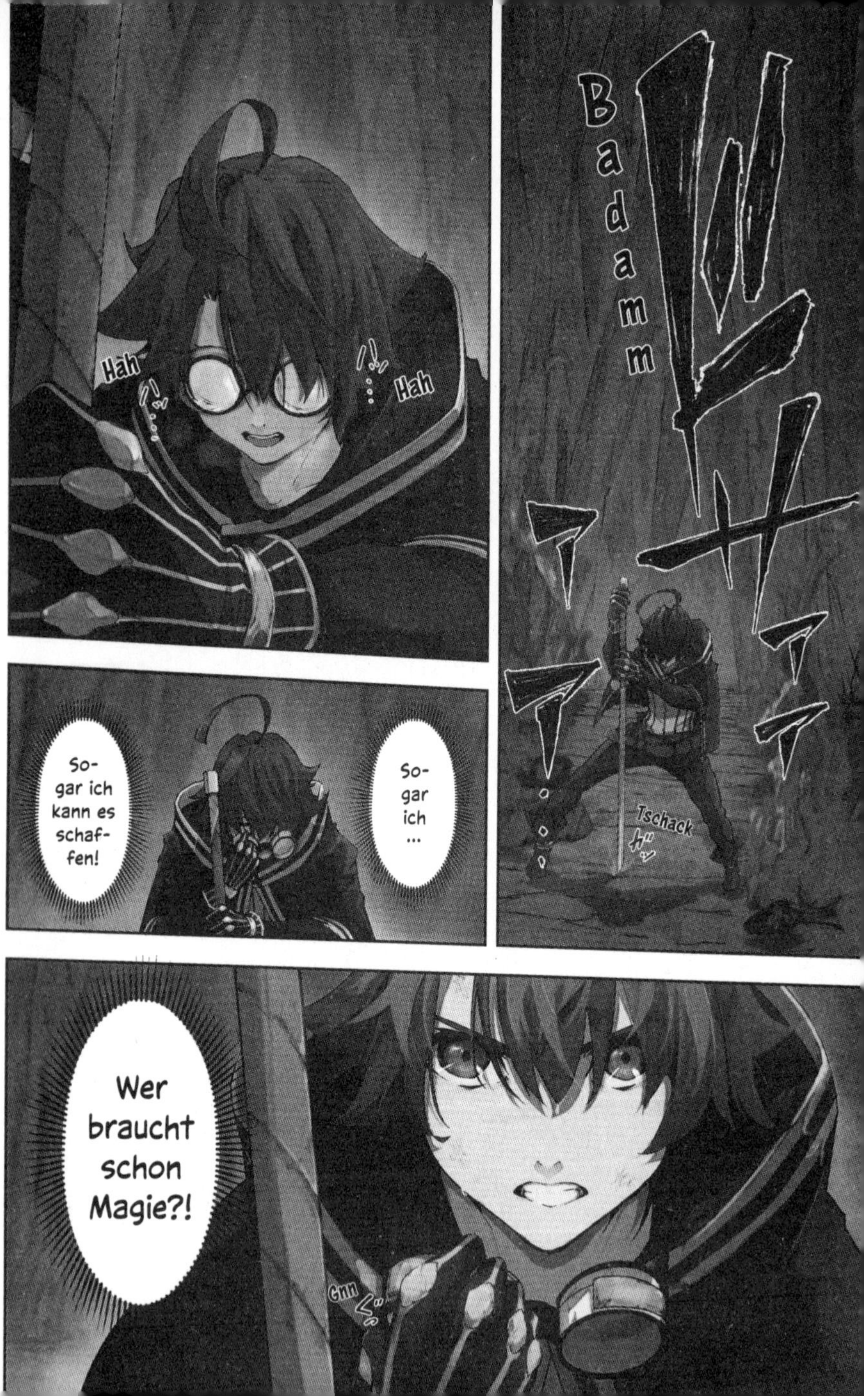
Badamm
Hah
Hah
Tschack
So- gar ich …
So- gar ich kann es schaf- fen!
Wer braucht schon Magie?!
Gnn

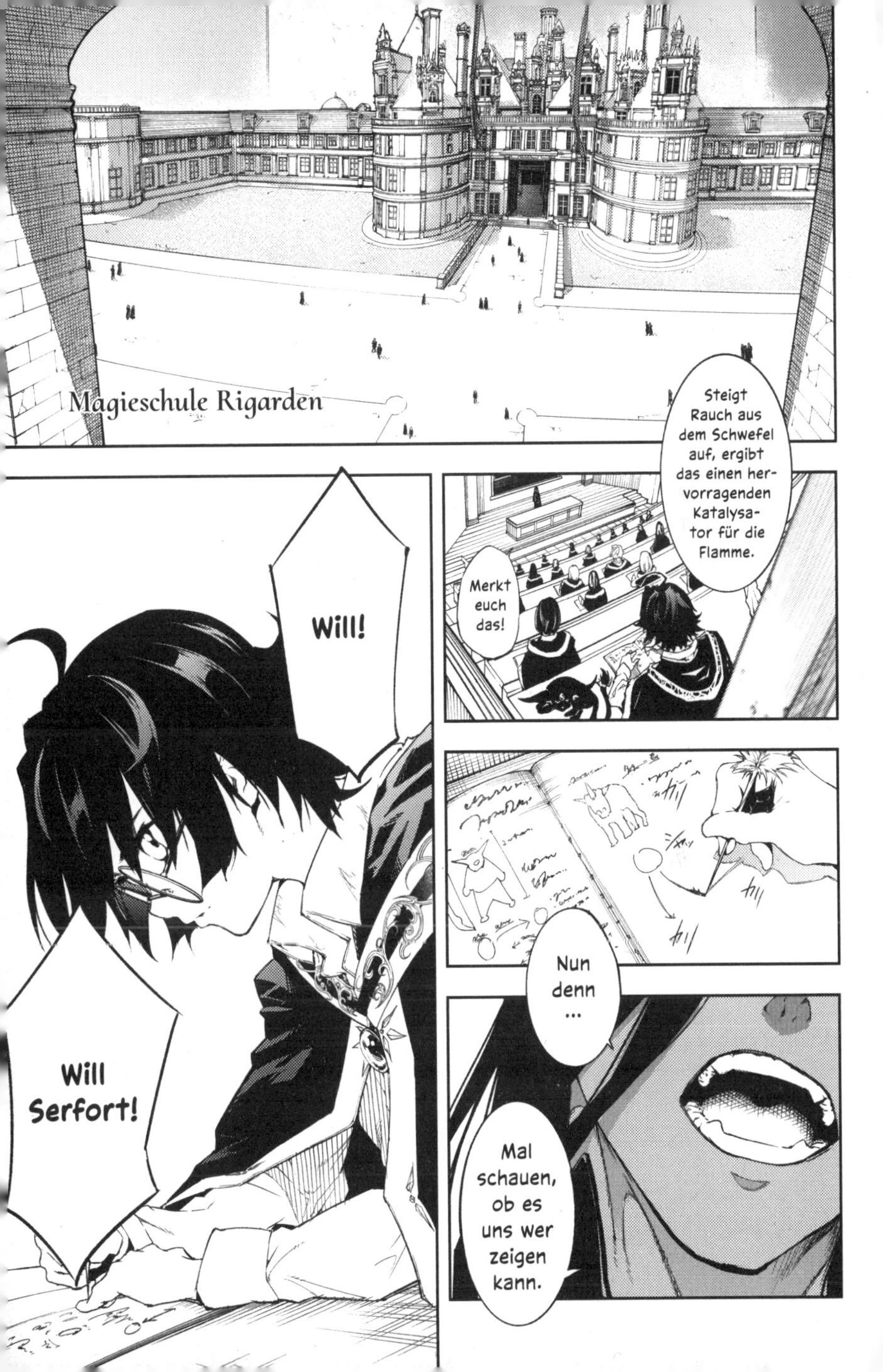
Magieschule Rigarden
Steigt Rauch aus dem Schwefel auf, ergibt das einen hervorragenden Katalysator für die Flamme.
Merkt euch das!
Nun denn ...
Mal schauen, ob es uns wer zeigen kann.
Will!
Will Serfort!

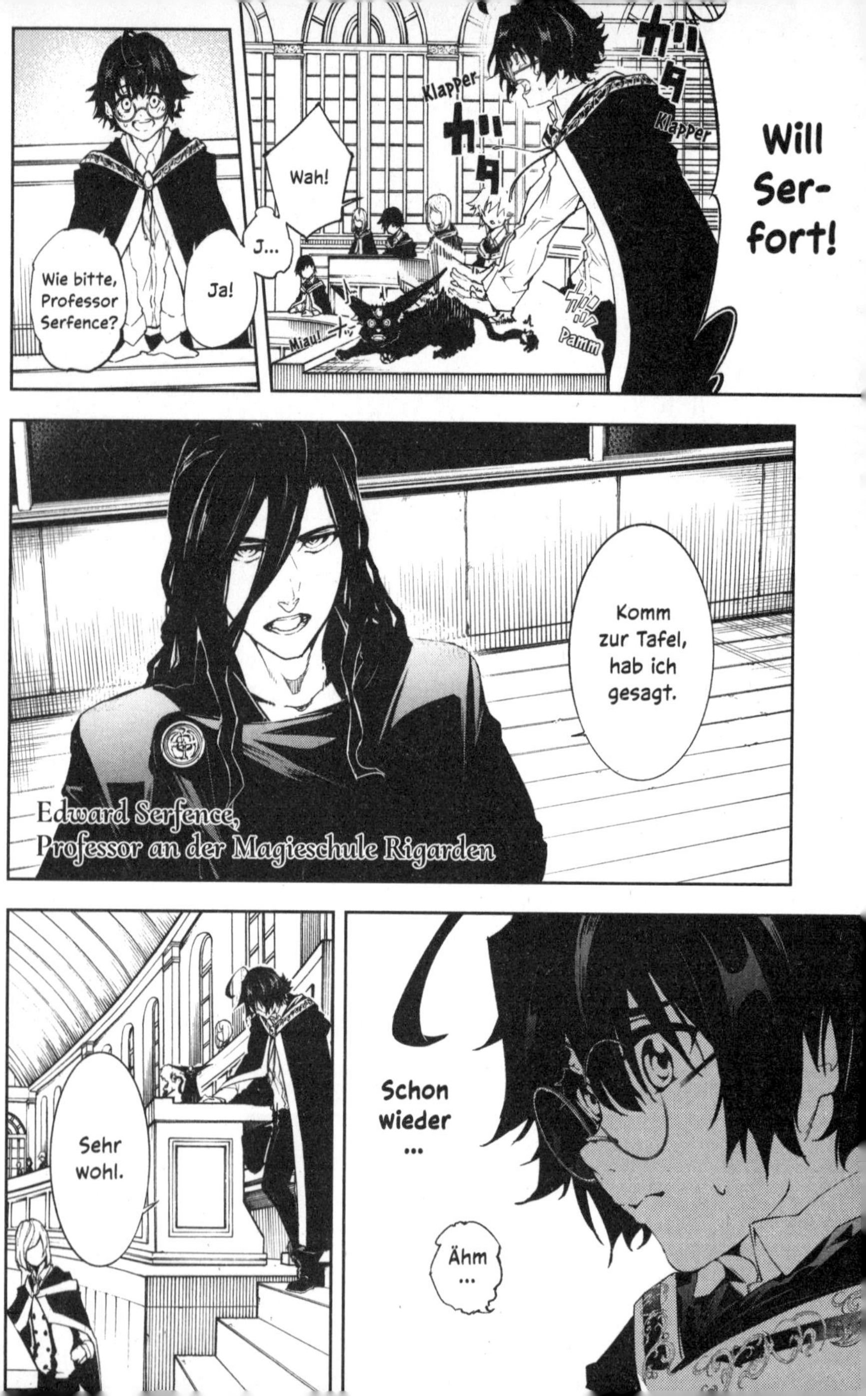
Will Ser-fort!
ガタ
Klapper
ガタ
Klapper
Wah!
Pamm
Miau!
J...
Ja!
Wie bitte, Professor Serfence?
Komm zur Tafel, hab ich gesagt.
Edward Serfence,
Professor an der Magieschule Rigarden
Schon wieder ...
Ähm ...
Sehr wohl.

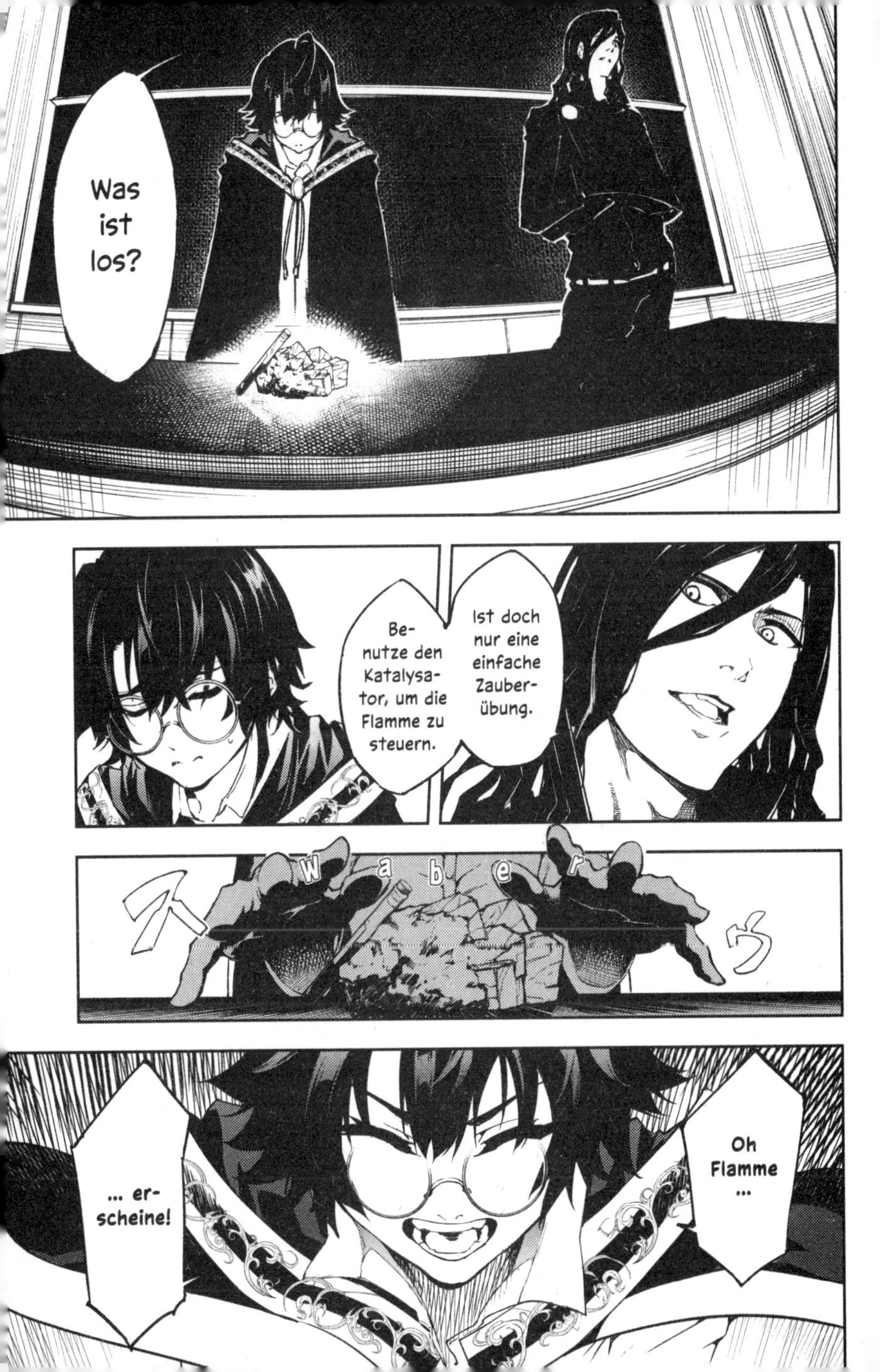
Was ist los?
Ist doch nur eine einfache Zauberübung.
Benutze den Katalysator, um die Flamme zu steuern.
W a b e r
Oh Flamme ...
... erscheine!

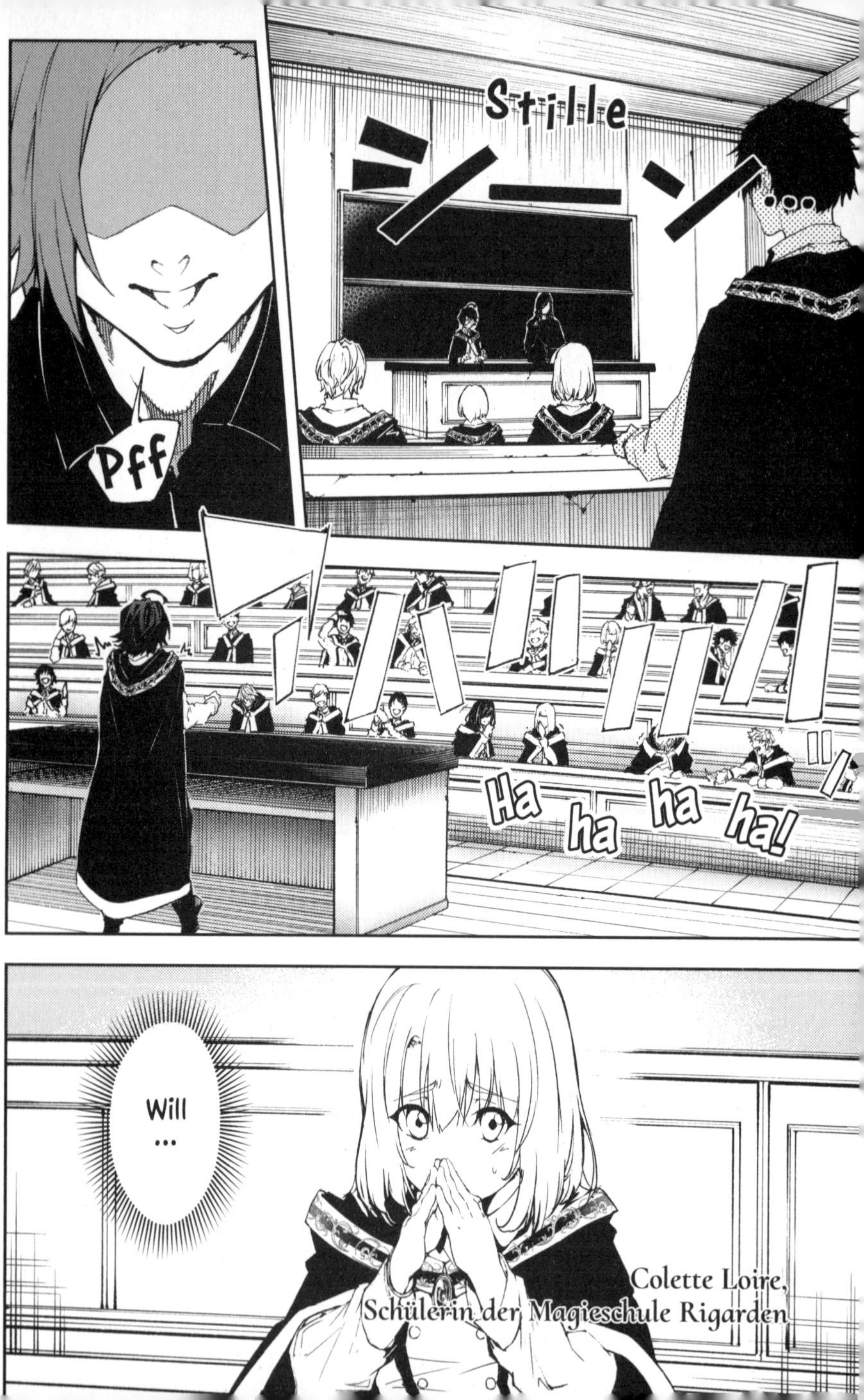

Stille
...
Pff
Ha ha ha ha!
Will ...
Colette Loire,
Schülerin der Magieschule Rigarden

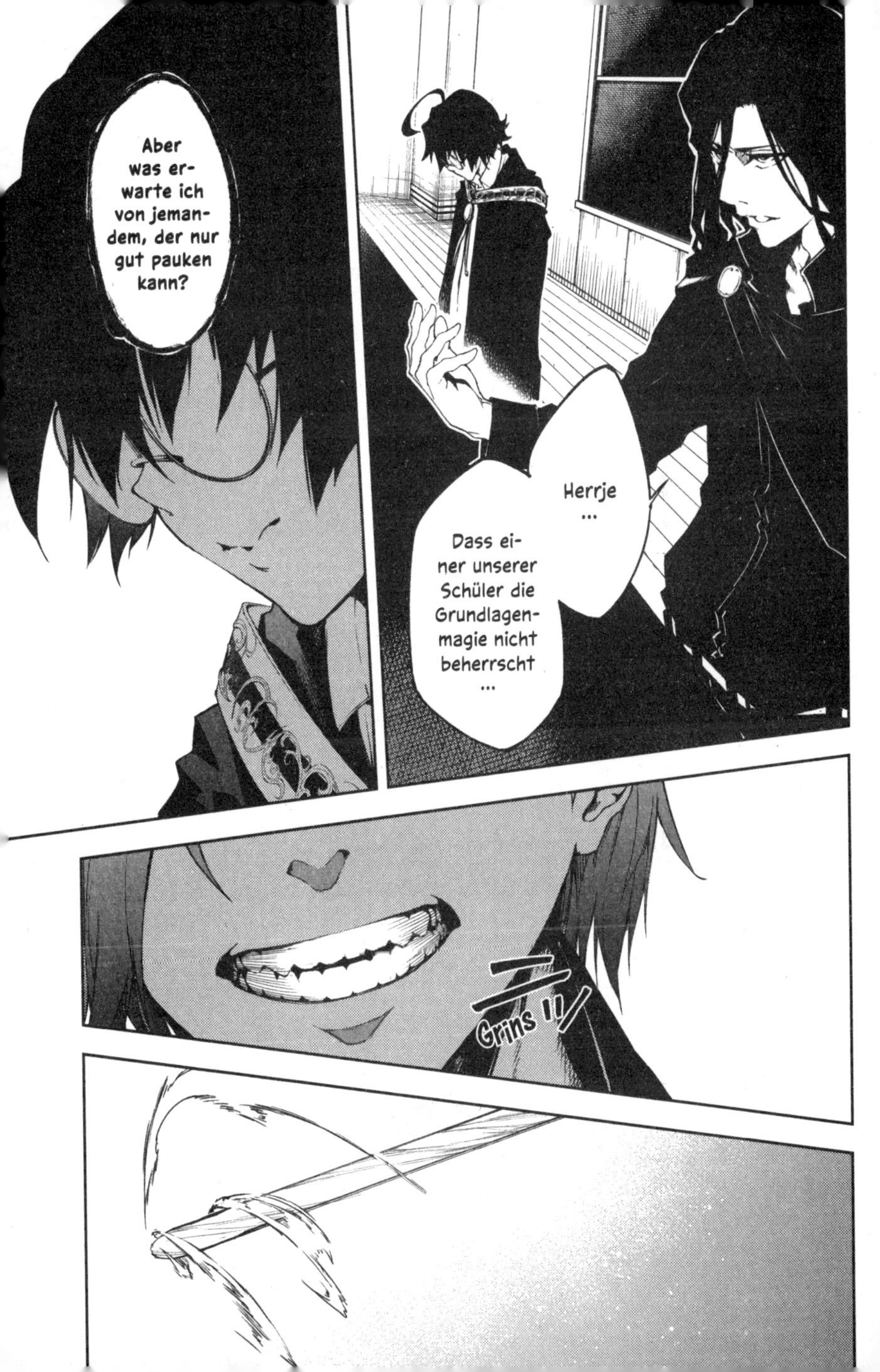
Herrje …
Dass einer unserer Schüler die Grundlagenmagie nicht beherrscht …
Aber was erwarte ich von jemandem, der nur gut pauken kann?
Grins

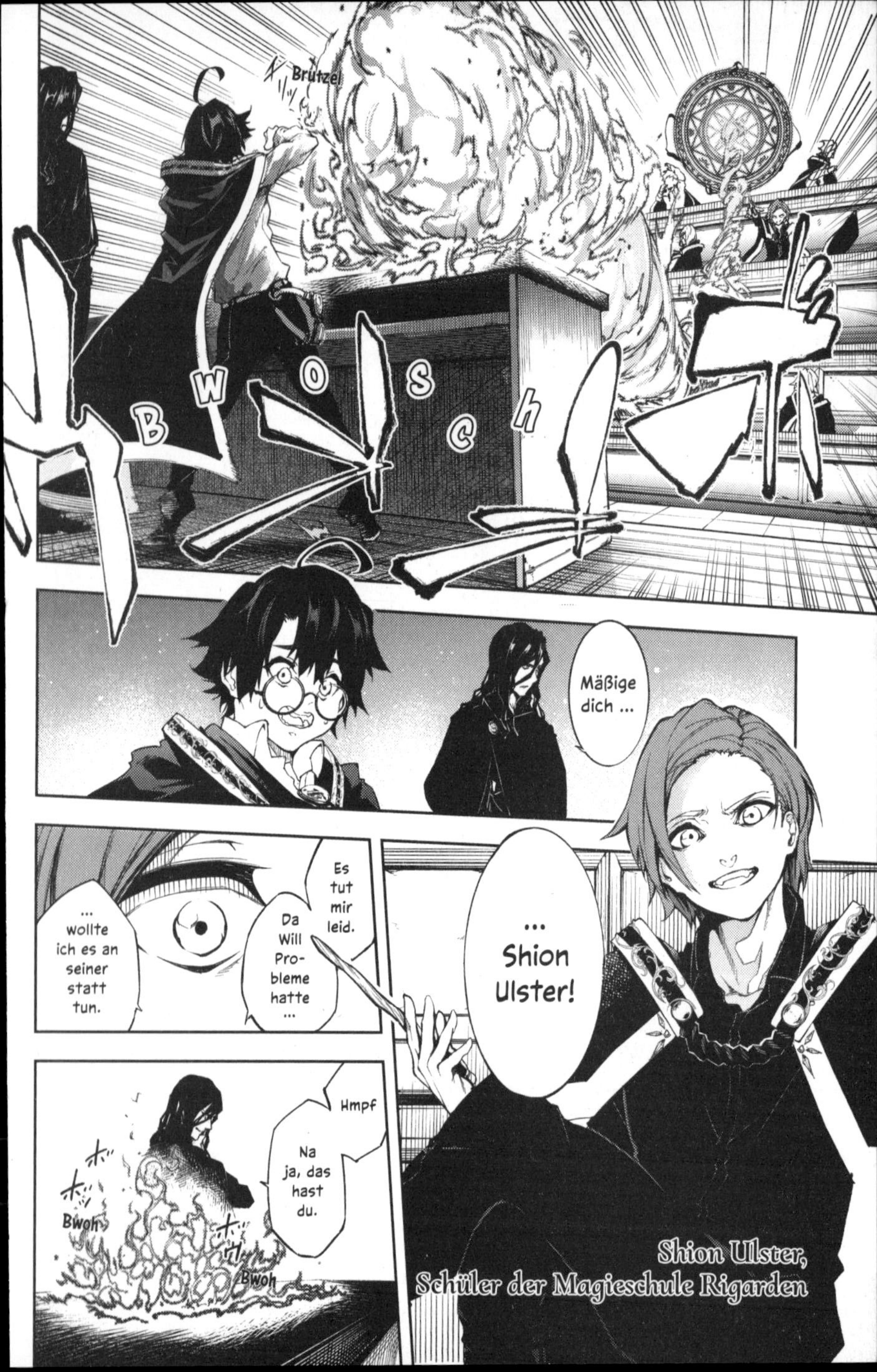

Brutzel
Bwosch
Mäßige dich ...
... Shion Ulster!
Es tut mir leid.
Da Will Probleme hatte ...
... wollte ich es an seiner statt tun.
Hmpf
Na ja, das hast du.
Bwoh
Bwoh
Shion Ulster,
Schüler der Magieschule Rigarden

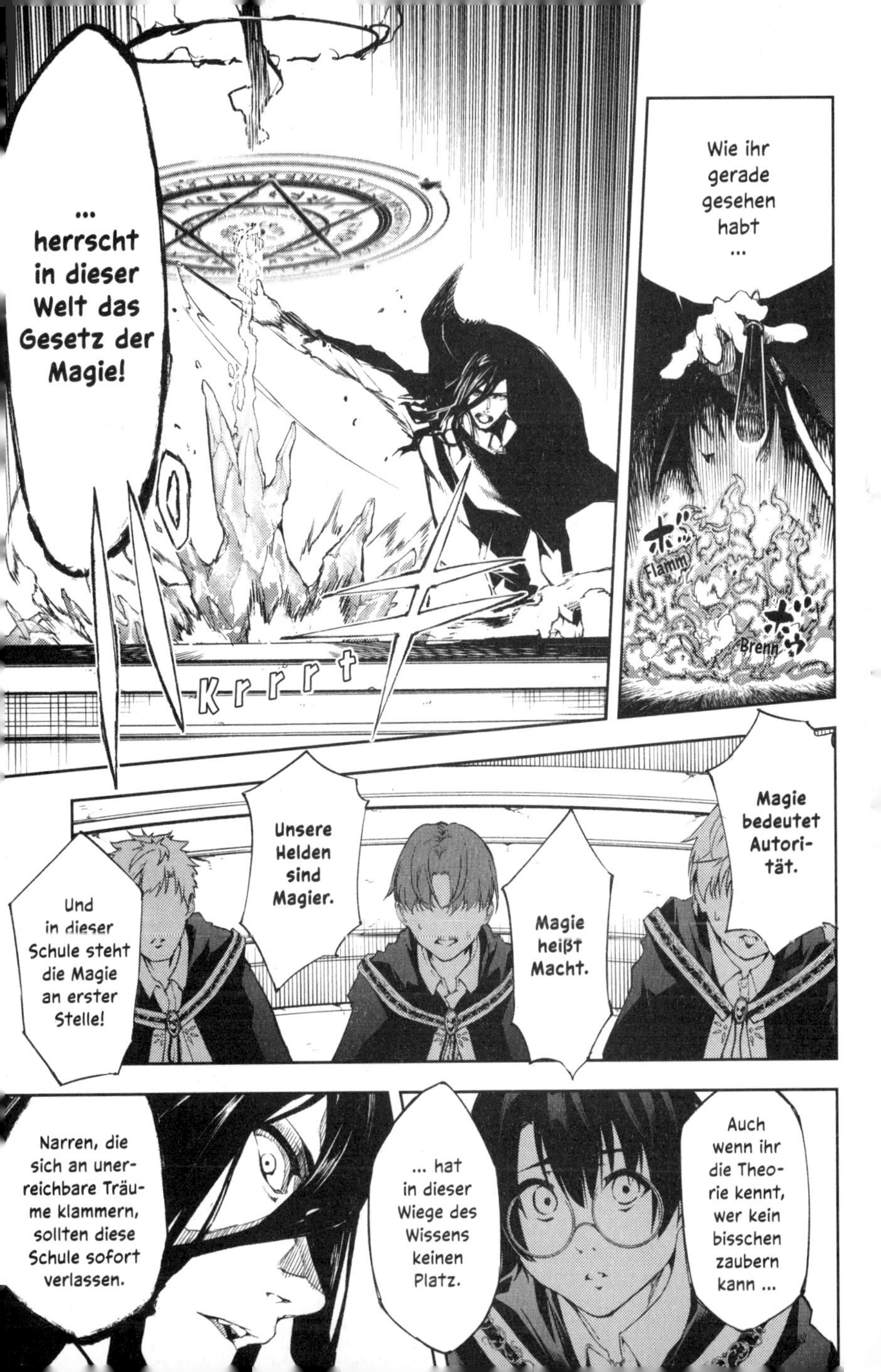

Wie ihr gerade gesehen habt ...
Flamm
Brenn
... herrscht in dieser Welt das Gesetz der Magie!
Krrrrt
Magie bedeutet Autorität.
Magie heißt Macht.
Unsere Helden sind Magier.
Und in dieser Schule steht die Magie an erster Stelle!
Auch wenn ihr die Theorie kennt, wer kein bisschen zaubern kann ...
... hat in dieser Wiege des Wissens keinen Platz.
Narren, die sich an unerreichbare Träume klammern, sollten diese Schule sofort verlassen.

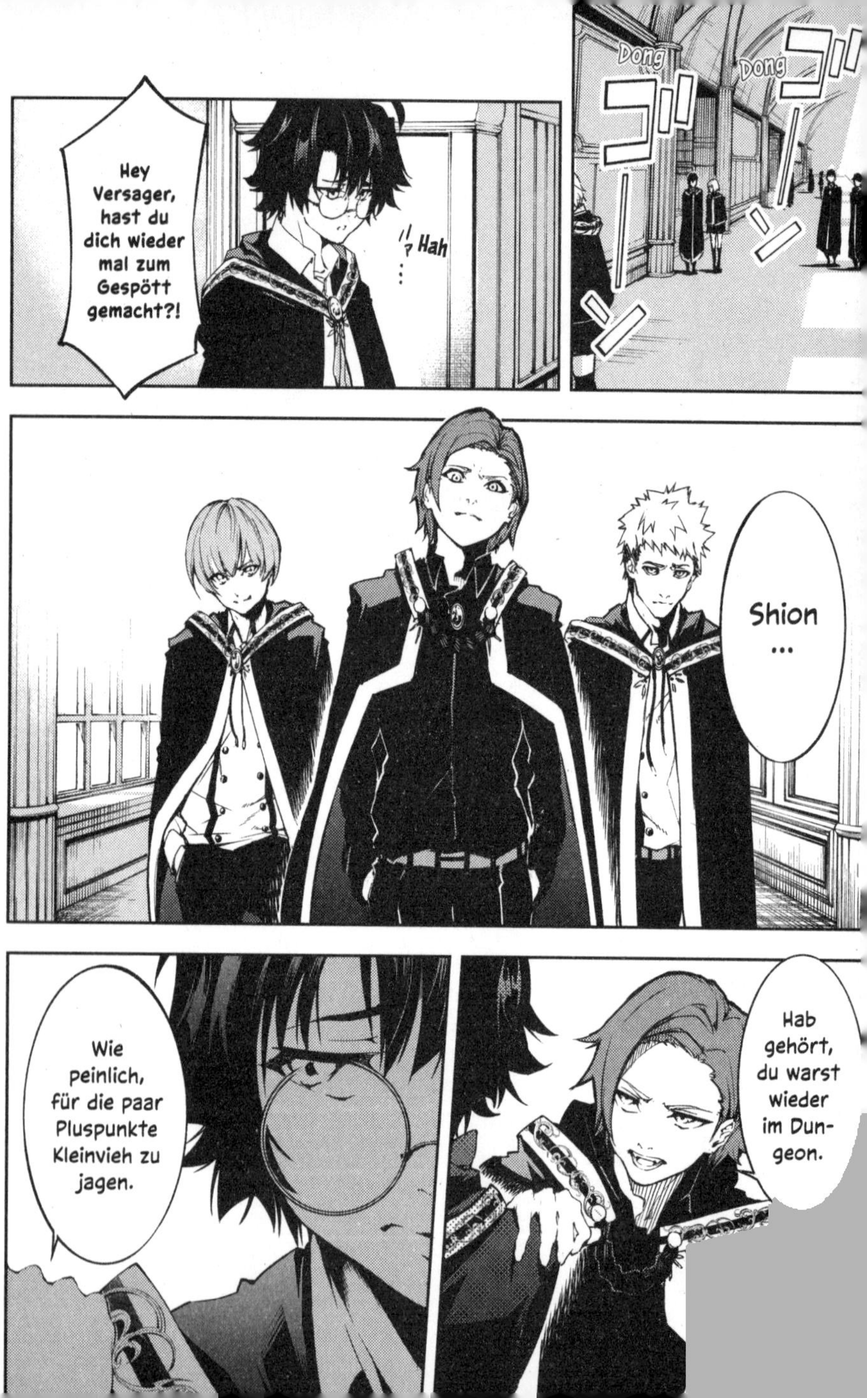
Dong
Dong
Hey Versager, hast du dich wieder mal zum Gespött gemacht?!
Hah ...
Shion ...
Hab gehört, du warst wieder im Dun-geon.
Wie peinlich, für die paar Pluspunkte Kleinvieh zu jagen.

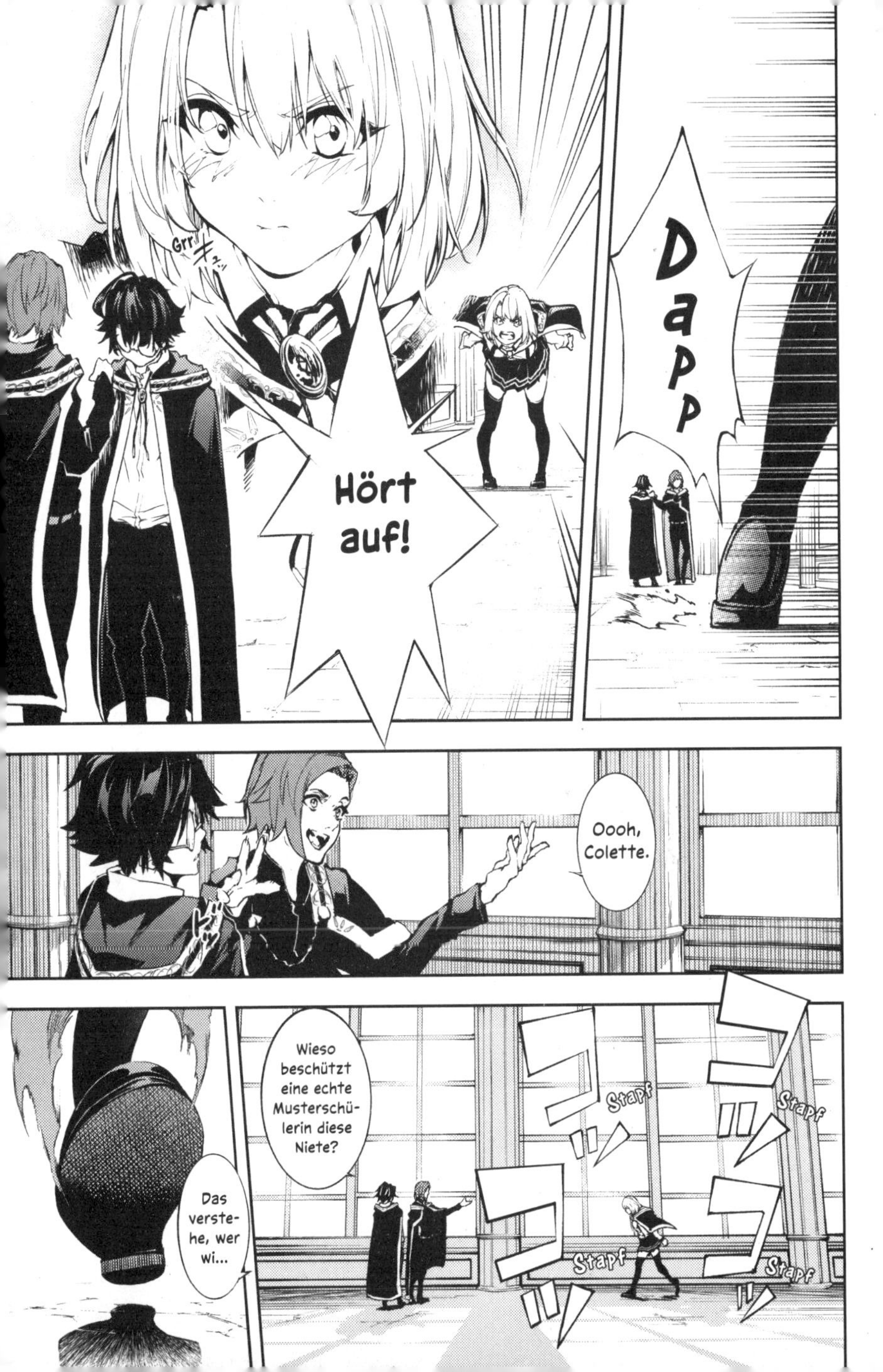
Dapp
Grr
Hört auf!
Oooh, Colette.
Wieso beschützt eine echte Musterschülerin diese Niete?
Stapf
Stapf
Stapf
Stapf
Das verstehe, wer wi...

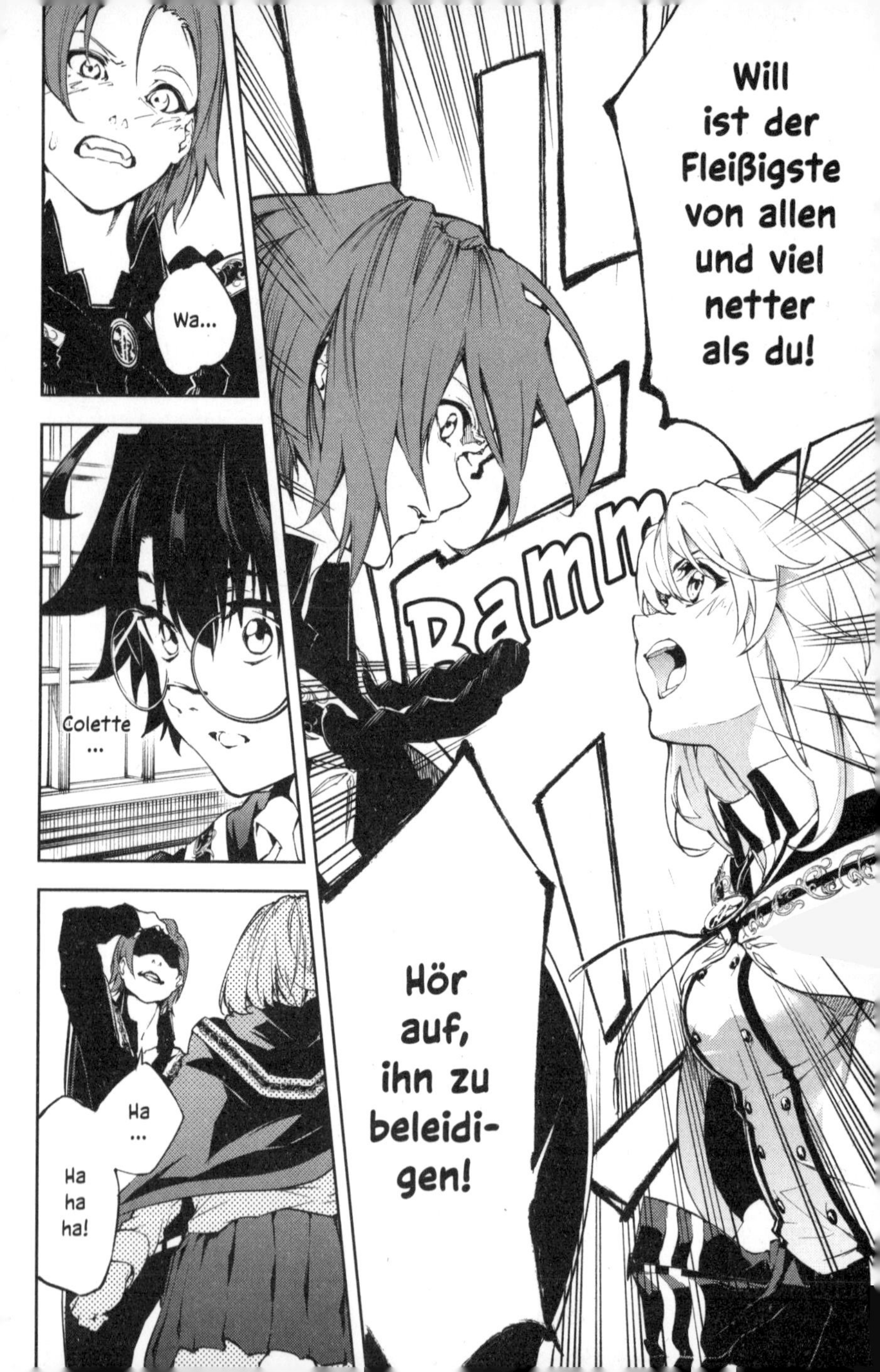
Will ist der Fleißigste von allen und viel netter als du!
Wa...
Bamm
Colette ...
Hör auf, ihn zu beleidi-gen!
Ha ...
Ha ha ha!

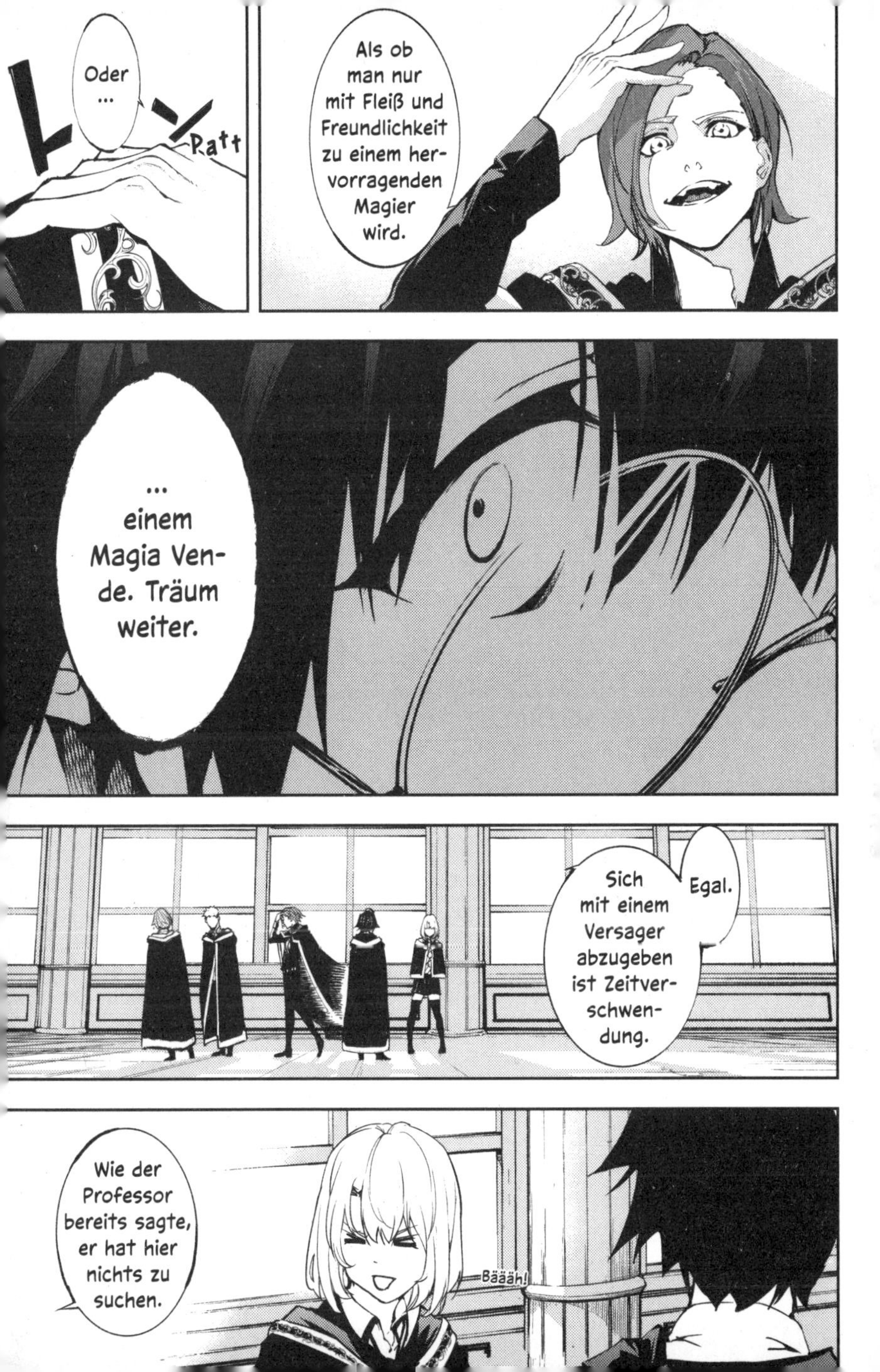
Als ob man nur mit Fleiß und Freundlichkeit zu einem hervorragenden Magier wird.
Oder ...
Ratt
... einem Magia Vende. Träum weiter.
Egal.
Sich mit einem Versager abzugeben ist Zeitverschwendung.
Bääh!
Wie der Professor bereits sagte, er hat hier nichts zu suchen.

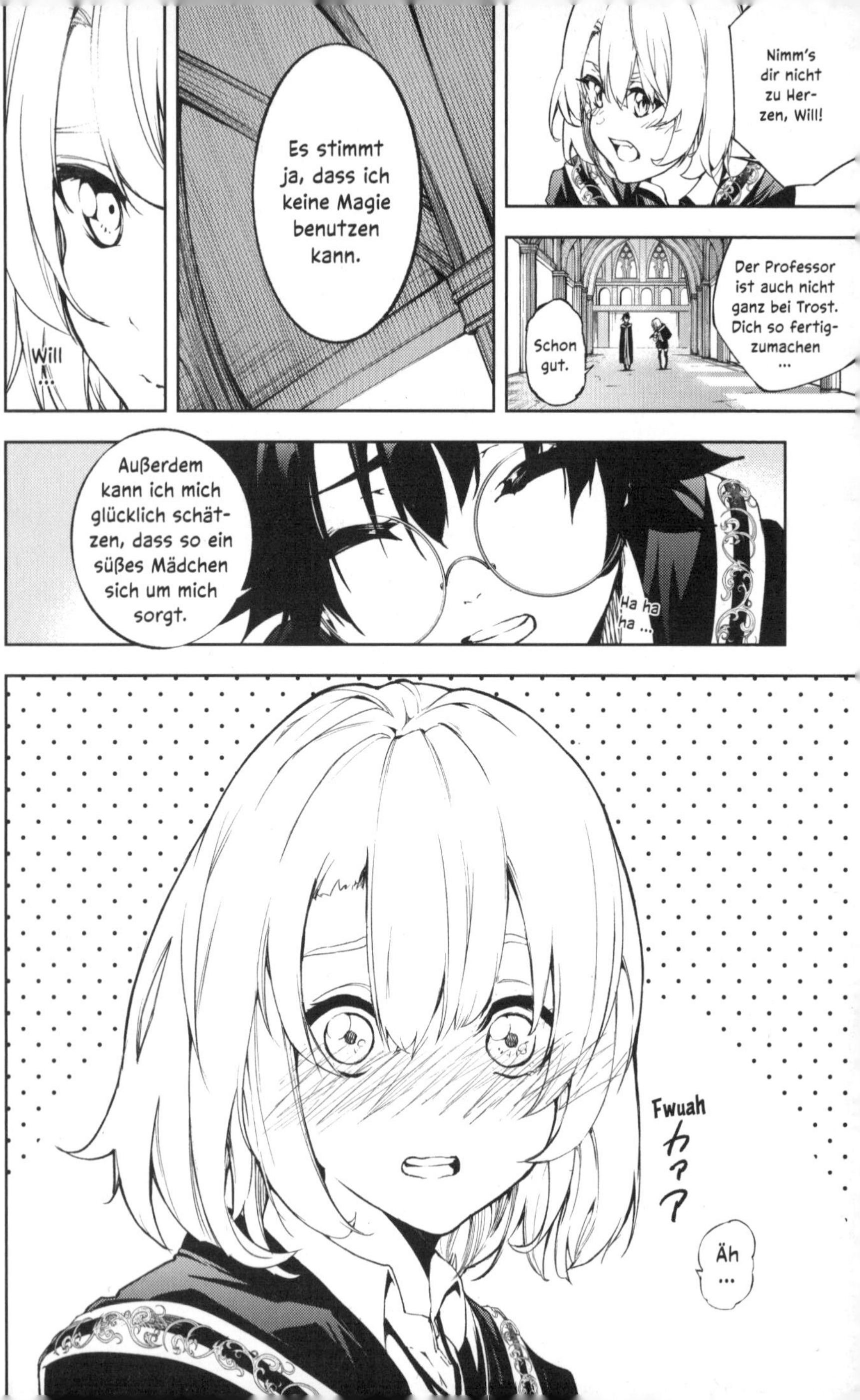
Nimm's dir nicht zu Herzen, Will!
Der Professor ist auch nicht ganz bei Trost. Dich so fertigzumachen ...
Schon gut.
Es stimmt ja, dass ich keine Magie benutzen kann.
Will ...
Außerdem kann ich mich glücklich schätzen, dass so ein süßes Mädchen sich um mich sorgt.
Ha ha ha ...
Fwuah
カァァ
Äh ...

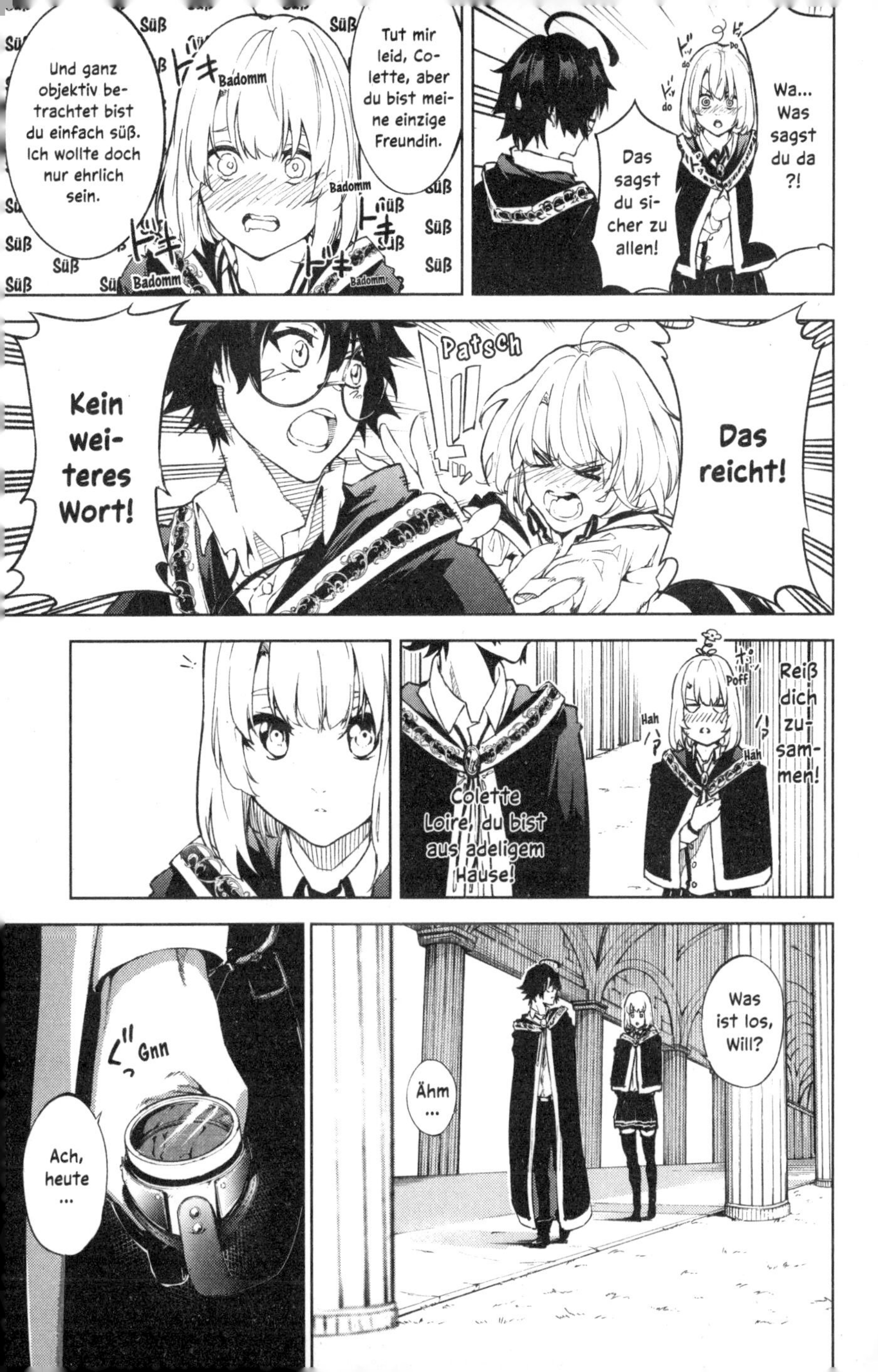

Do
do
do
Wa... Was sagst du da ?!
Das sagst du sicher zu allen!
Tut mir leid, Colette, aber du bist meine einzige Freundin.
Badomm
Süß
Und ganz objektiv betrachtet bist du einfach süß. Ich wollte doch nur ehrlich sein.
Das reicht!
Patsch
Kein weiteres Wort!
Reiß dich zusammen!
Poff
Hah
Hah
Colette Loire, du bist aus adeligem Hause!
Was ist los, Will?
Ähm ...
Gnn
Ach, heute ...

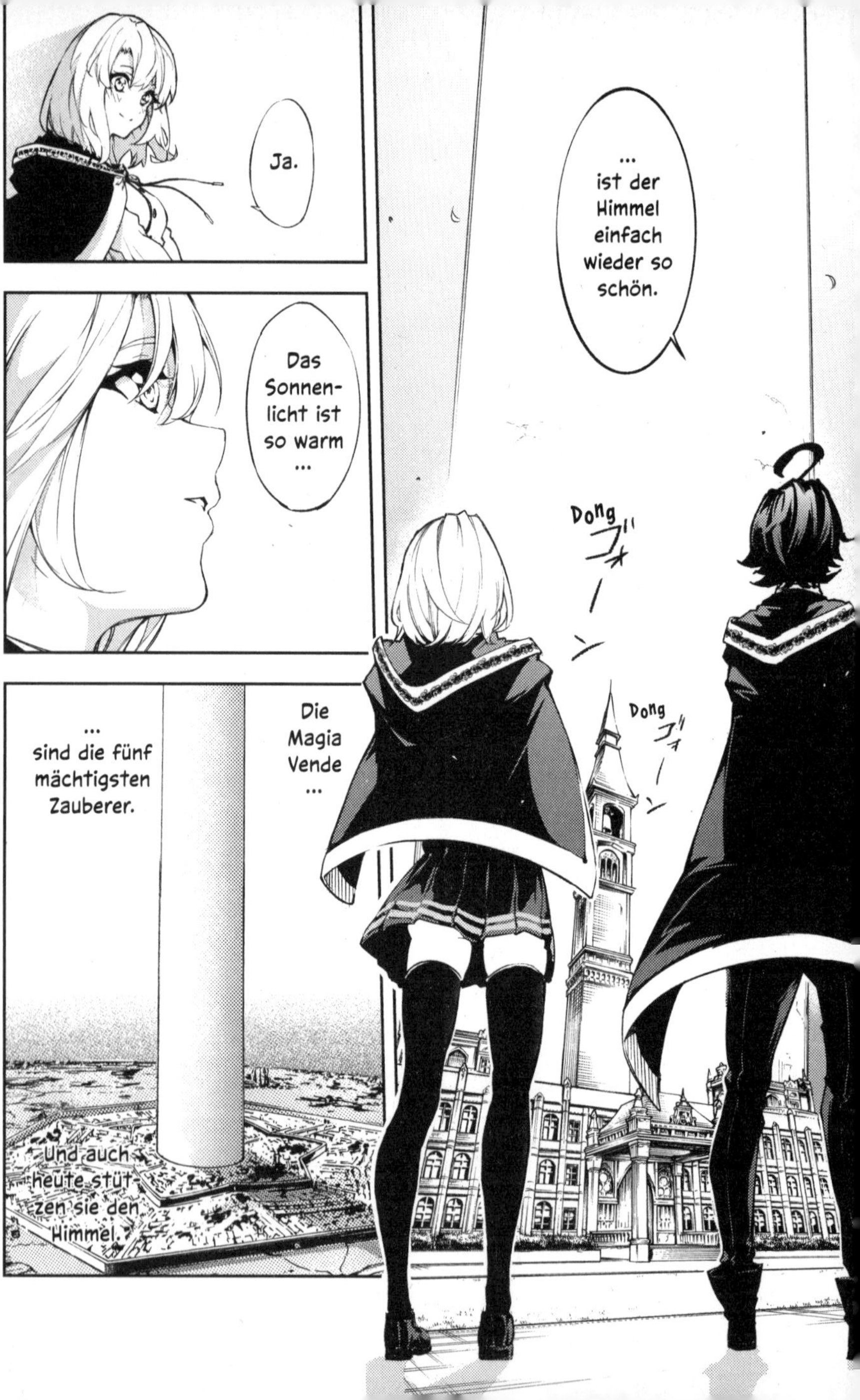
Ja.
Das Sonnenlicht ist so warm ...
... ist der Himmel einfach wieder so schön.
Dong
Dong
Die Magia Vende ...
... sind die fünf mächtigsten Zauberer.
Und auch heute stützen sie den Himmel.

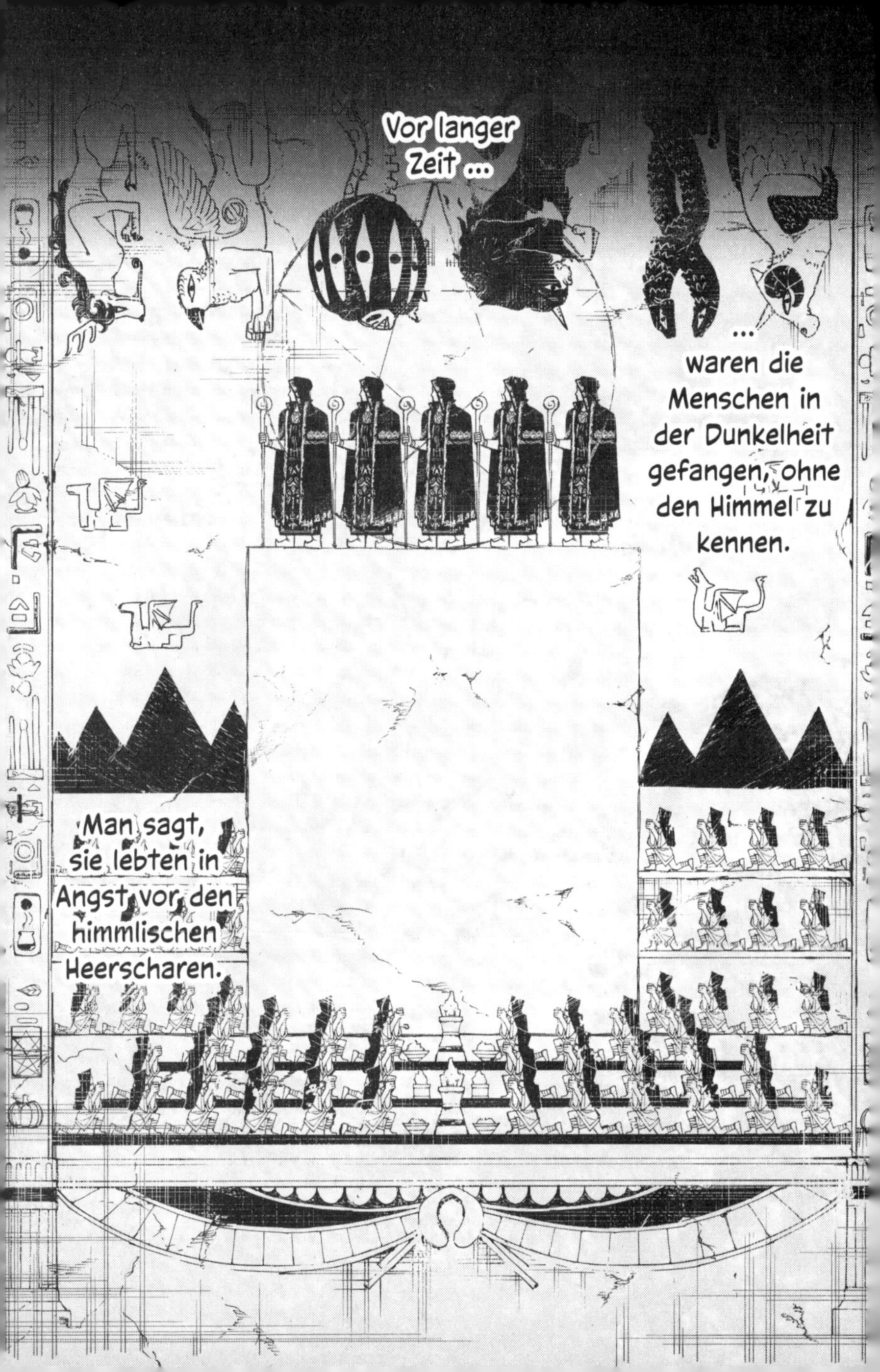
Vor langer Zeit ...
... waren die Menschen in der Dunkelheit gefangen, ohne den Himmel zu kennen.
Man sagt, sie lebten in Angst vor den himmlischen Heerscharen.

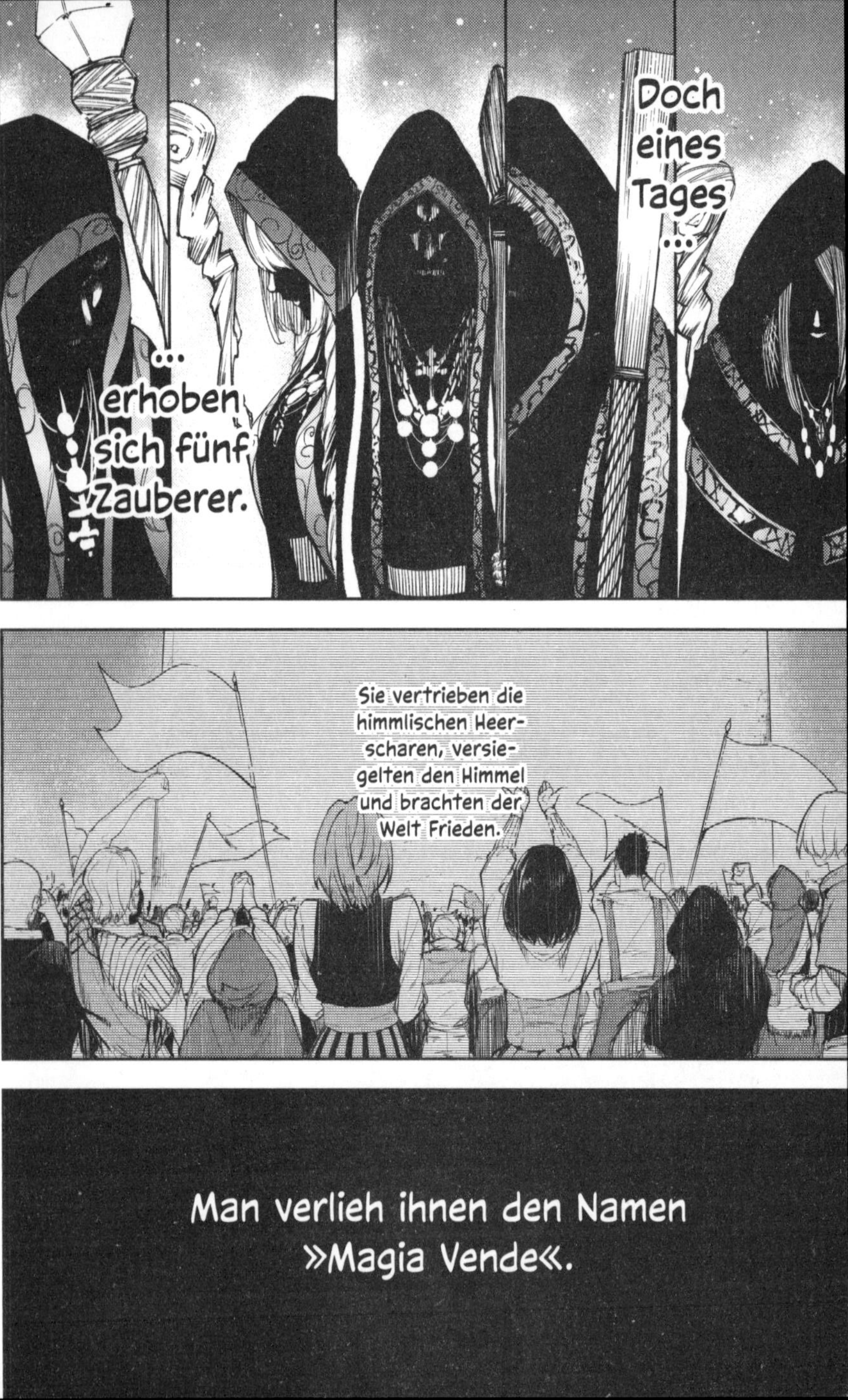
Doch eines Tages ...
... erhoben sich fünf Zauberer.
Sie vertrieben die himmlischen Heer-scharen, versie-gelten den Himmel und brachten der Welt Frieden.
Man verlieh ihnen den Namen »Magia Vende«.

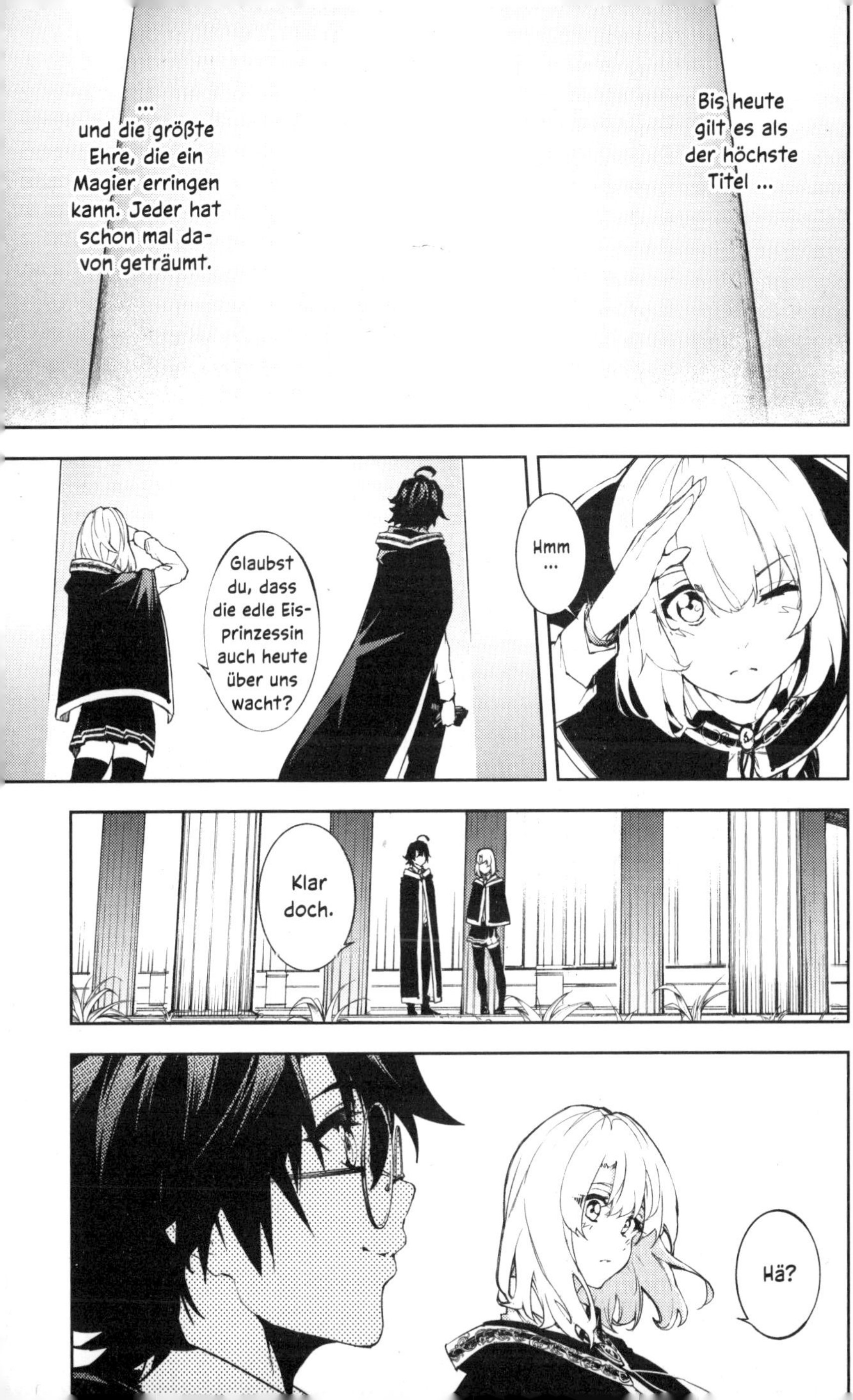

Bis heute gilt es als der höchste Titel ...
... und die größte Ehre, die ein Magier erringen kann. Jeder hat schon mal davon geträumt.
Hmm ...
Glaubst du, dass die edle Eisprinzessin auch heute über uns wacht?
Klar doch.
Hä?

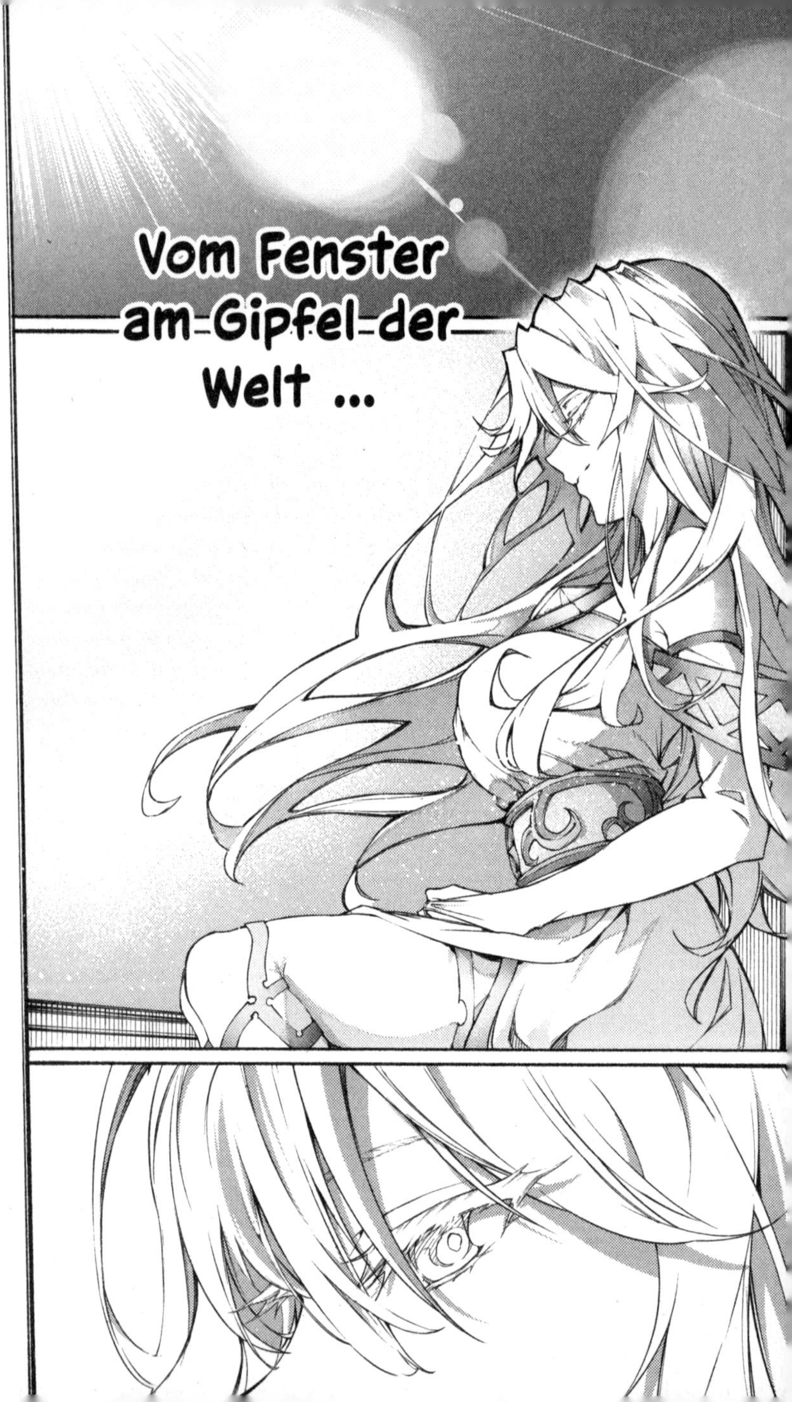
Vom Fenster am Gipfel der Welt ...

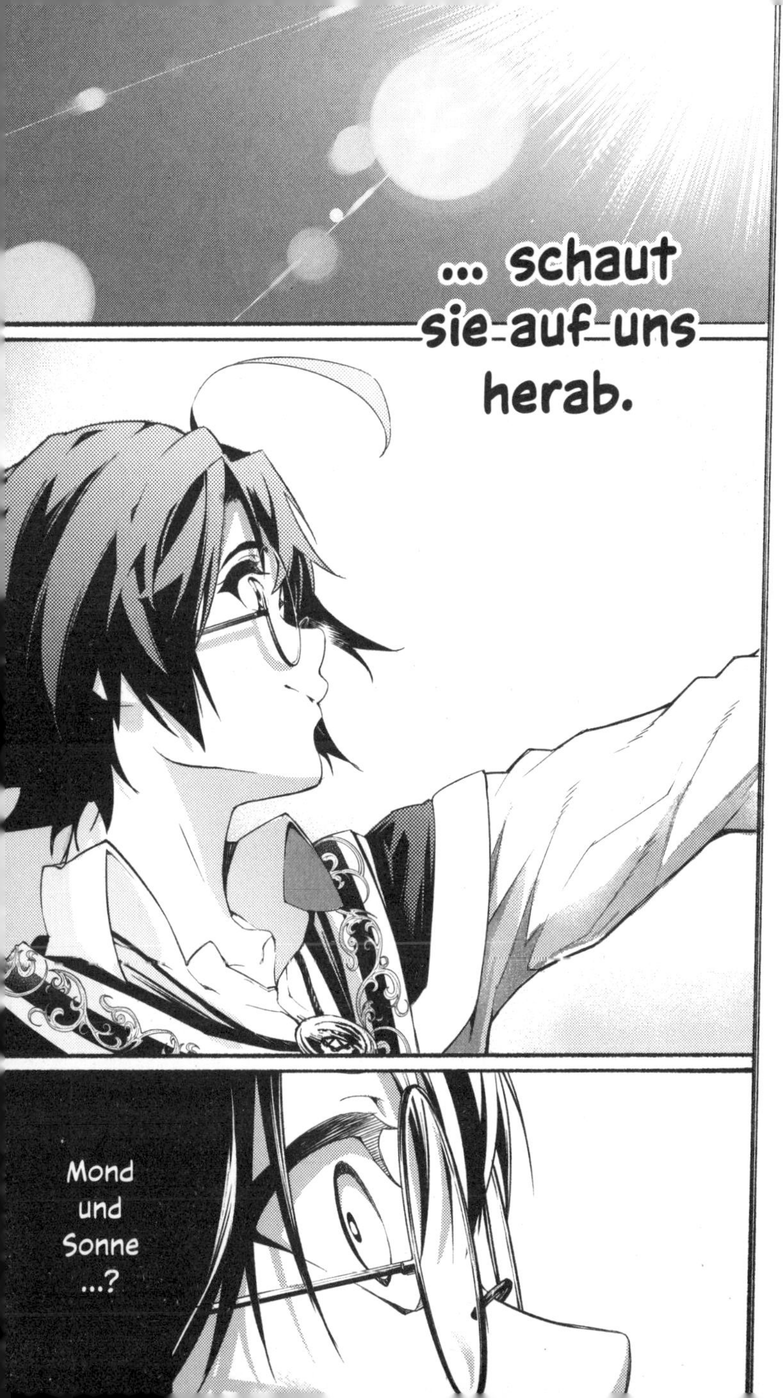
... schaut sie auf uns herab.
Mond und Sonne ...?

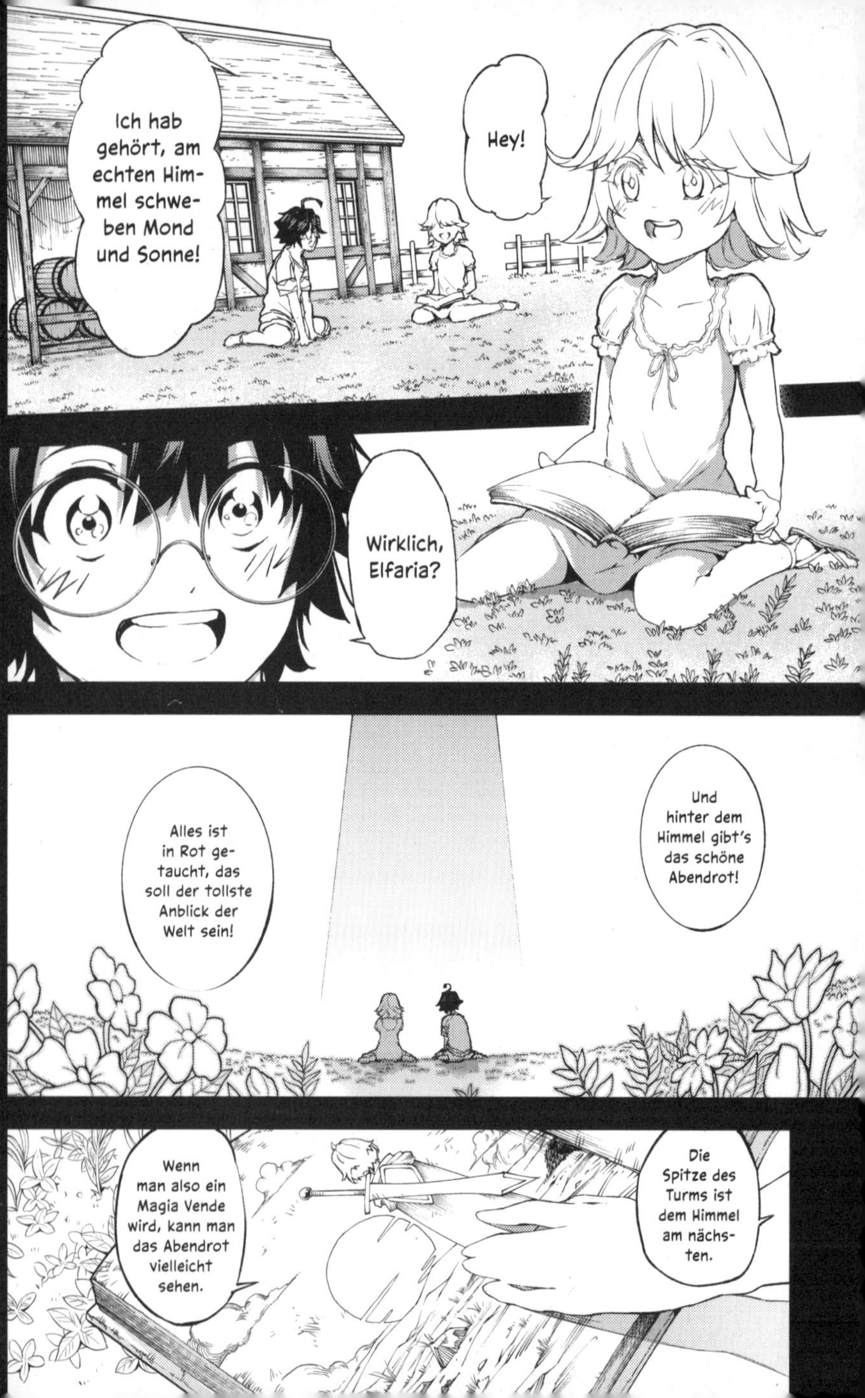
Hey!
Ich hab gehört, am echten Him-mel schwe-ben Mond und Sonne!
Wirklich, Elfaria?
Und hinter dem Himmel gibt's das schöne Abendrot!
Alles ist in Rot ge-taucht, das soll der tollste Anblick der Welt sein!
Die Spitze des Turms ist dem Himmel am nächs-ten.
Wenn man also ein Magia Vende wird, kann man das Abendrot vielleicht sehen.

Es war zwar nur ein Versprechen unter Kindern ...

Okay, versprochen!

Dann lass uns das gemeinsam schaffen!

... doch sie war ein Genie.

Mit ihrem Talent wurde sie die jüngste Magia Vende und bald zur Turmspitze gerufen.

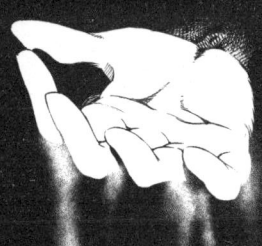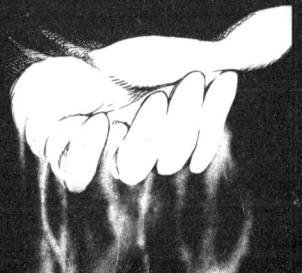

Ich dagegen war zwar auch kein Durchschnittskerl, aber ich war magisch unbegabt.

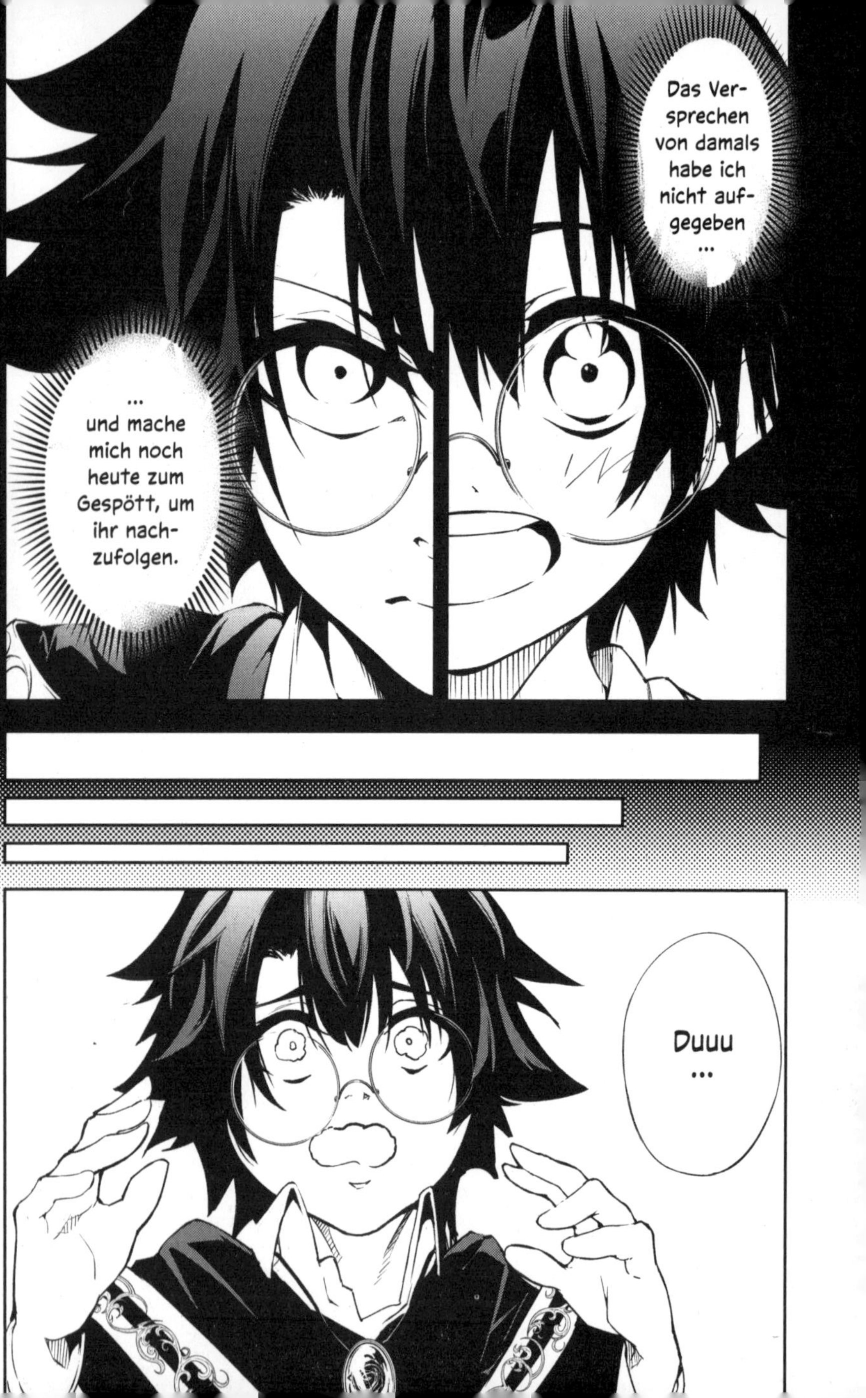
Das Versprechen von damals habe ich nicht aufgegeben ...
... und mache mich noch heute zum Gespött, um ihr nachzufolgen.
Duuu ...

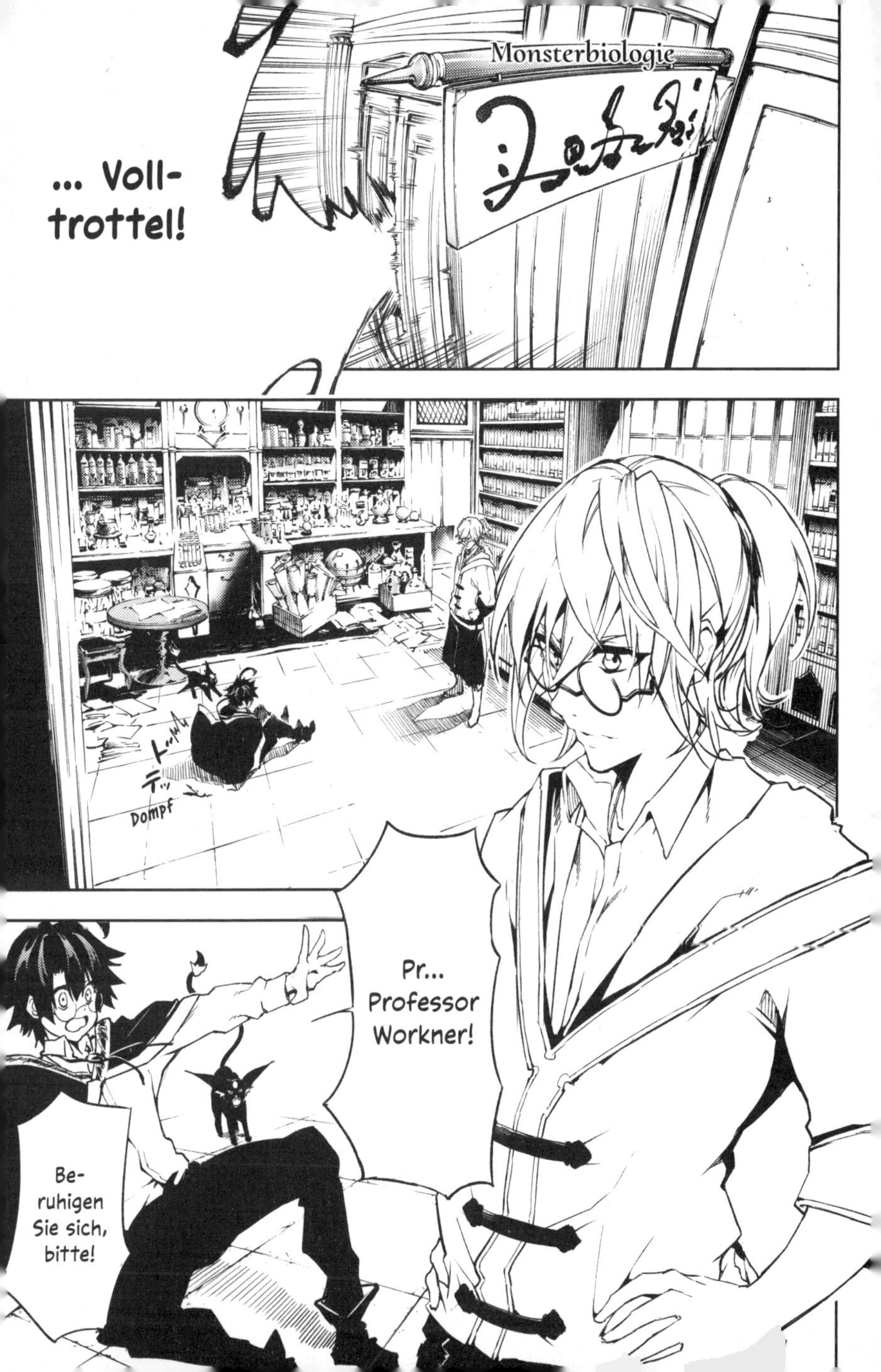
Monsterbiologie
... Voll-trottel!
トッ
テッ
Dompf
Pr... Professor Workner!
Be-ruhigen Sie sich, bitte!

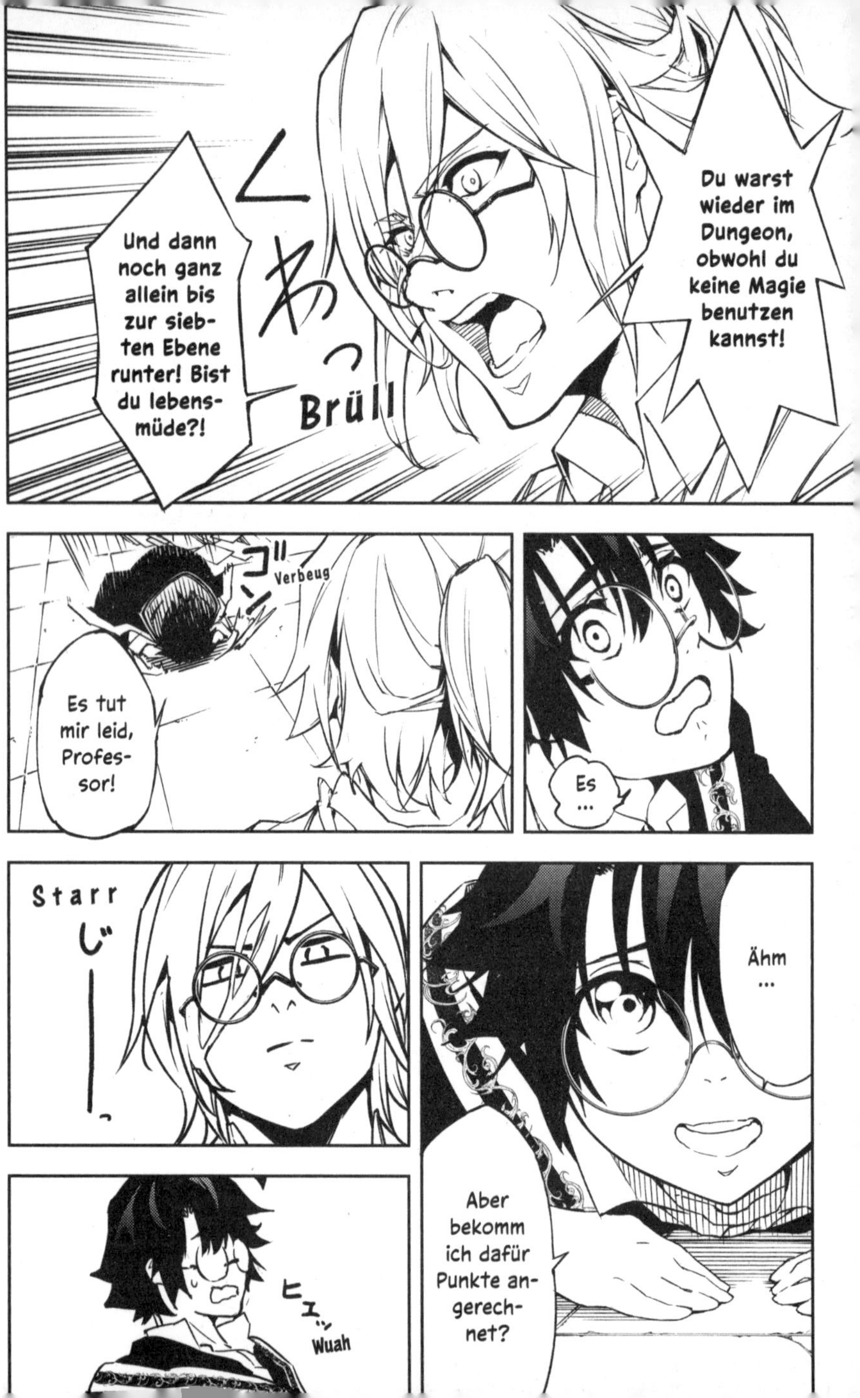
Du warst wieder im Dungeon, obwohl du keine Magie benutzen kannst!
Und dann noch ganz allein bis zur siebten Ebene runter! Bist du lebensmüde?!
Brüll
Es ...
Verbeug
Es tut mir leid, Professor!
Ähm ...
Aber bekomm ich dafür Punkte angerechnet?
Starr
Wuah

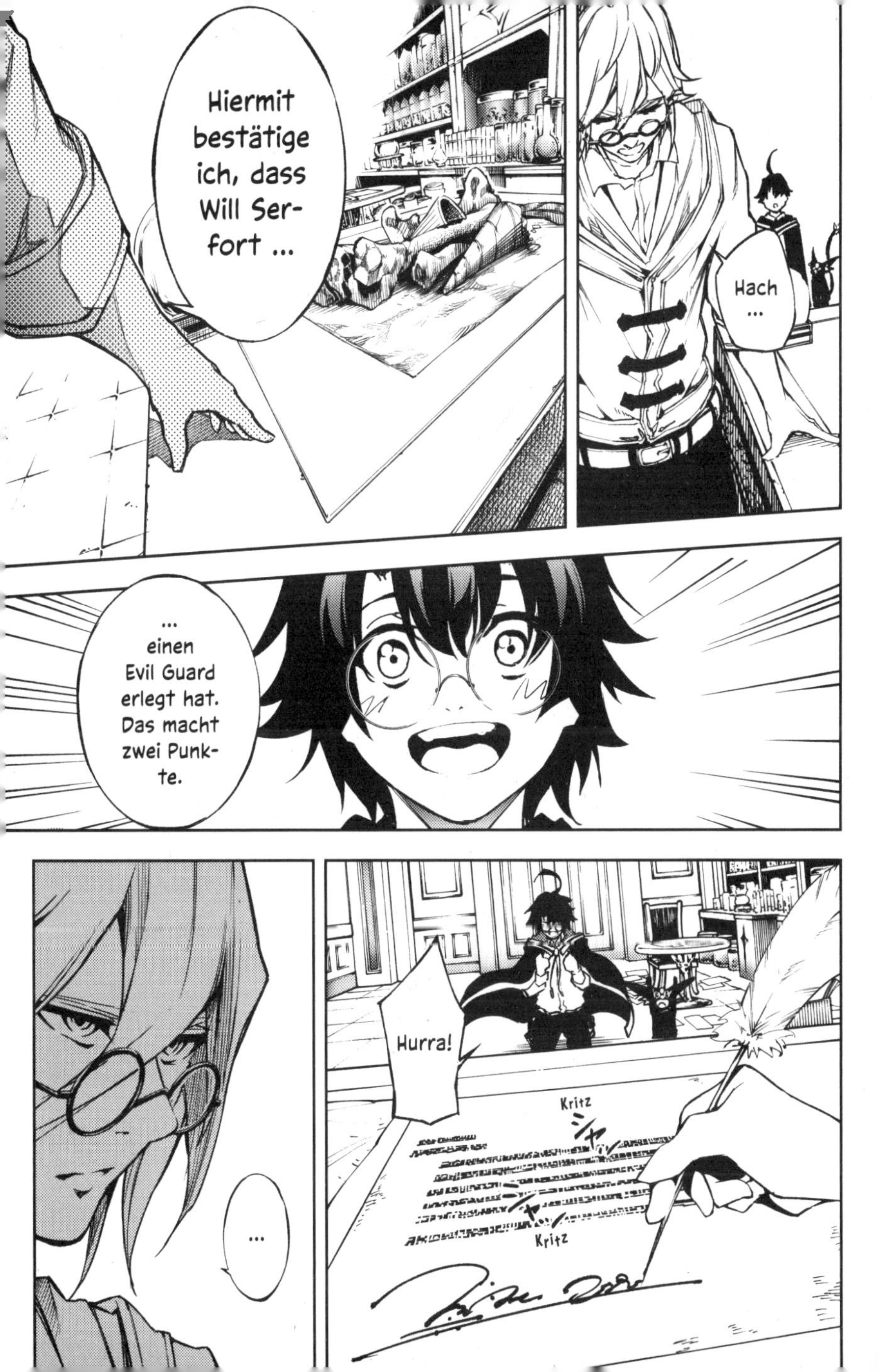
Hiermit bestätige ich, dass Will Serfort ...
Hach ...
... einen Evil Guard erlegt hat. Das macht zwei Punkte.
Hurra!
Kritz
Kritz
...

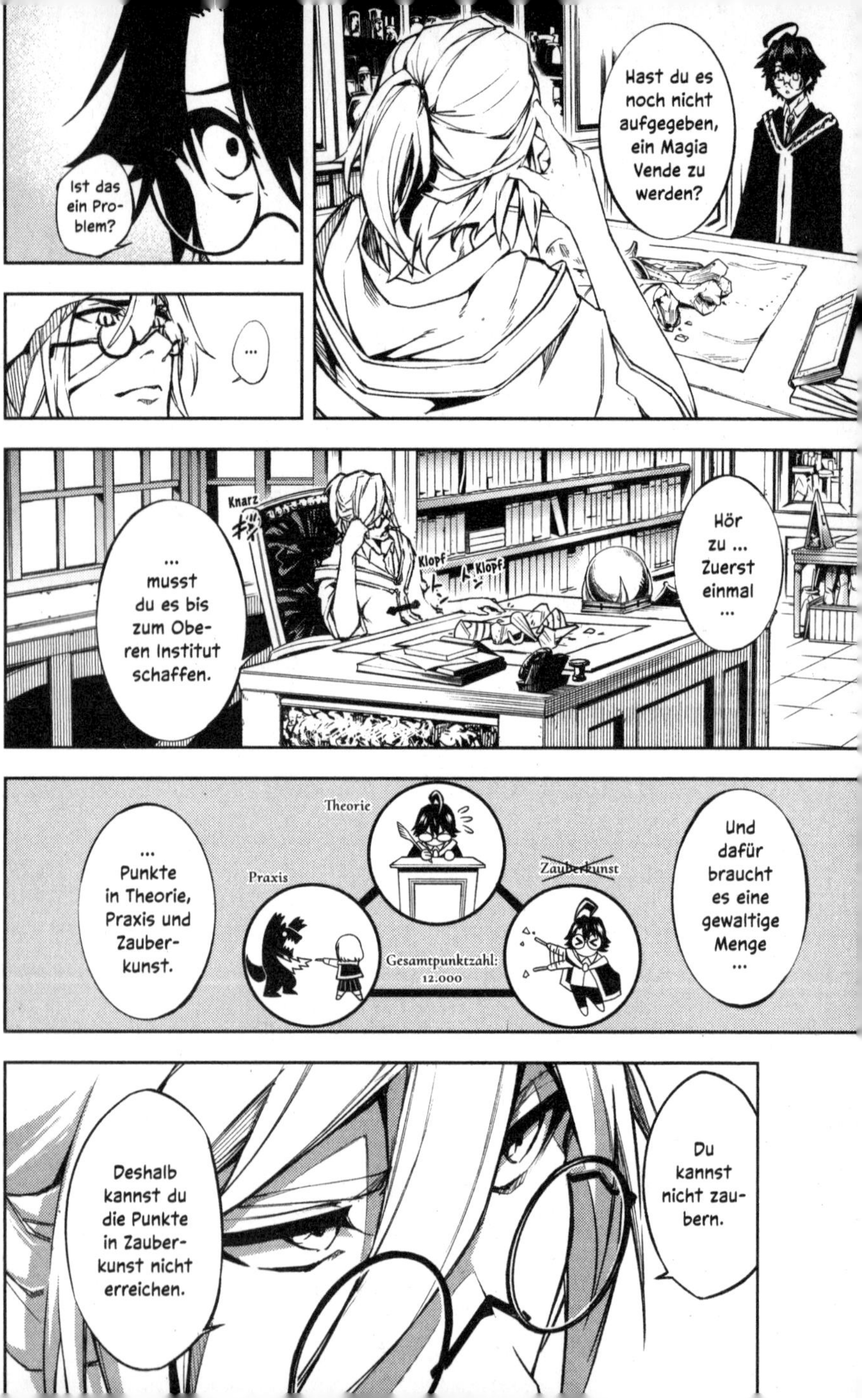
Hast du es noch nicht aufgegeben, ein Magia Vende zu werden?
Ist das ein Problem?
...
Hör zu ... Zuerst einmal ...
Knarz
Klopf
Klopf
... musst du es bis zum Oberen Institut schaffen.
Und dafür braucht es eine gewaltige Menge ...
Theorie
Zauberkunst
Praxis
Gesamtpunktzahl: 12.000
... Punkte in Theorie, Praxis und Zauberkunst.
Du kannst nicht zaubern.
Deshalb kannst du die Punkte in Zauberkunst nicht erreichen.

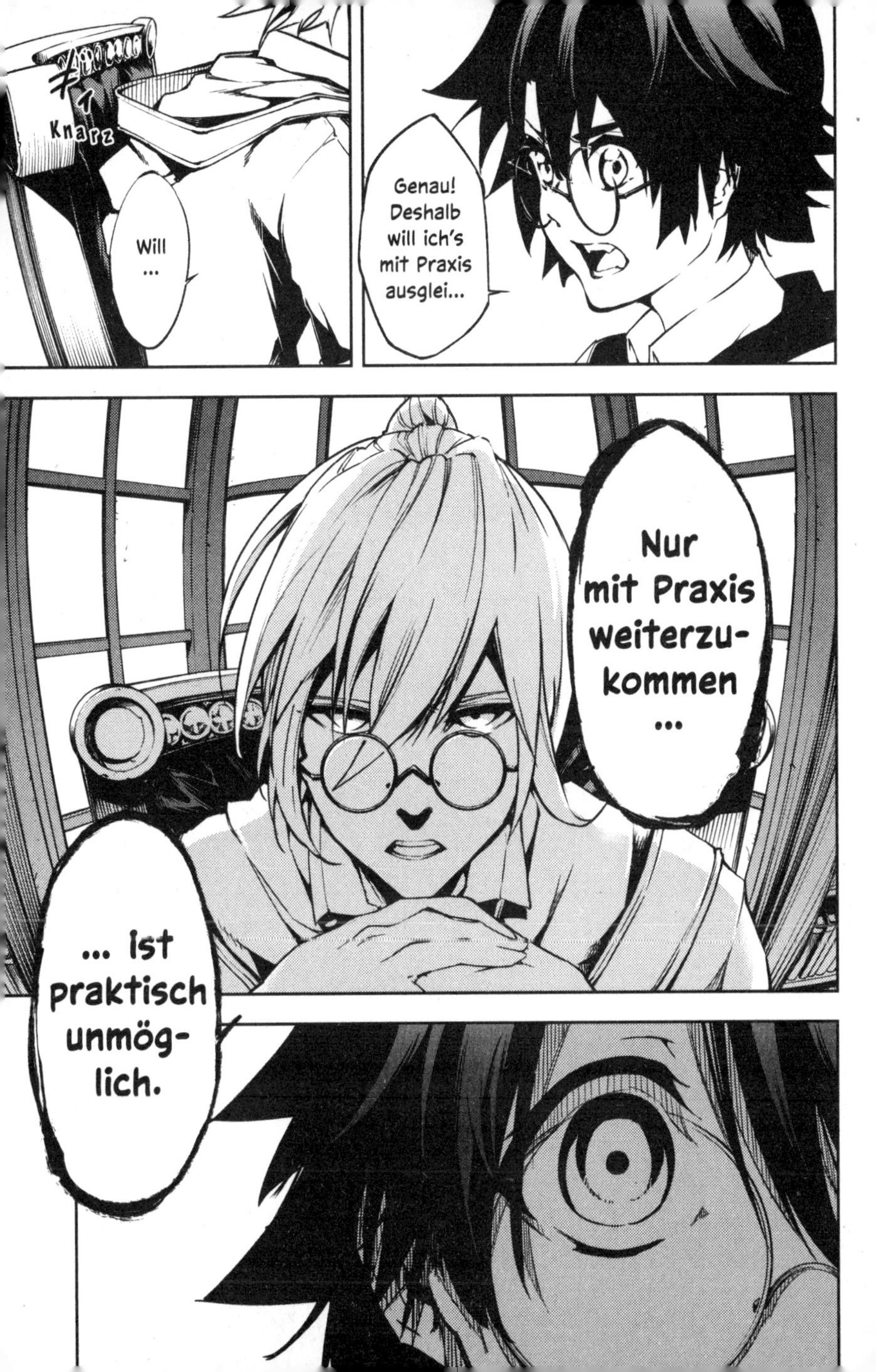
Genau! Deshalb will ich's mit Praxis ausglei...
Will ...
Knarz
Nur mit Praxis weiterzukommen ...
... Ist praktisch unmöglich.

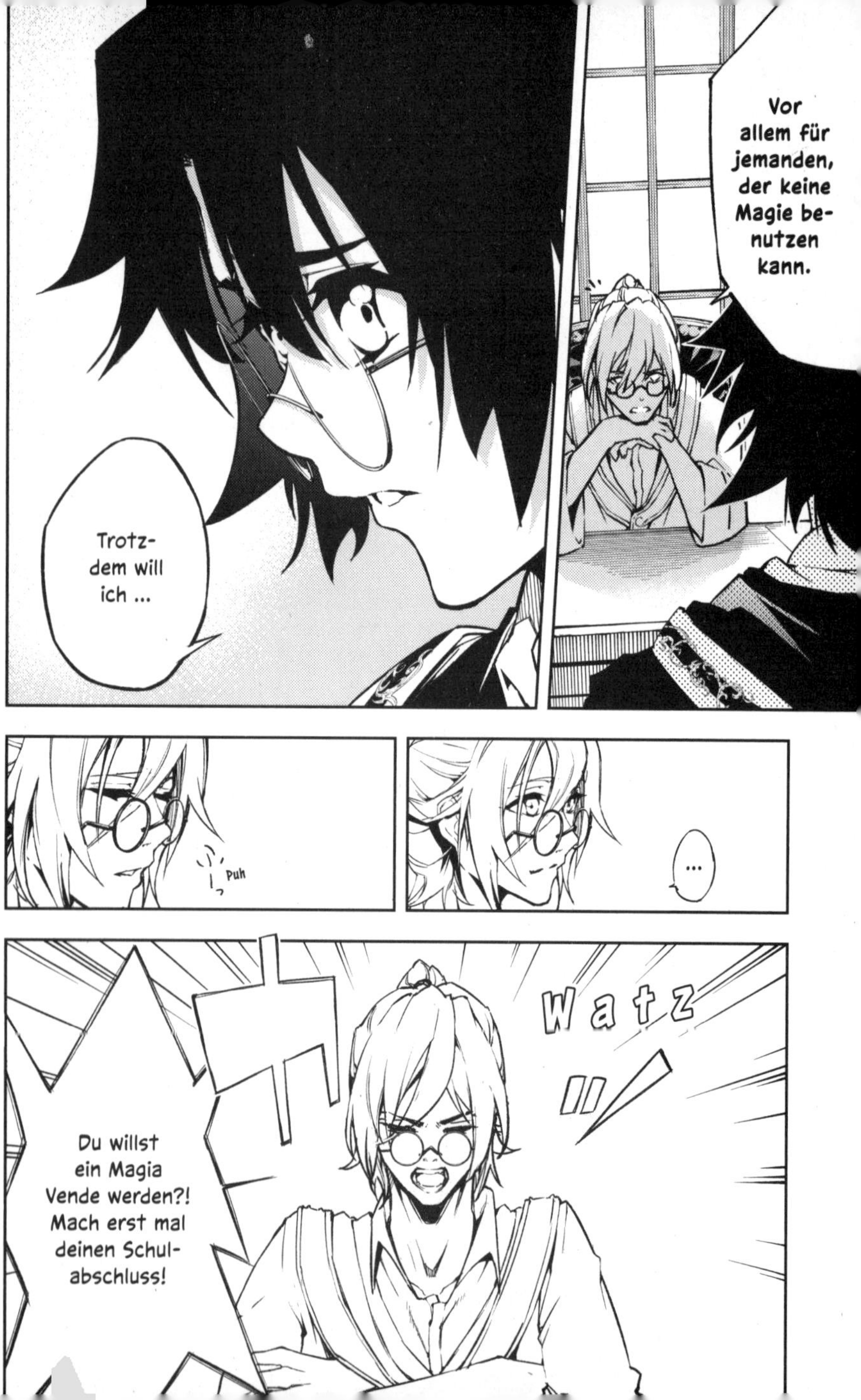

Vor allem für jemanden, der keine Magie be- nutzen kann.
Trotz- dem will ich ...
Puh
...
Watz
Du willst ein Magia Vende werden?! Mach erst mal deinen Schul- abschluss!

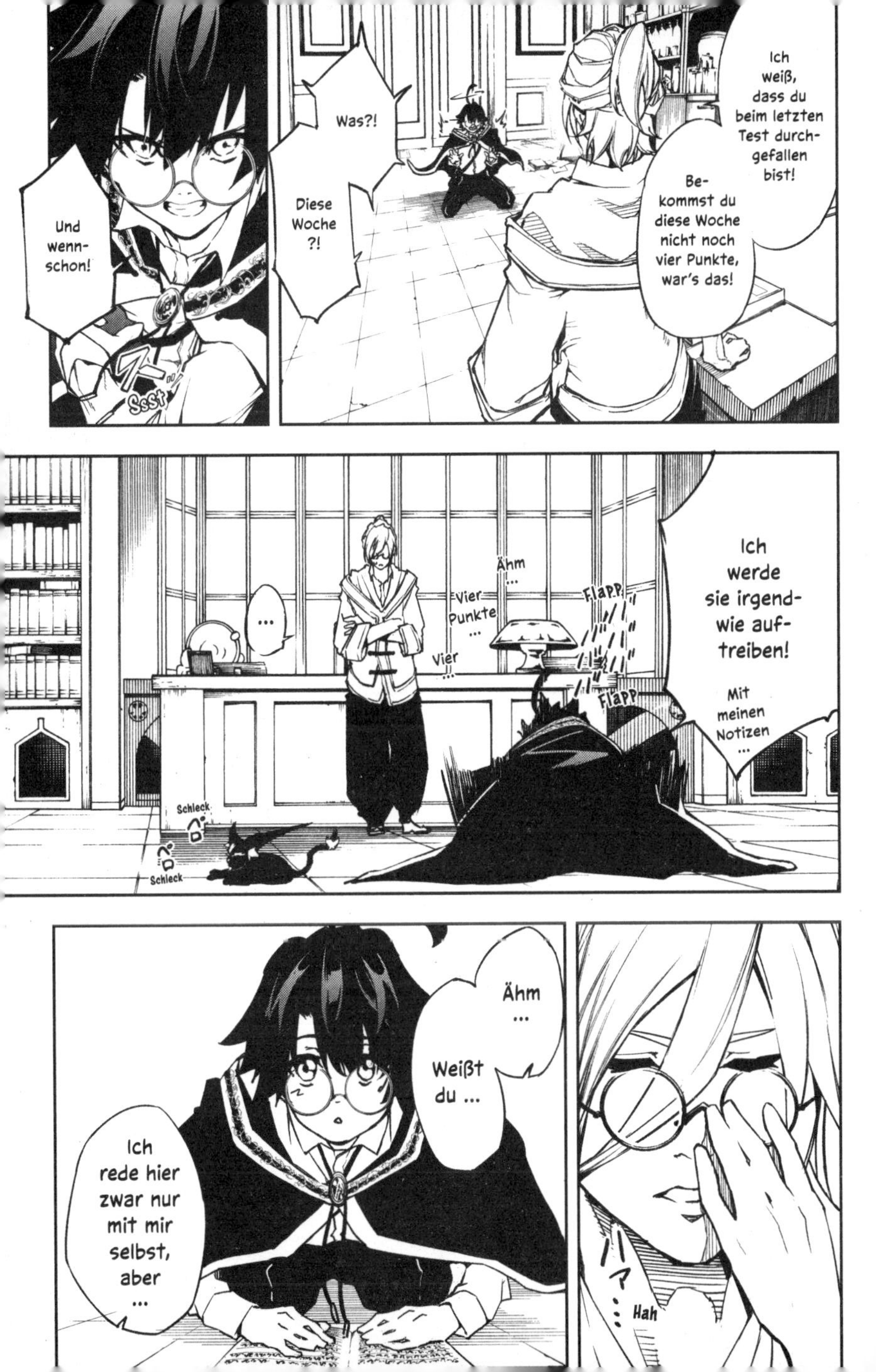

Ich weiß, dass du beim letzten Test durchgefallen bist!
Bekommst du diese Woche nicht noch vier Punkte, war's das!
Was?!
Diese Woche ?!
Und wenn-schon!
Ssst
Ich werde sie irgend-wie auf-treiben!
Mit meinen Notizen ...
Flapp
Flapp
Ähm ...
Vier Punkte ...
Vier ...
...
Schleck
Schleck
Ähm ...
Weißt du ...
Ich rede hier zwar nur mit mir selbst, aber ...
Hah

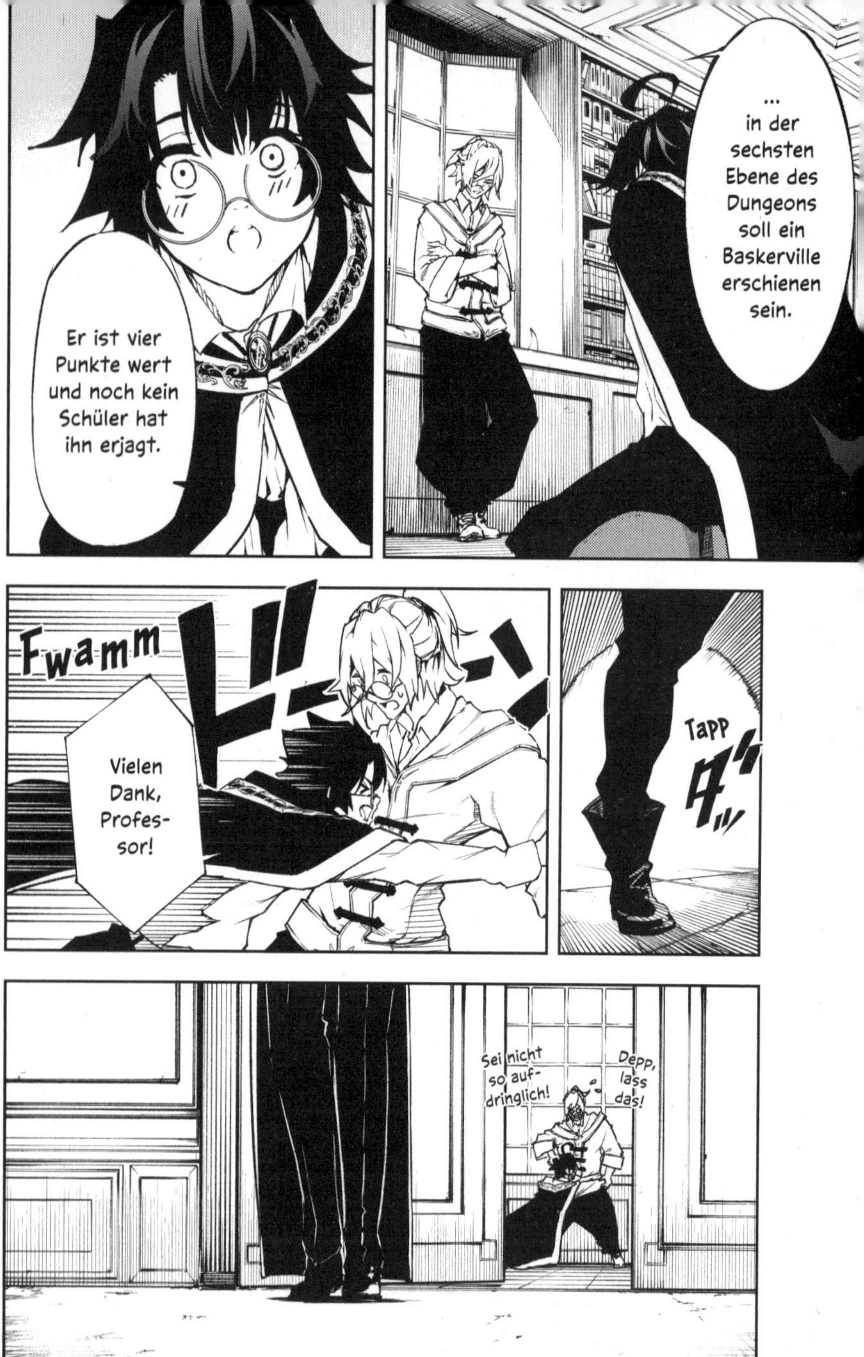
... in der sechsten Ebene des Dungeons soll ein Baskerville erschienen sein.
Er ist vier Punkte wert und noch kein Schüler hat ihn erjagt.
Tapp
Fwamm
Vielen Dank, Profes-sor!
Depp, lass das!
Sei nicht so auf-dringlich!

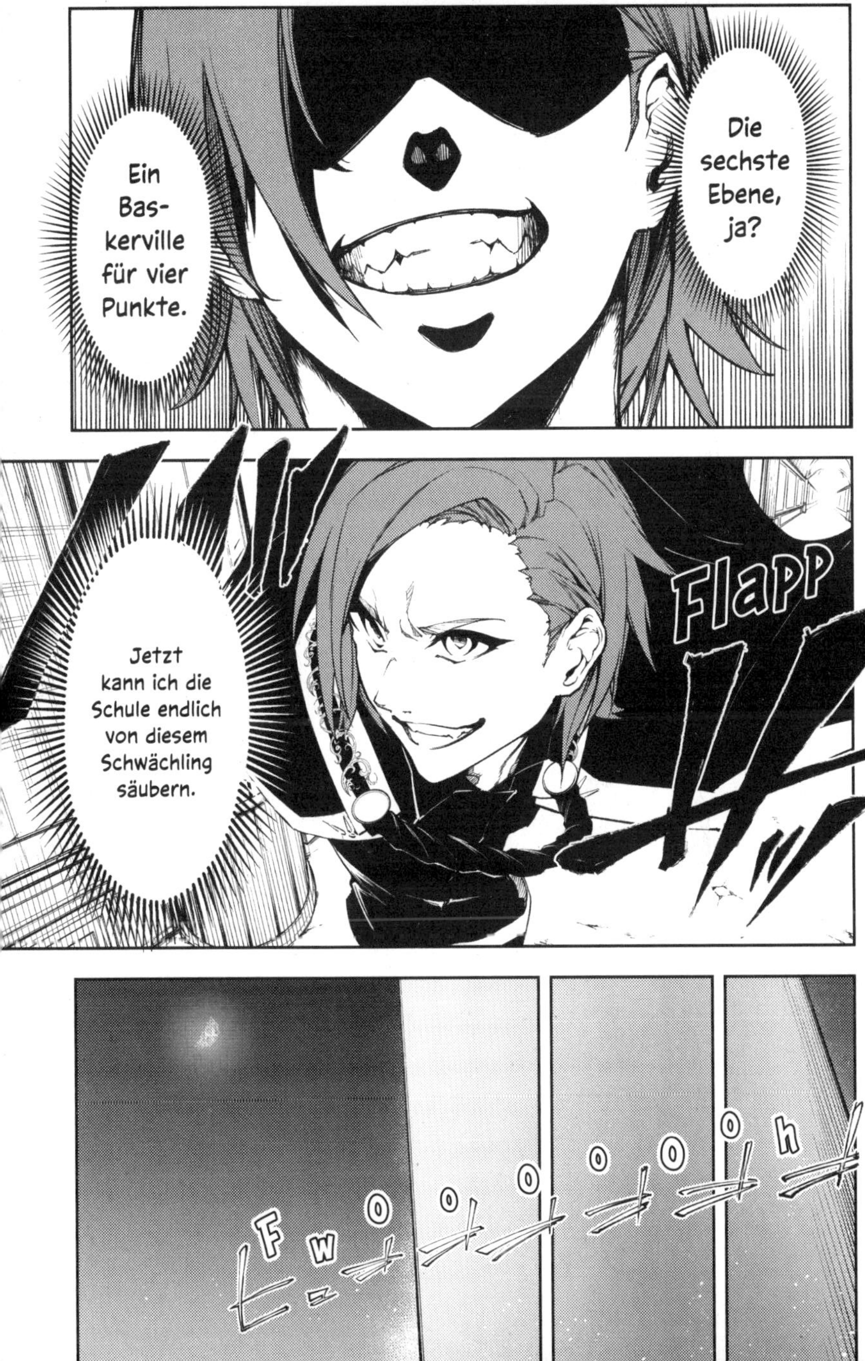
Die sechste Ebene, ja?
Ein Bas-kerville für vier Punkte.
Flapp
Jetzt kann ich die Schule endlich von diesem Schwächling säubern.
Fwoooooooh

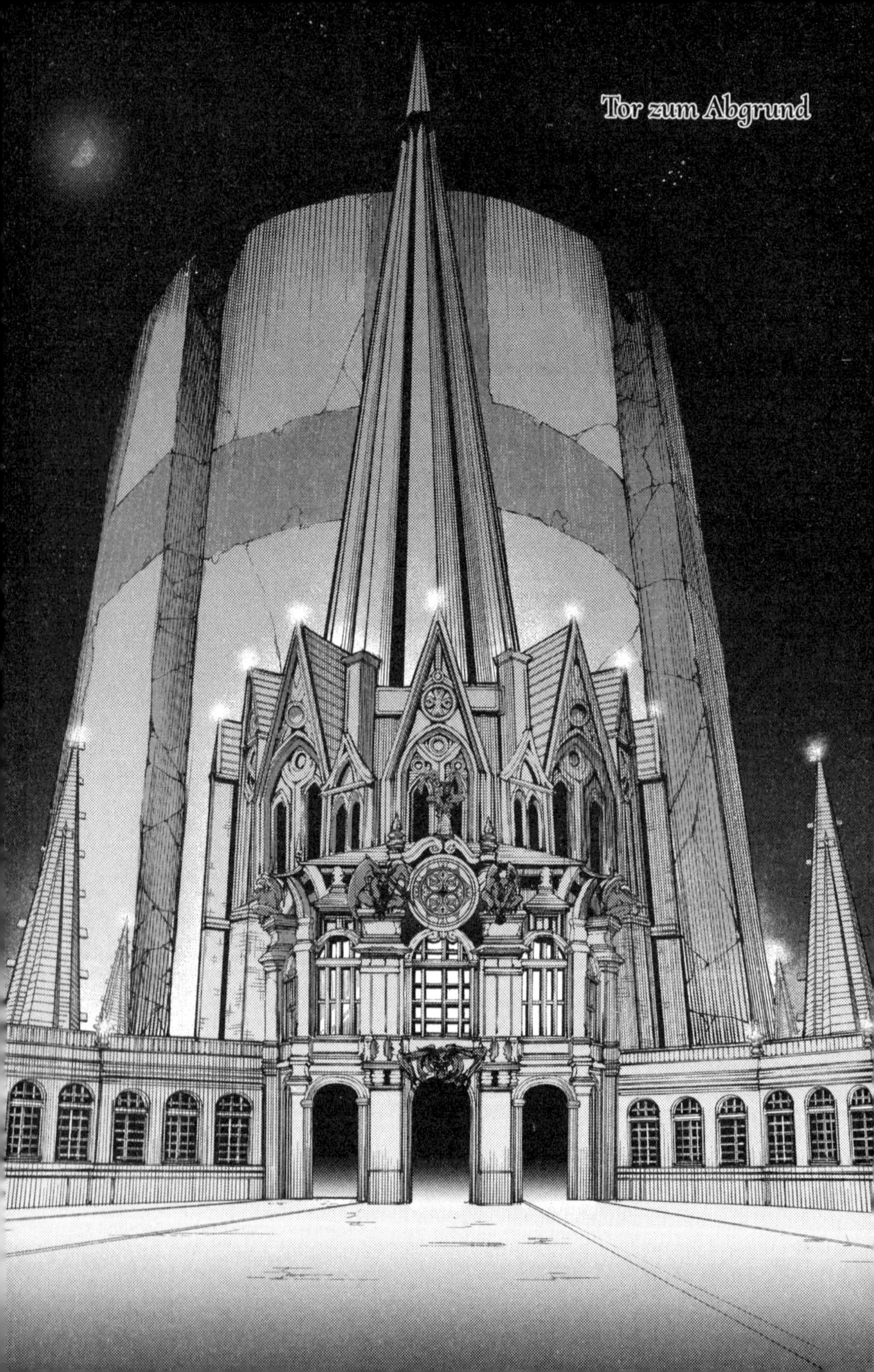
Tor zum Abgrund

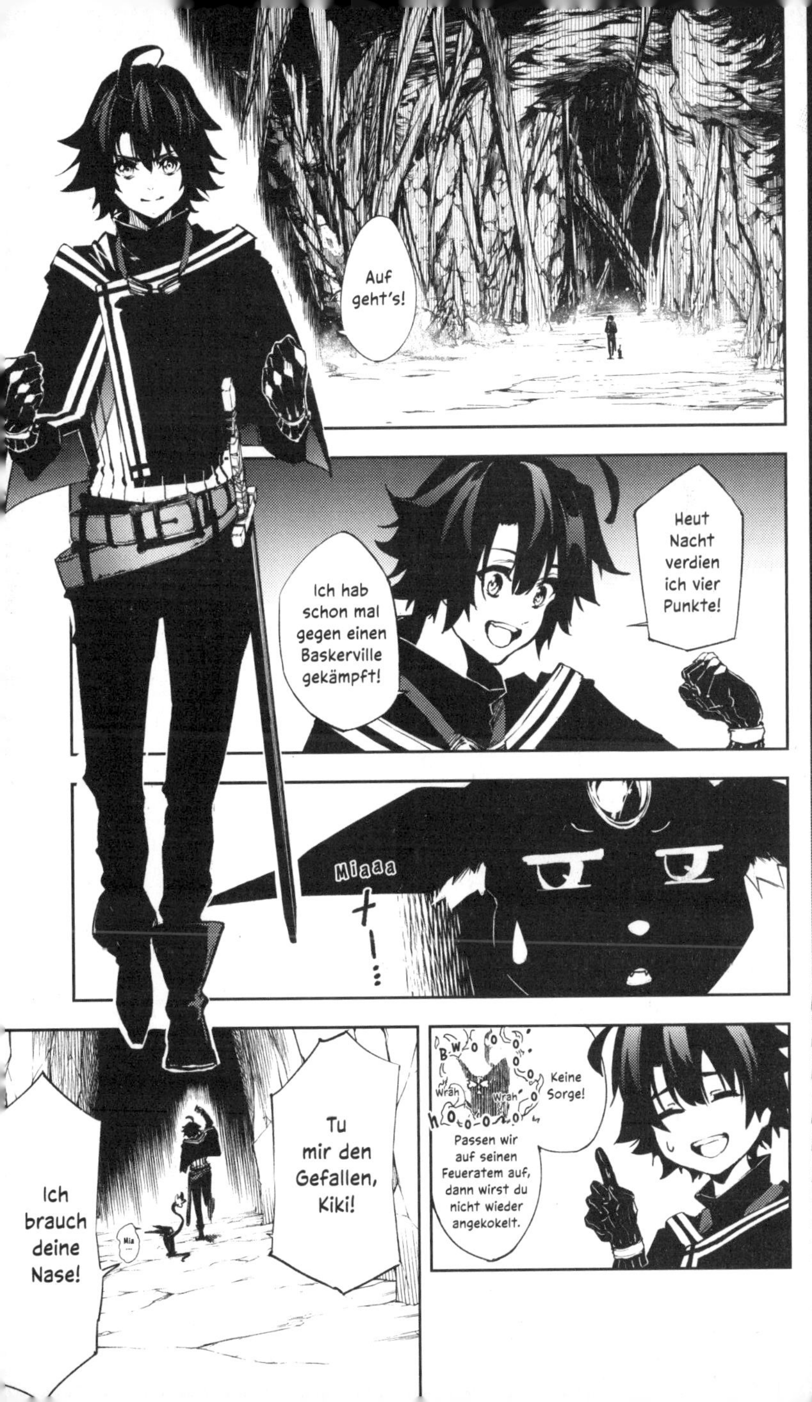

Auf geht's!
Heut Nacht verdien ich vier Punkte!
Ich hab schon mal gegen einen Baskerville gekämpft!
Miaaa
Keine Sorge!
Passen wir auf seinen Feueratem auf, dann wirst du nicht wieder angekokelt.
Tu mir den Gefallen, Kiki!
Ich brauch deine Nase!

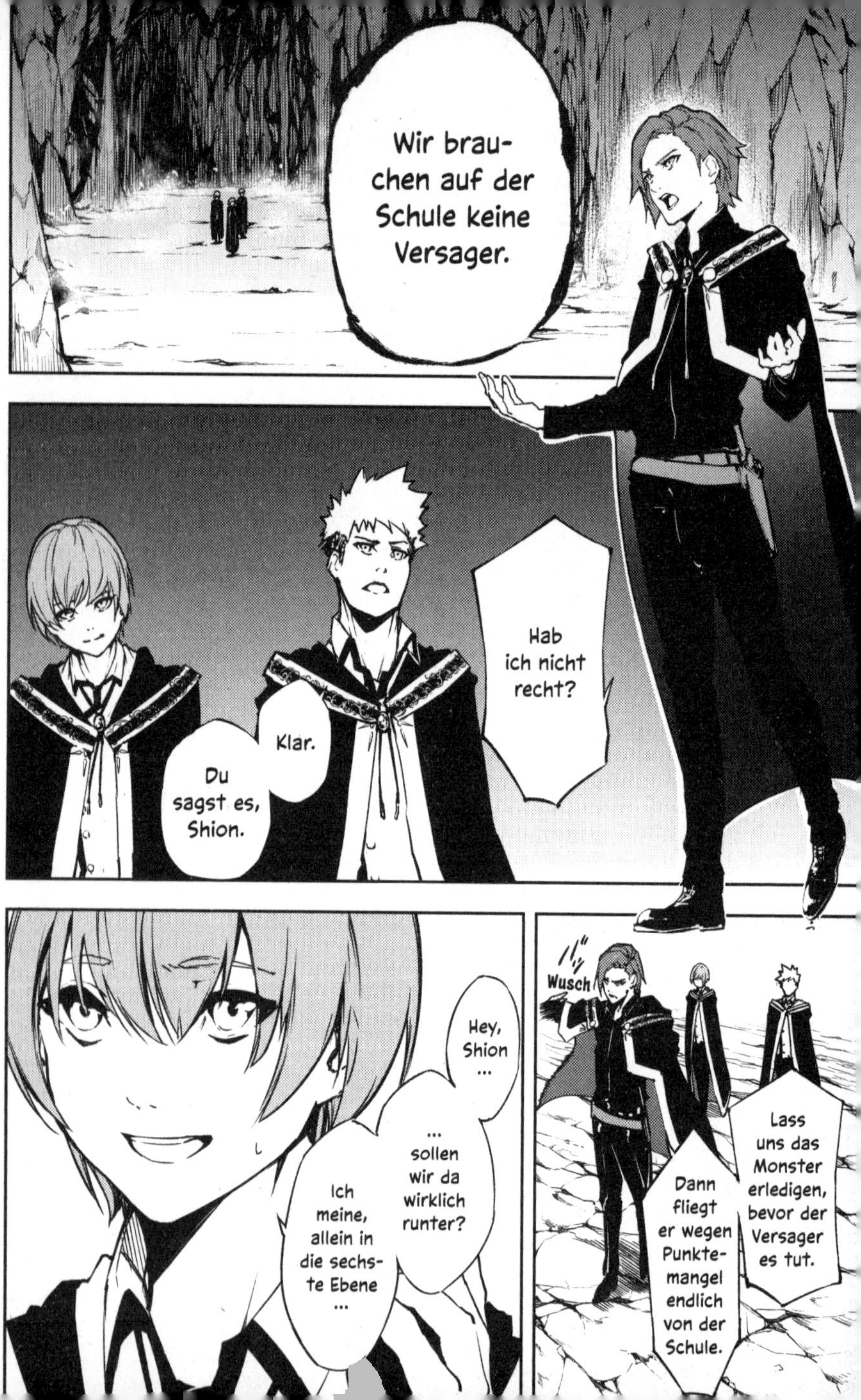
Wir brau-
chen auf der
Schule keine
Versager.
Hab ich nicht recht?
Klar.
Du sagst es, Shion.
Wusch
Lass uns das Monster erledigen, bevor der Versager es tut.
Dann fliegt er wegen Punktemangel endlich von der Schule.
Hey, Shion ...
... sollen wir da wirklich runter?
Ich meine, allein in die sechste Ebene ...

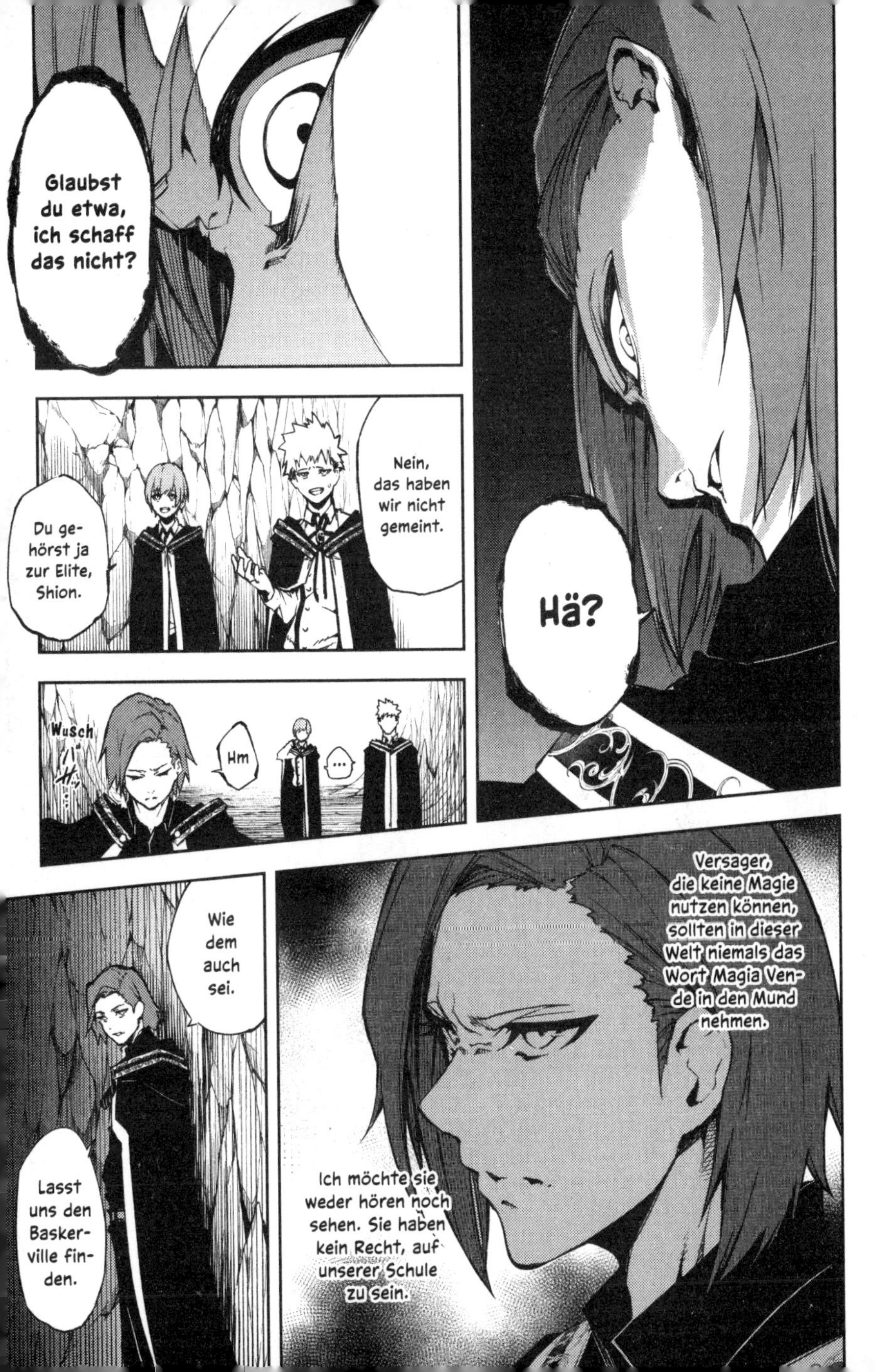

Glaubst du etwa, ich schaff das nicht?
Hä?
Nein, das haben wir nicht gemeint.
Du gehörst ja zur Elite, Shion.
Wusch
Hm
...
Wie dem auch sei.
Versager, die keine Magie nutzen können, sollten in dieser Welt niemals das Wort Magia Vende in den Mund nehmen.
Ich möchte sie weder hören noch sehen. Sie haben kein Recht, auf unserer Schule zu sein.
Lasst uns den Baskerville finden.

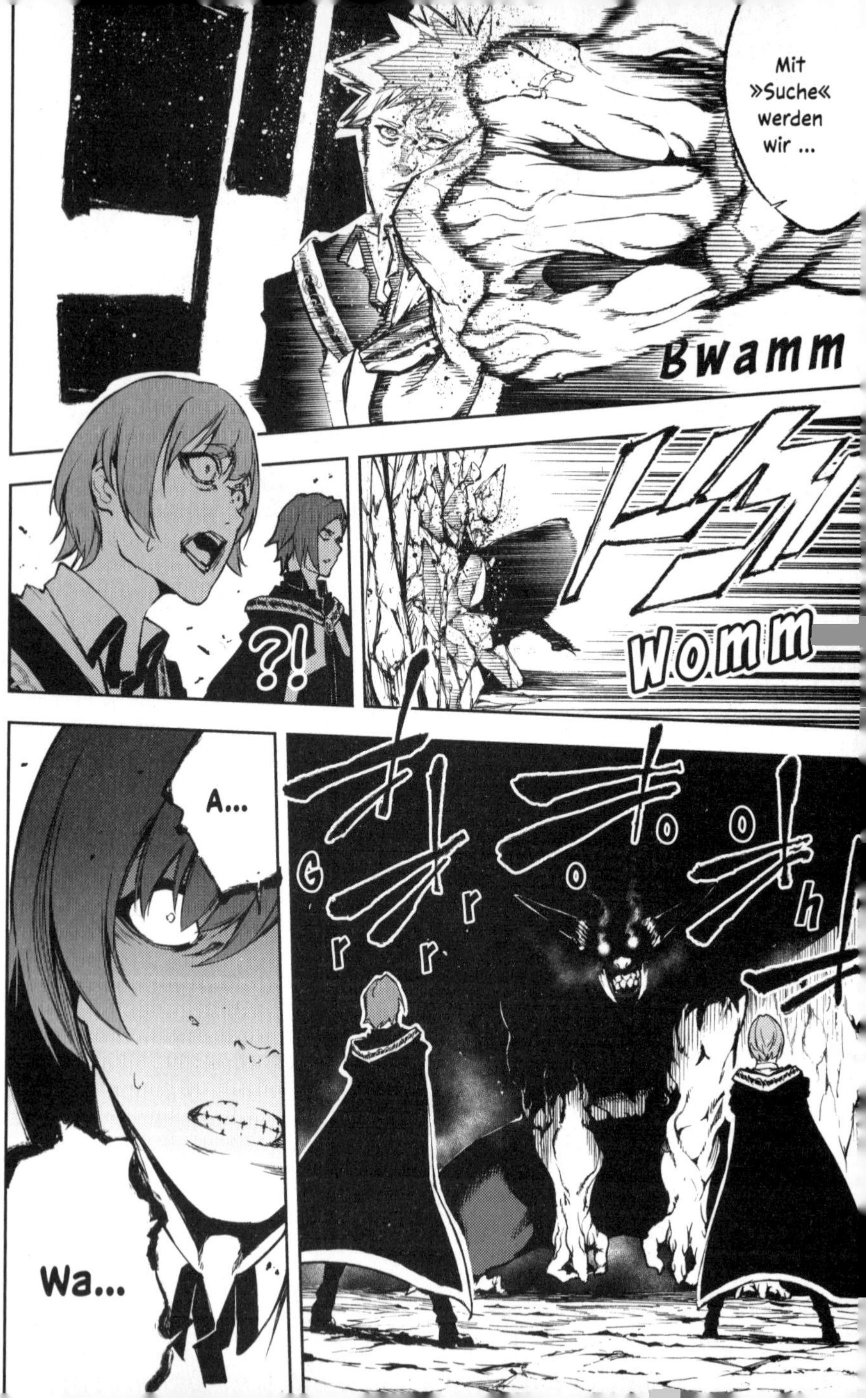
Mit »Suche« werden wir ...
Bwamm
Womm
?!
Grrrrooooh
A...
Wa...

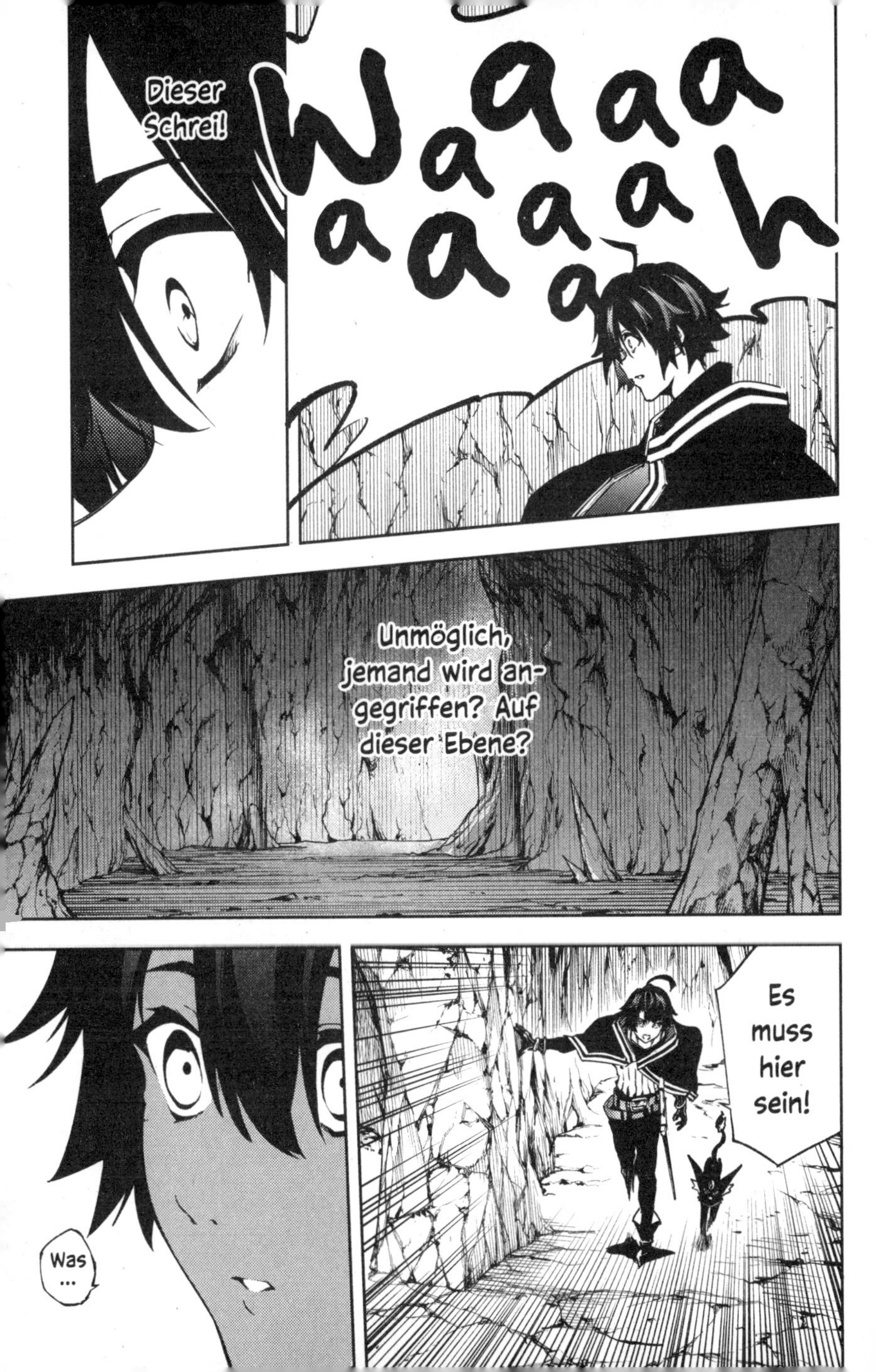
Waaaaaaaaaah
Dieser Schrei!
Unmöglich, jemand wird angegriffen? Auf dieser Ebene?
Es muss hier sein!
Was ...

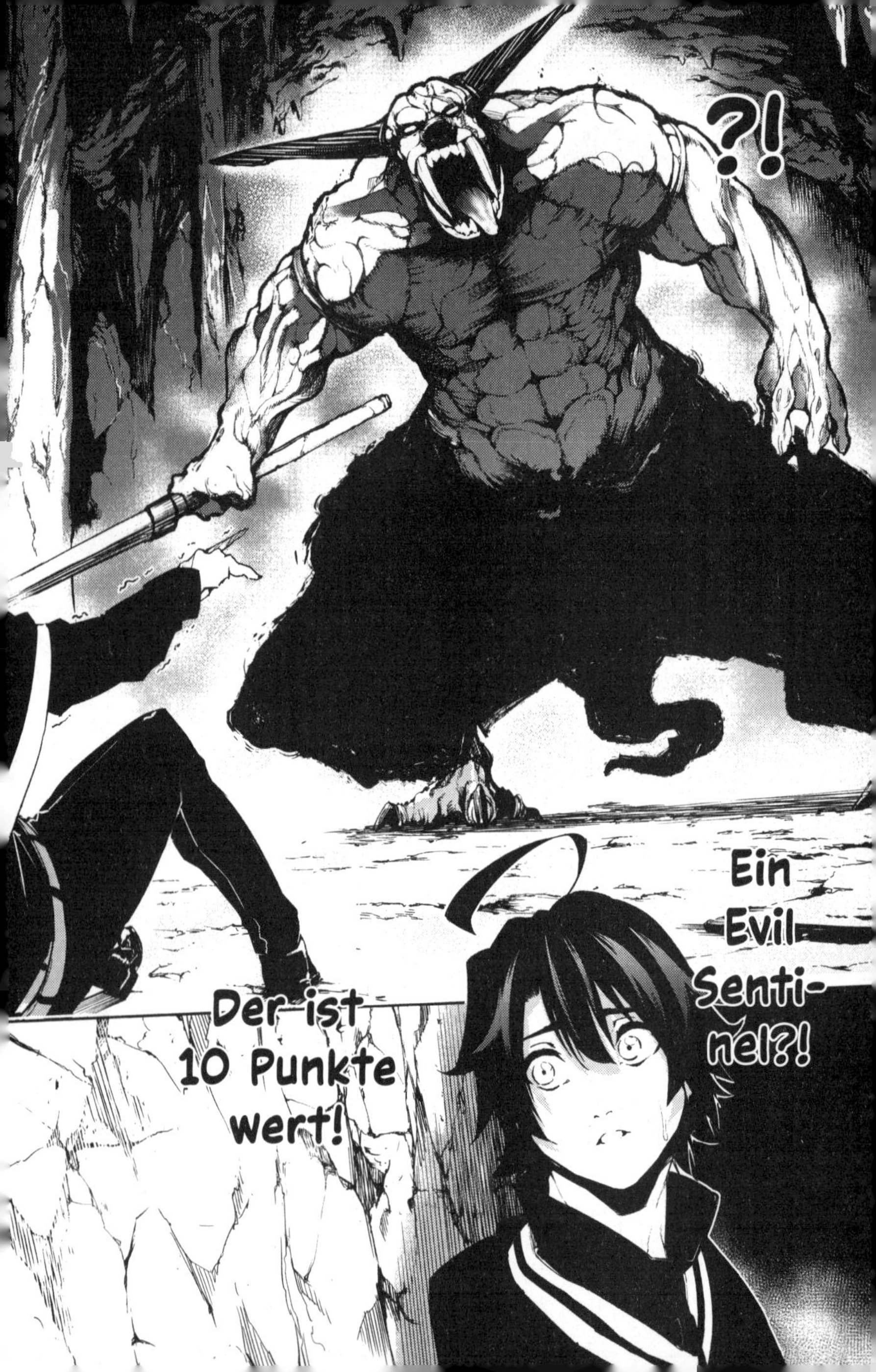
?!
Ein Evil Sentinel?!
Der ist 10 Punkte wert!

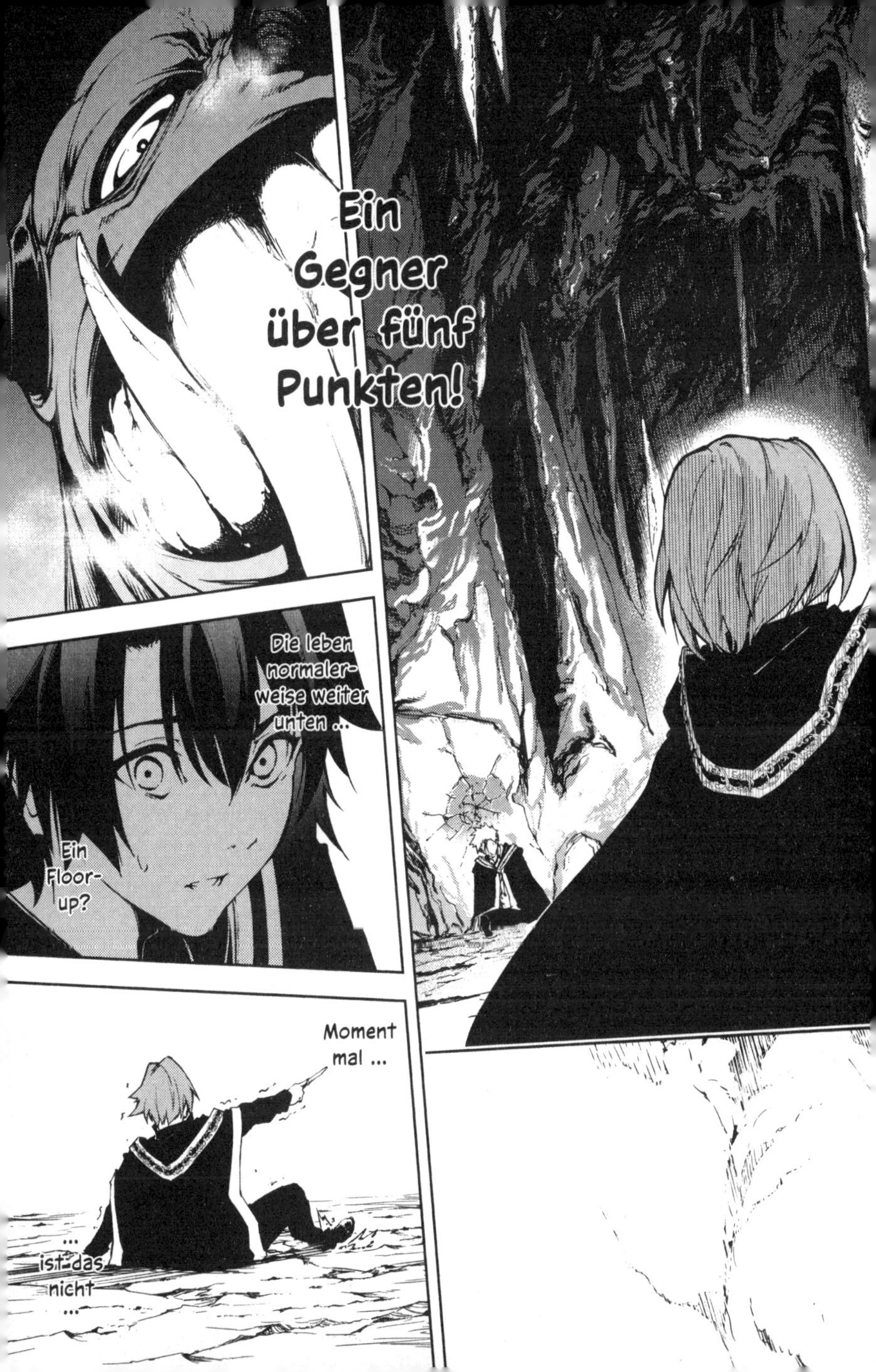
Ein Gegner über fünf Punkten!
Die leben normalerweise weiter unten ...
Ein Floor-up?
Moment mal ...
... ist das nicht ...

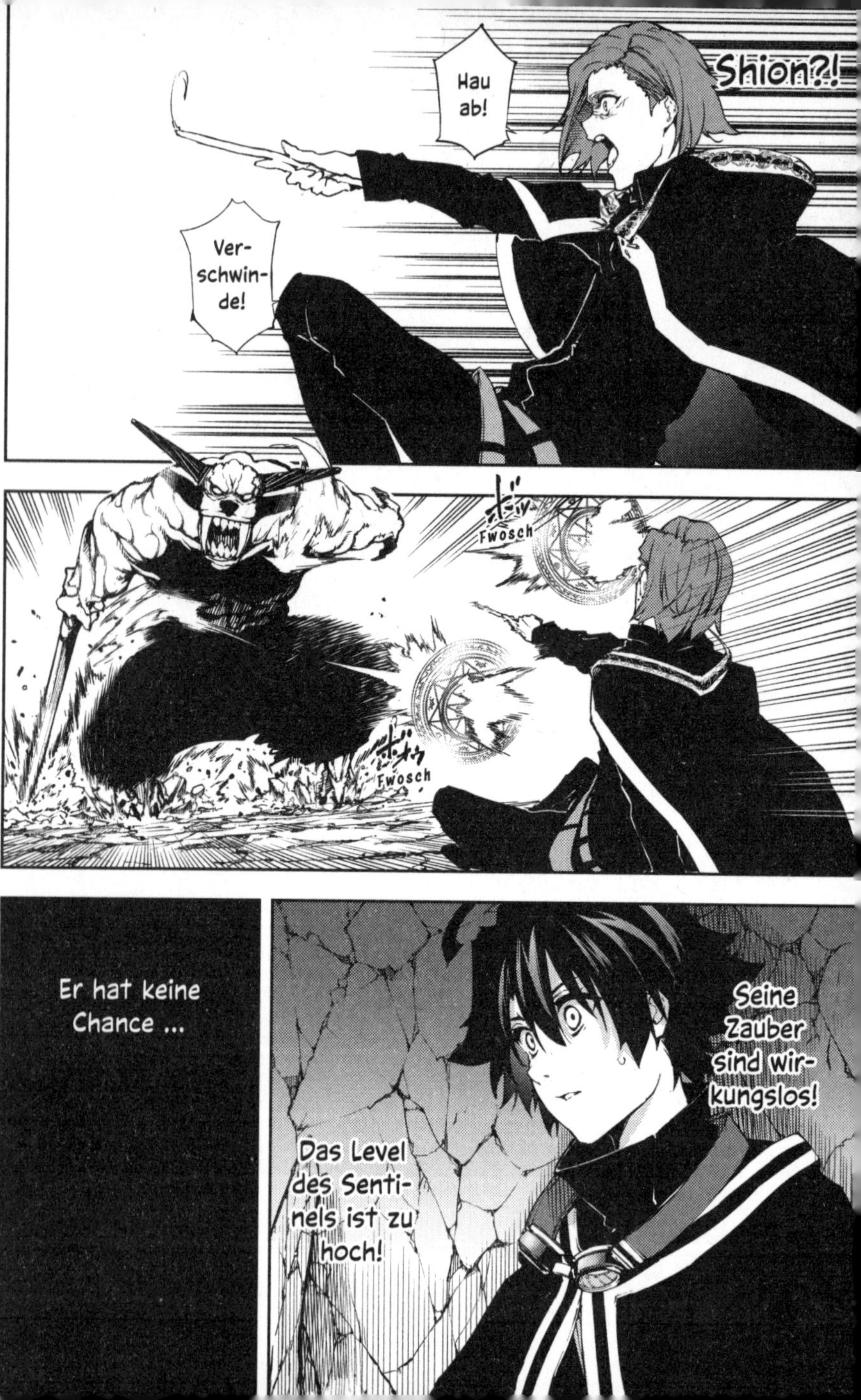
Shion?!
Hau ab!
Ver-
schwin-
de!
Fwosch
Fwosch
Seine Zauber sind wir-kungslos!
Das Level des Senti-nels ist zu hoch!
Er hat keine Chance ...

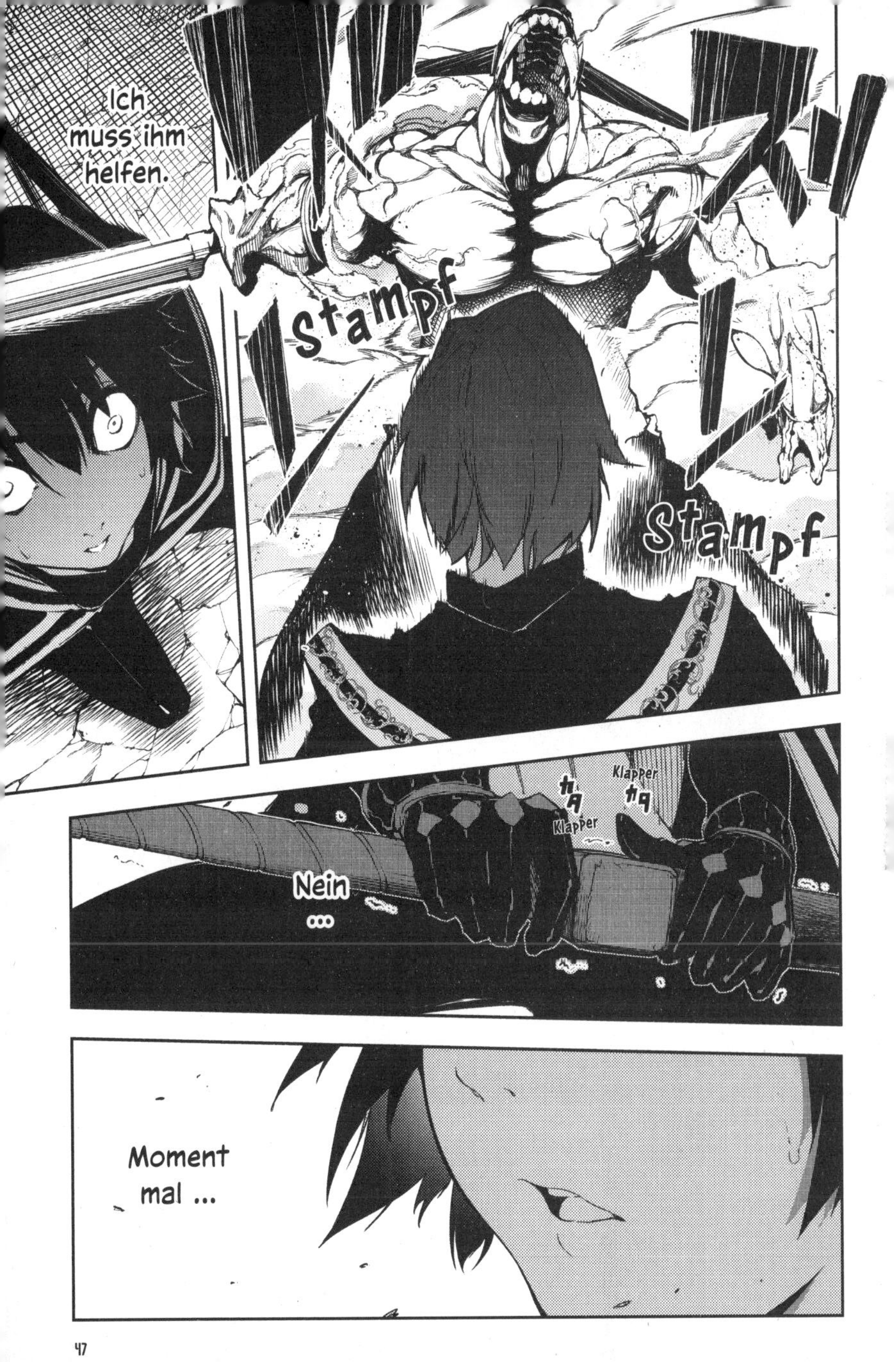
Stampf
Stampf
Ich muss ihm helfen.
カタ
Klapper
カタ
Klapper
Nein ...
Moment mal ...

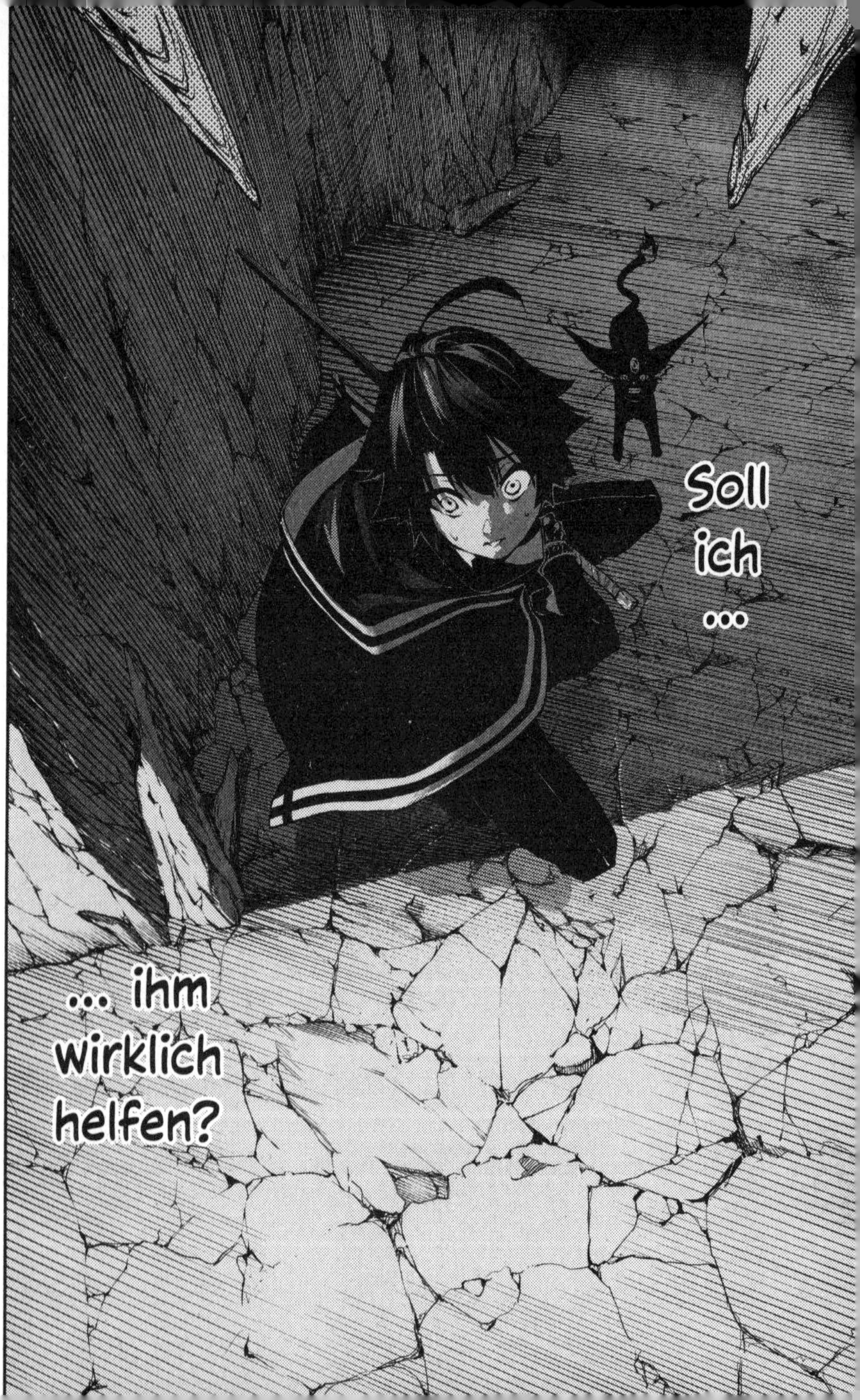
Soll ich ...
... ihm wirklich helfen?

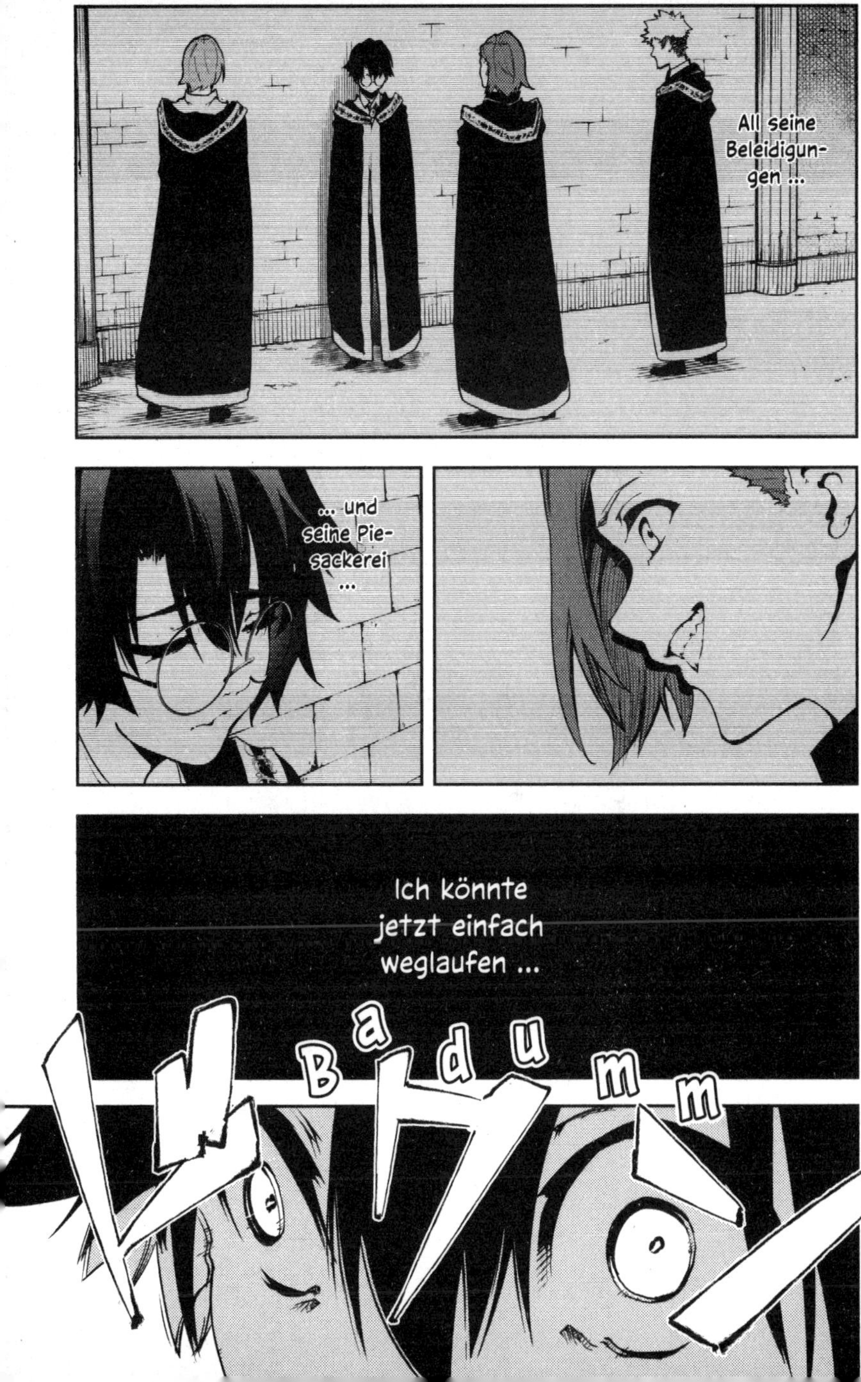
All seine Beleidigungen ...
... und seine Piesackerei ...
Ich könnte jetzt einfach weglaufen ...
Badumm

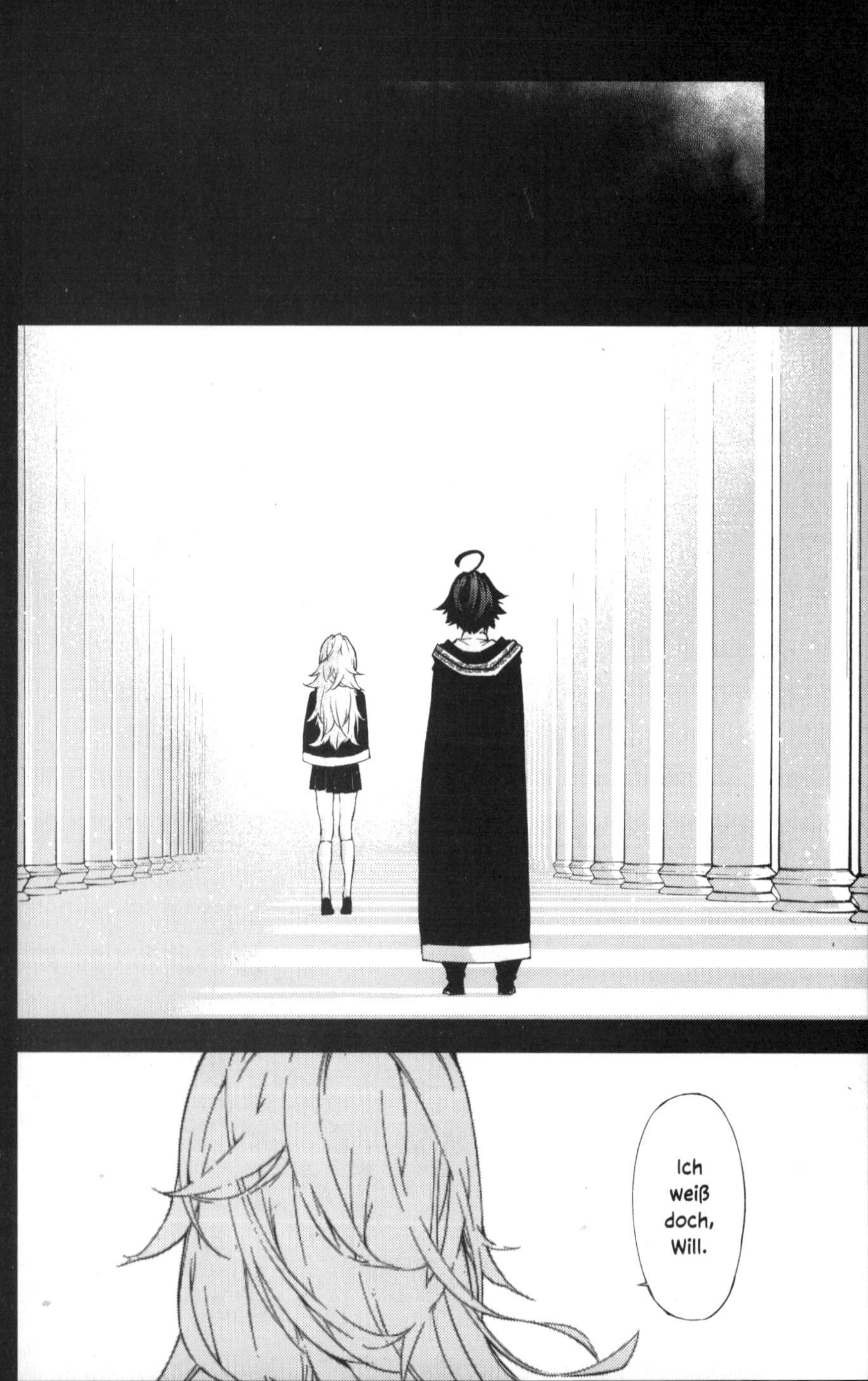
Ich weiß doch, Will.

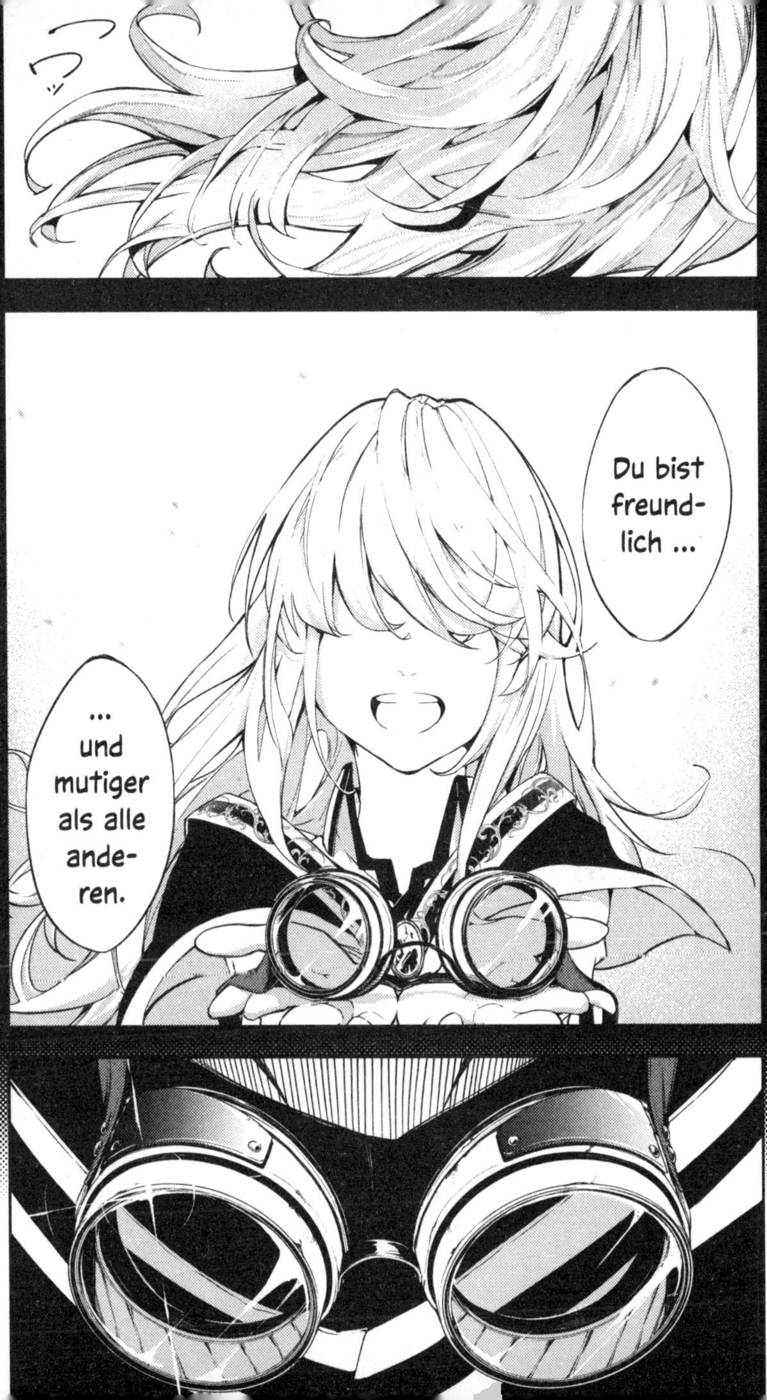
Du bist freund-lich ...
... und mutiger als alle ande-ren.

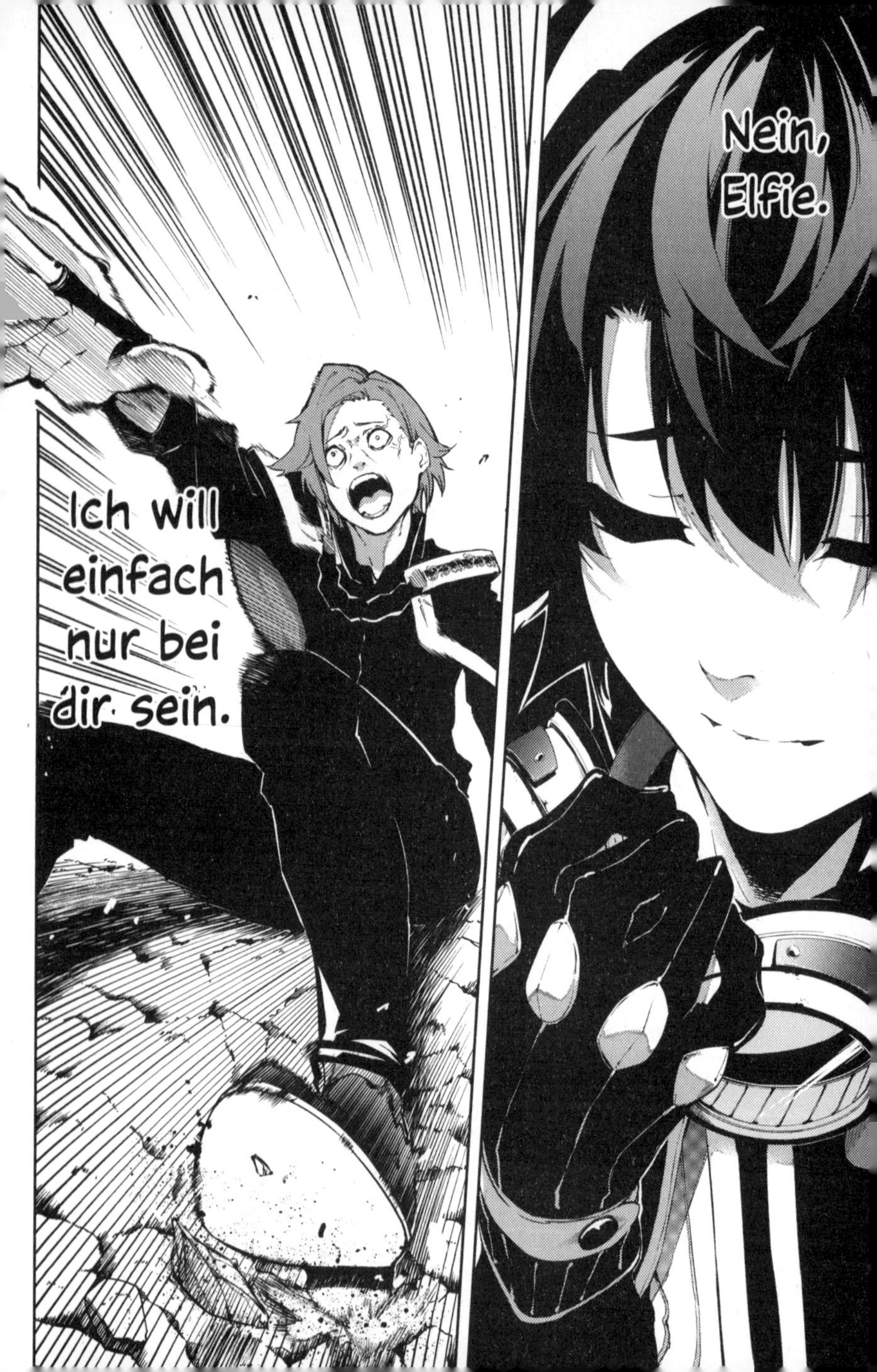
Nein, Elfie.
Ich will einfach nur bei dir sein.

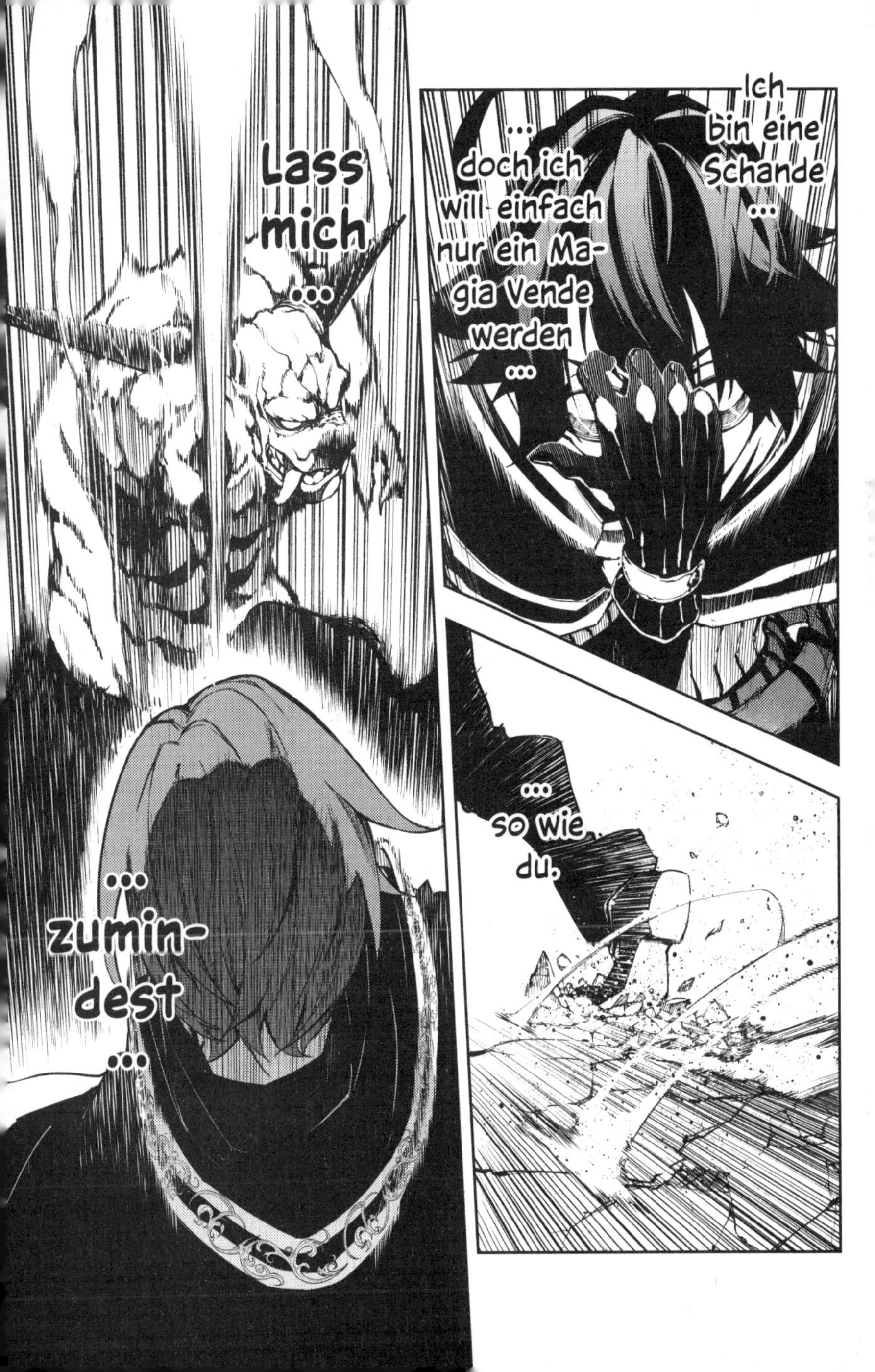
Ich bin eine Schande ...
... doch ich will einfach nur ein Magia Vende werden ...
... so wie du.
Lass mich ...
... zumindest ...

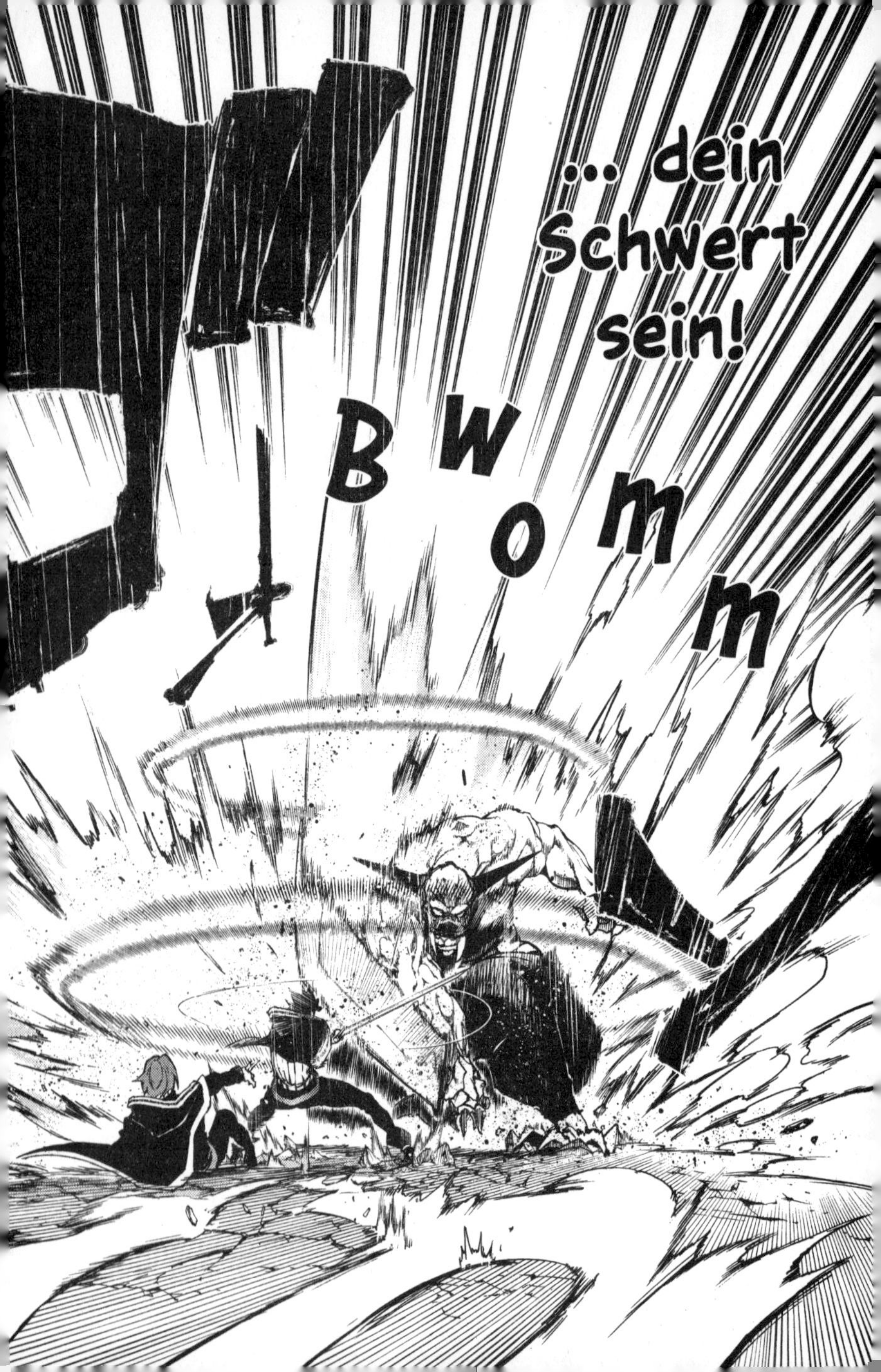
... dein Schwert sein!
BWOMM

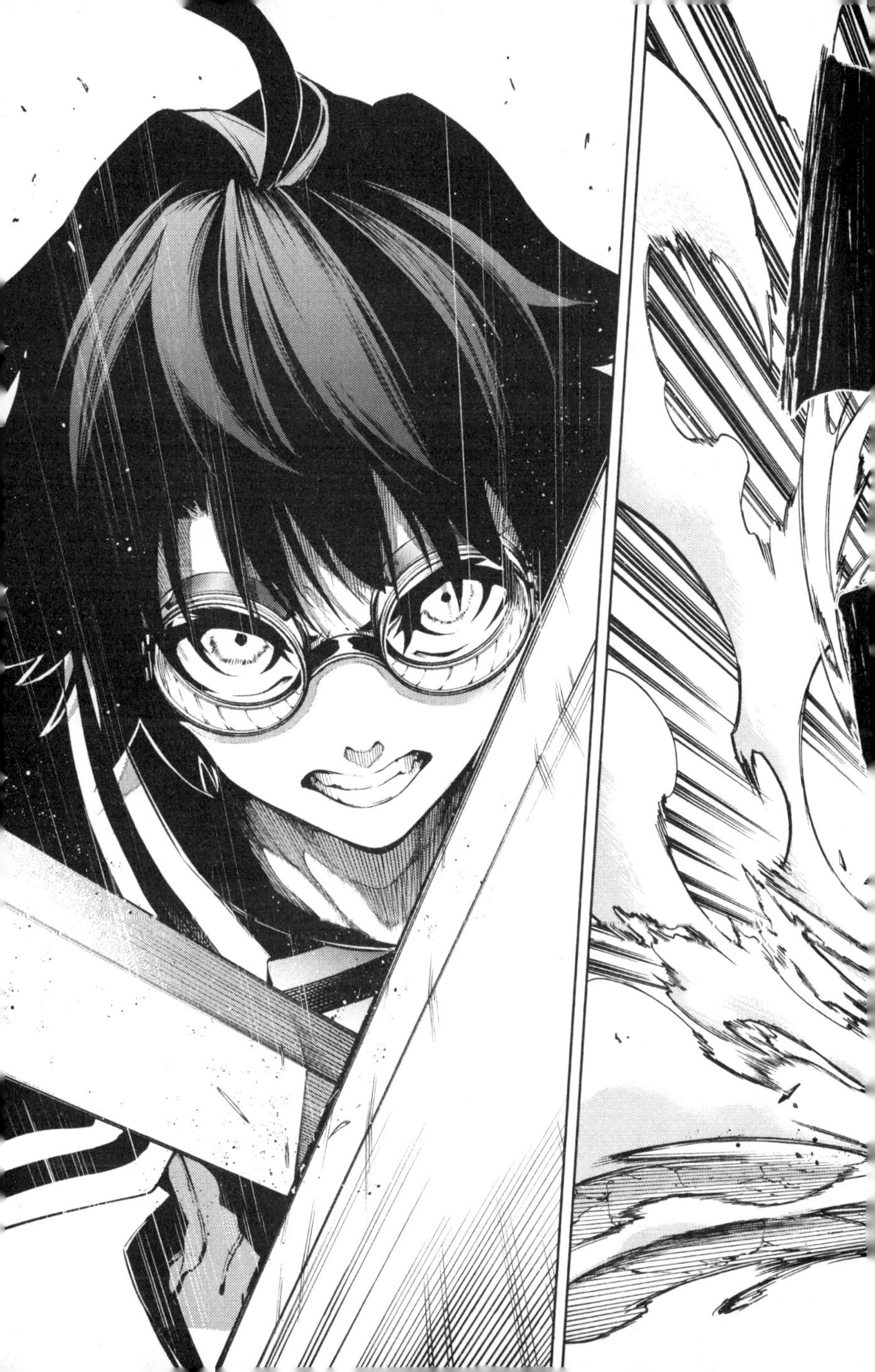

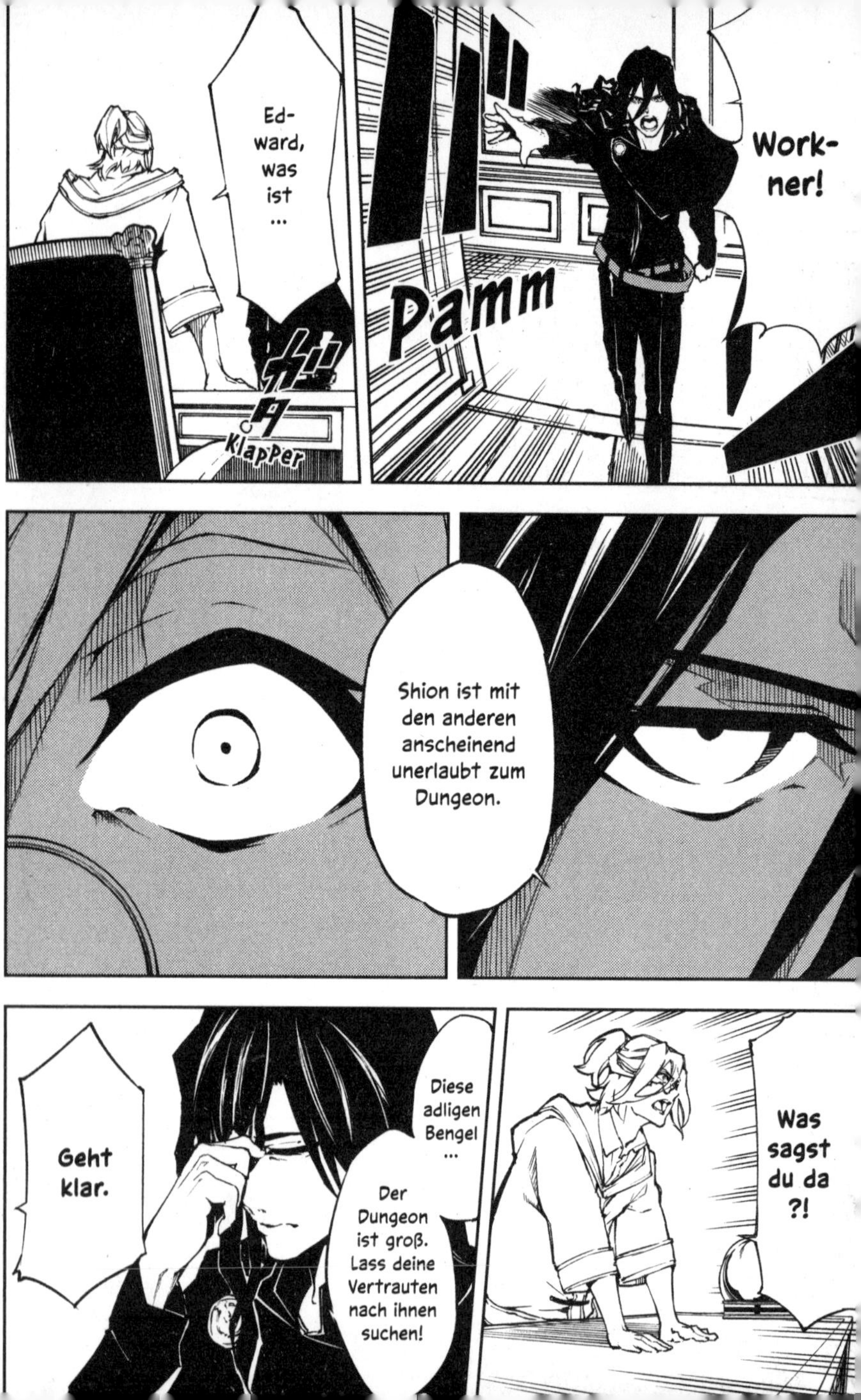
Work-
ner!
Pamm
Ed-
ward,
was
ist
...
Klapper
Shion ist mit
den anderen
anscheinend
unerlaubt zum
Dungeon.
Was
sagst
du da
?!
Diese
adligen
Bengel
...
Der
Dungeon
ist groß.
Lass deine
Vertrauten
nach ihnen
suchen!
Geht
klar.

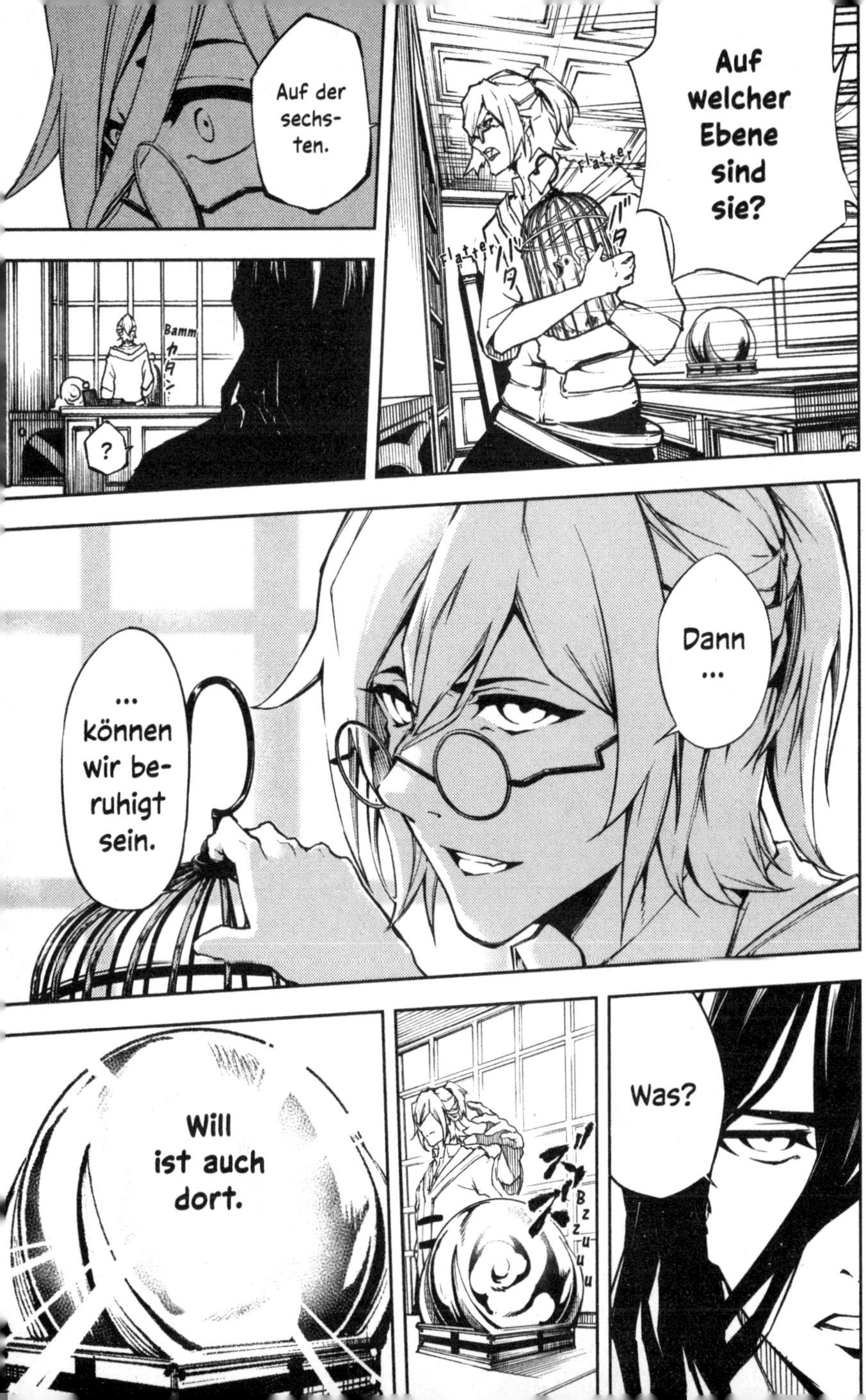
Auf welcher Ebene sind sie?
Flatter
Flatter
Auf der sechsten.
Bamm
?
Dann ...
... können wir beruhigt sein.
Was?
Bzzuuu
Will ist auch dort.

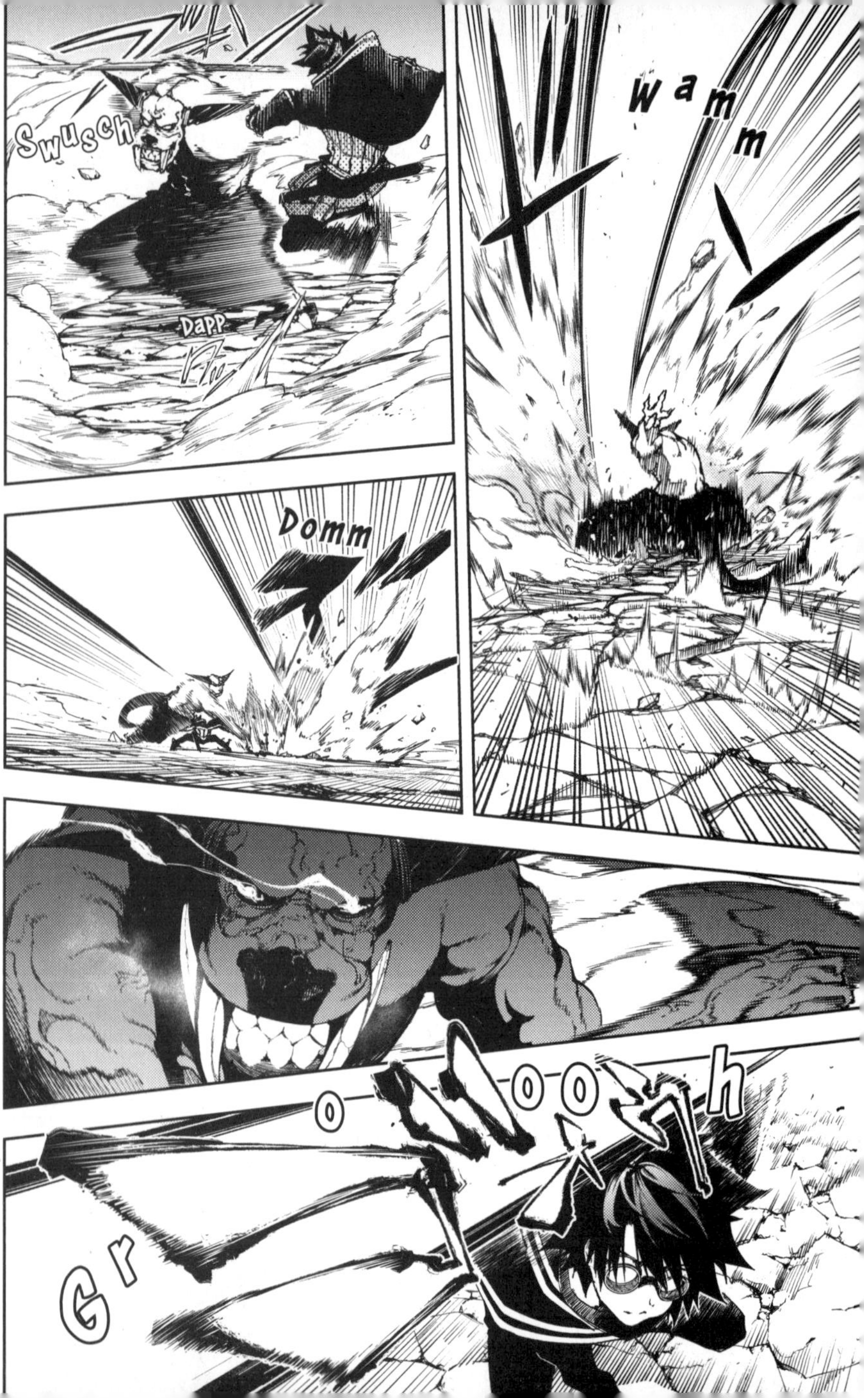

Wamm
Swusch
Dapp
Domm
Grooooh

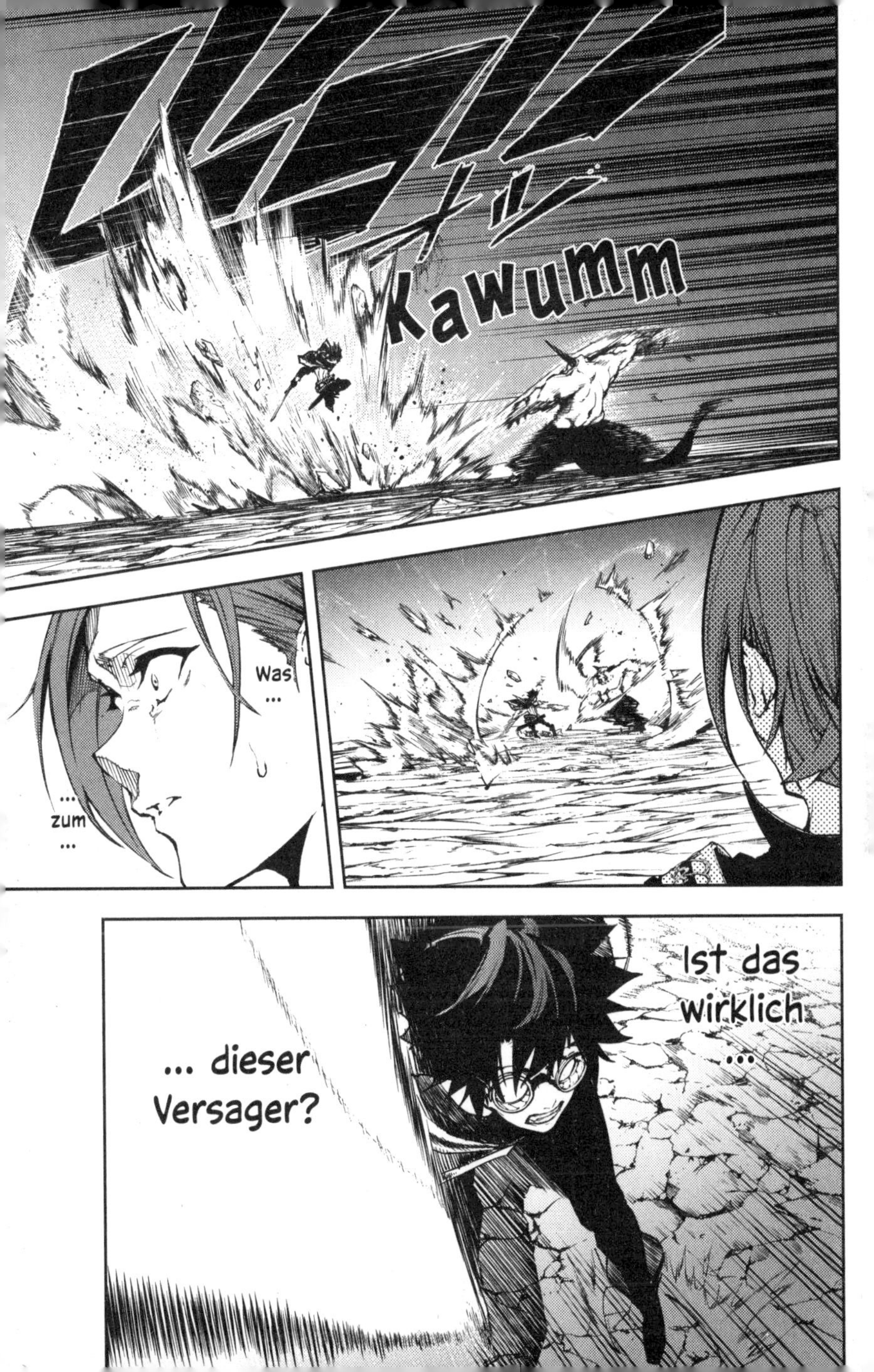

Kawumm
Was …
… zum …
Ist das wirklich …
… dieser Versager?

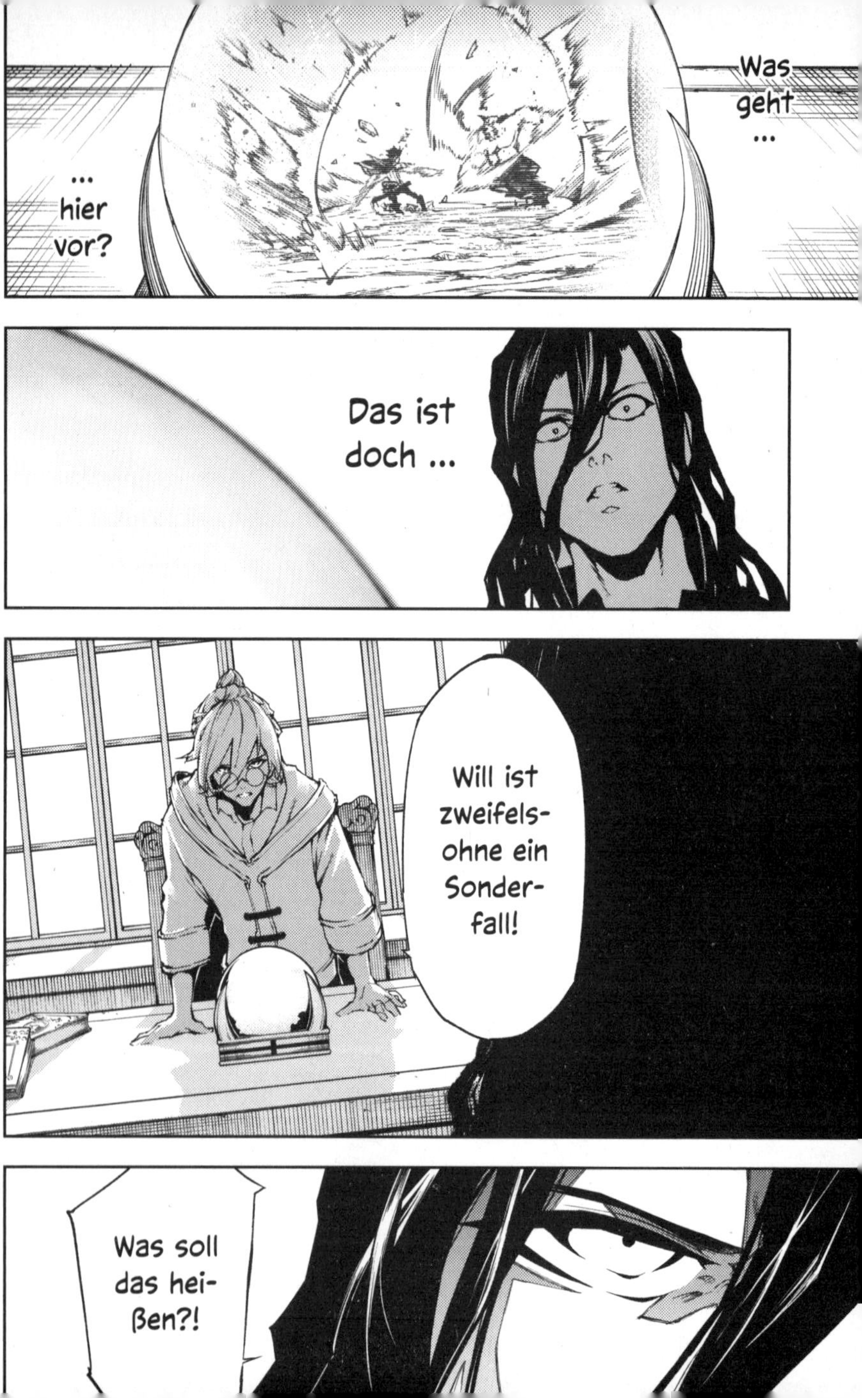
Was geht ...
... hier vor?
Das ist doch ...
Will ist zweifelsohne ein Sonderfall!
Was soll das heißen?!

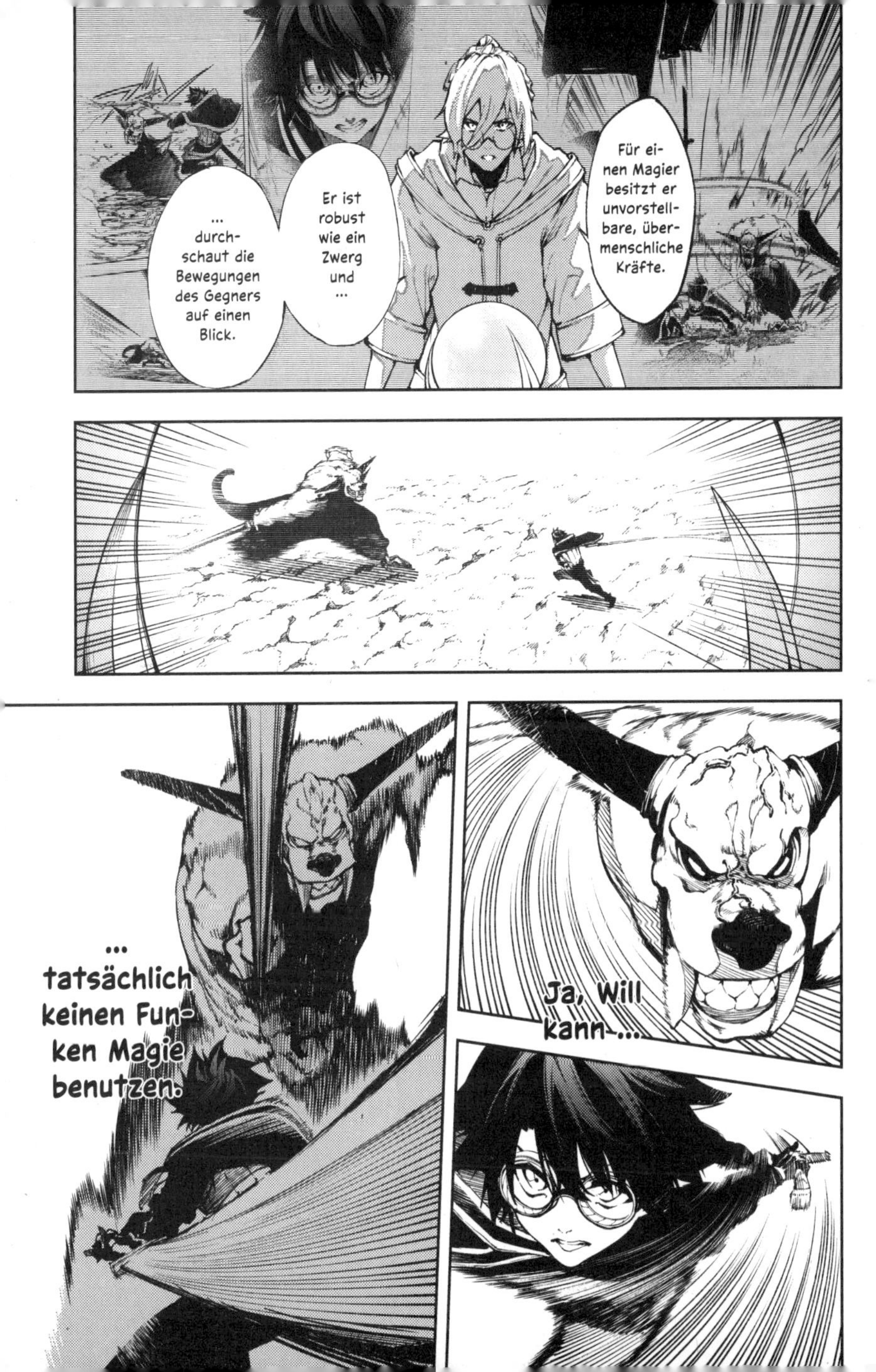

Für einen Magier besitzt er unvorstellbare, übermenschliche Kräfte.
Er ist robust wie ein Zwerg und ...
... durchschaut die Bewegungen des Gegners auf einen Blick.
Ja, Will kann ...
... tatsächlich keinen Funken Magie benutzen.

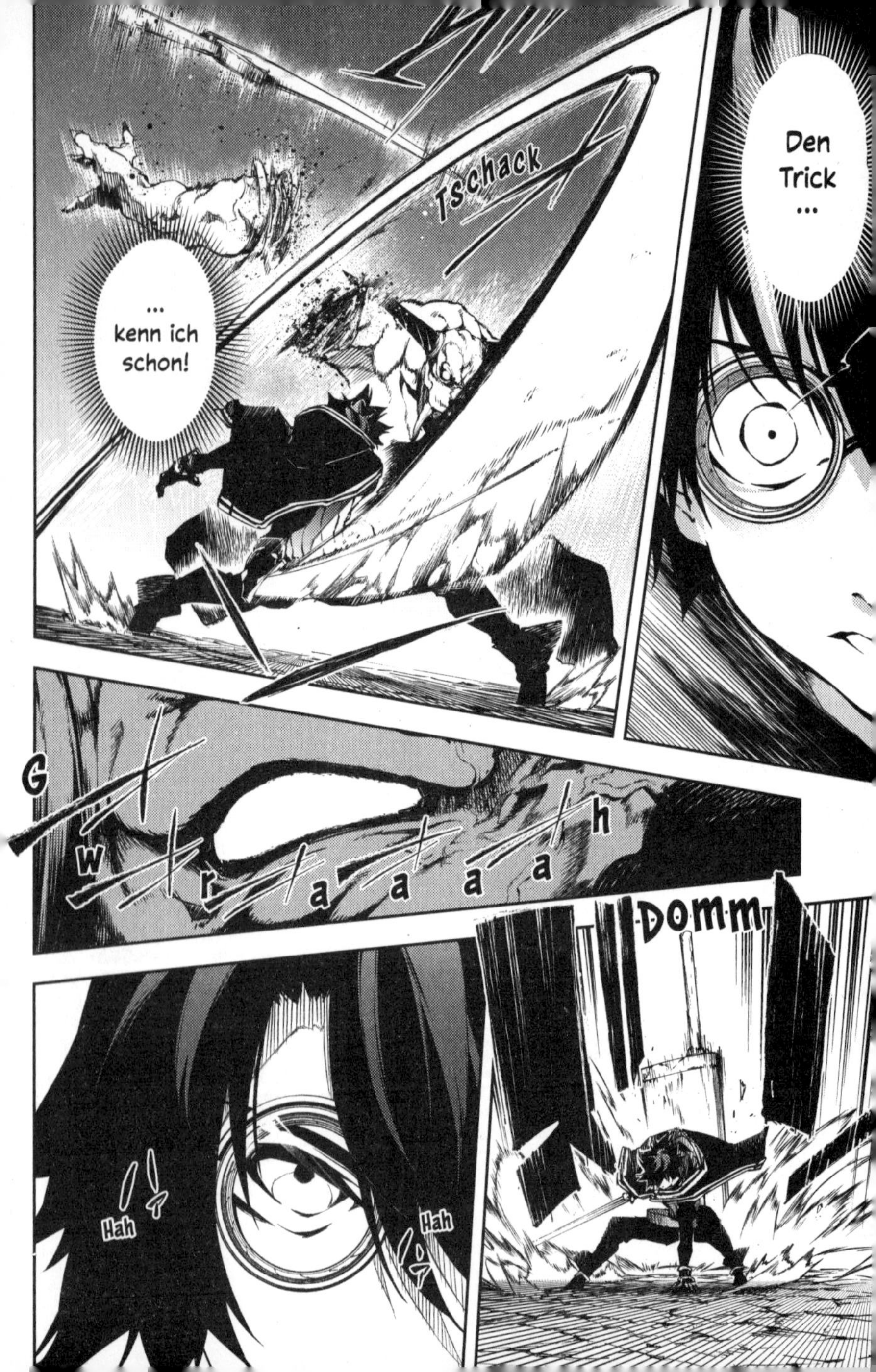
Den Trick ...
Tschack
... kenn ich schon!
Gwraaaah
Domm
Hah
Hah

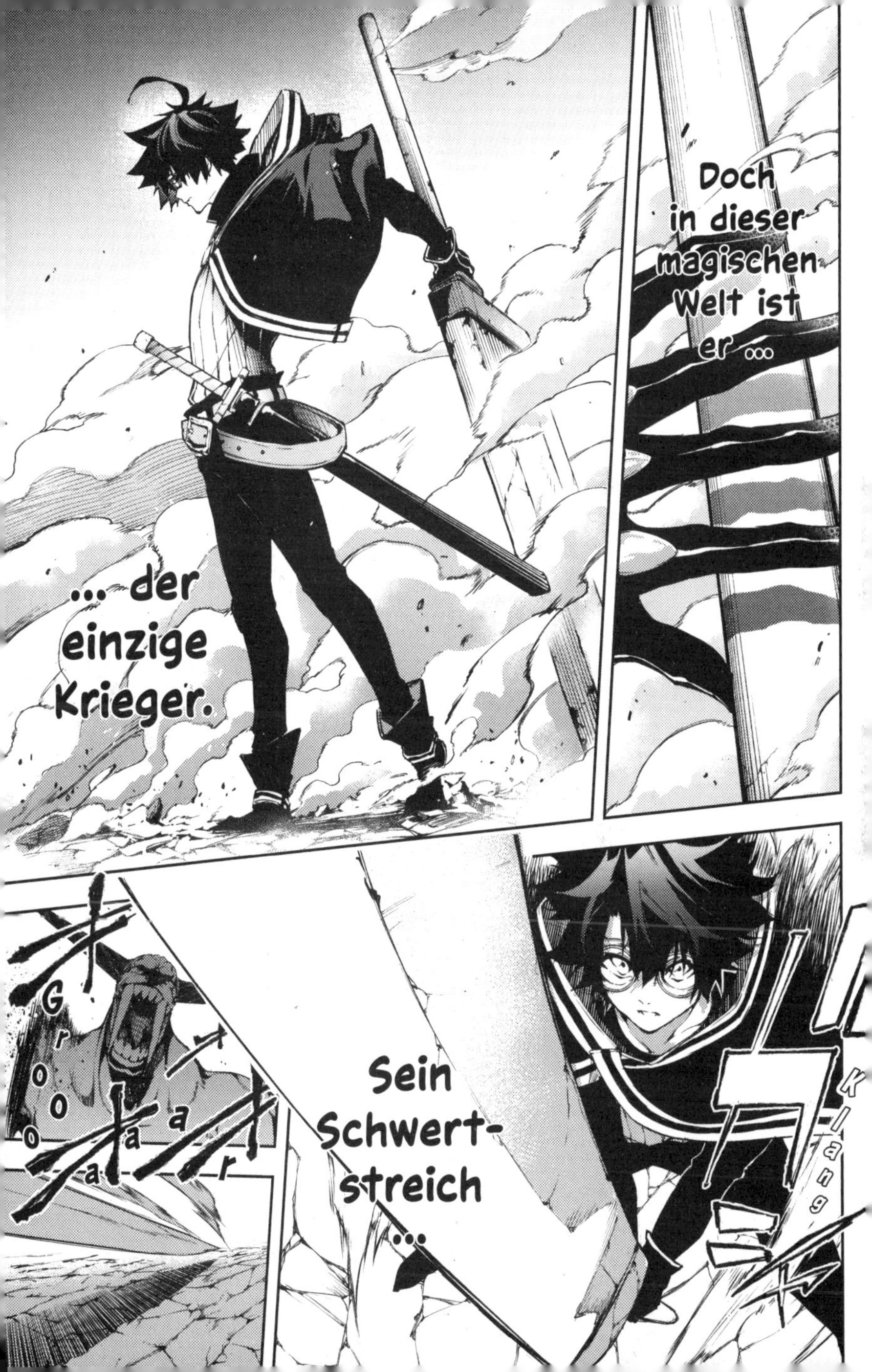
Doch in dieser magischen Welt ist er ...
... der einzige Krieger.
Klang
Sein Schwert-streich ...
Grooooaaaar

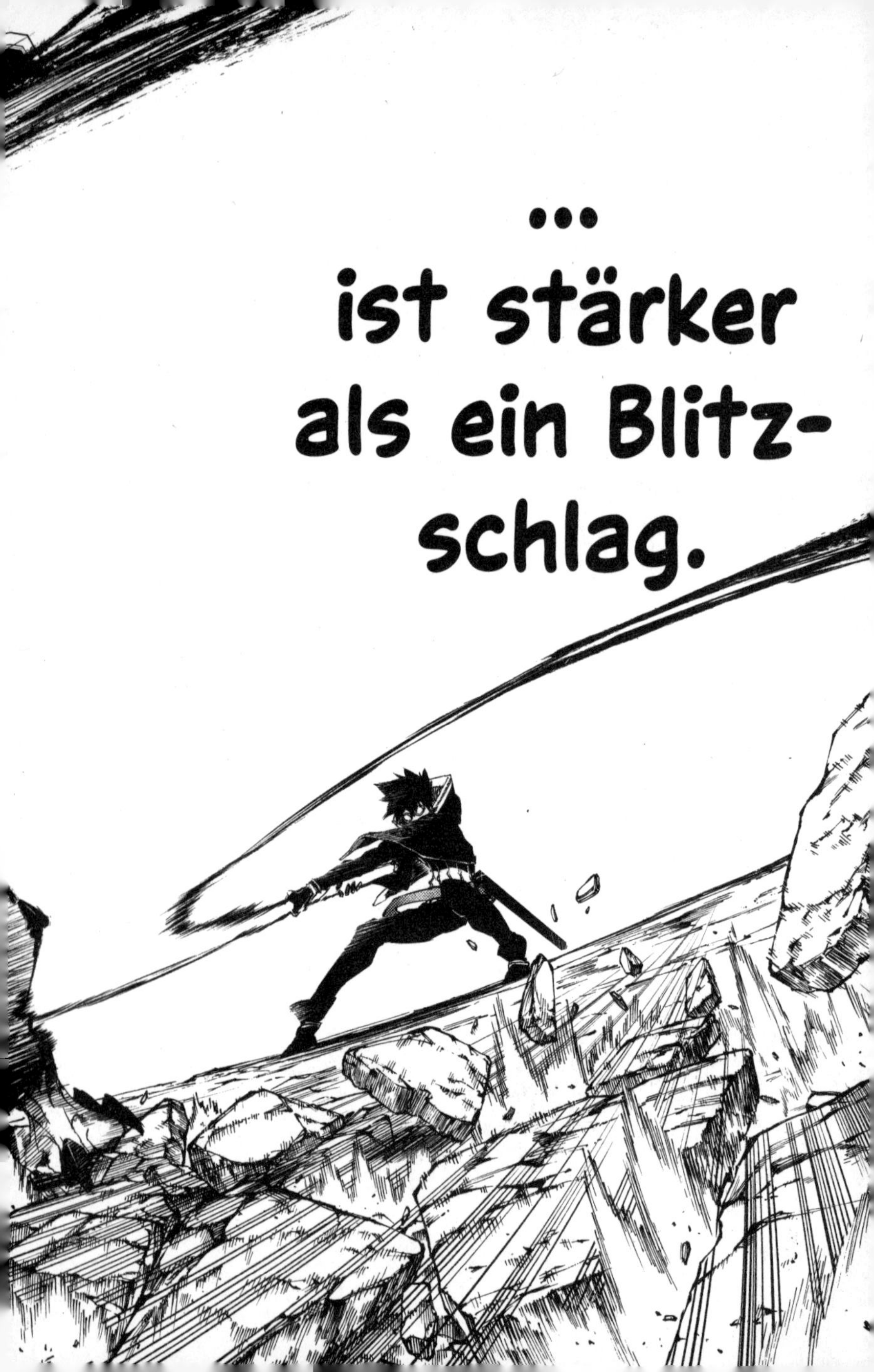
...
ist stärker
als ein Blitz-
schlag.

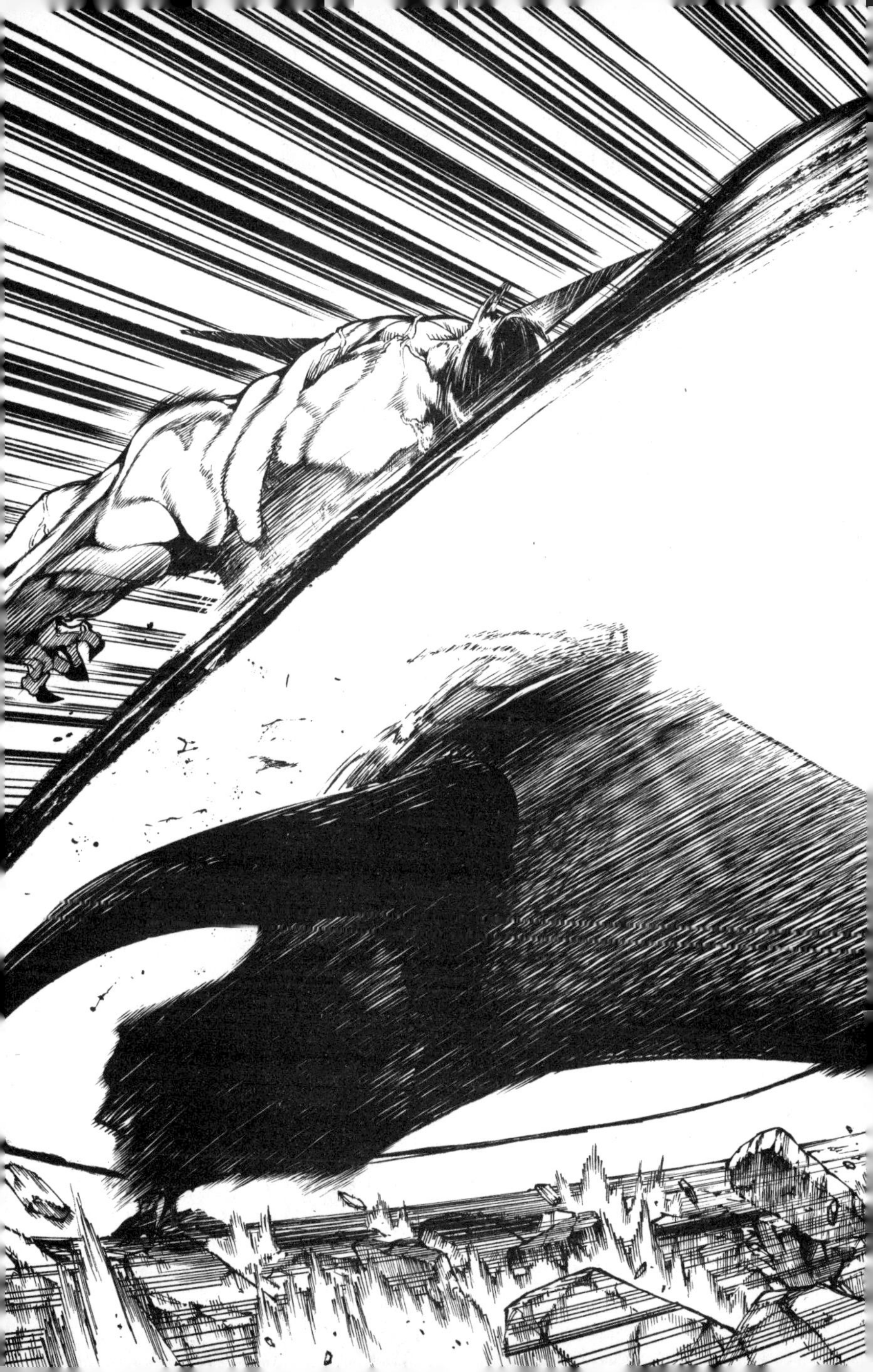

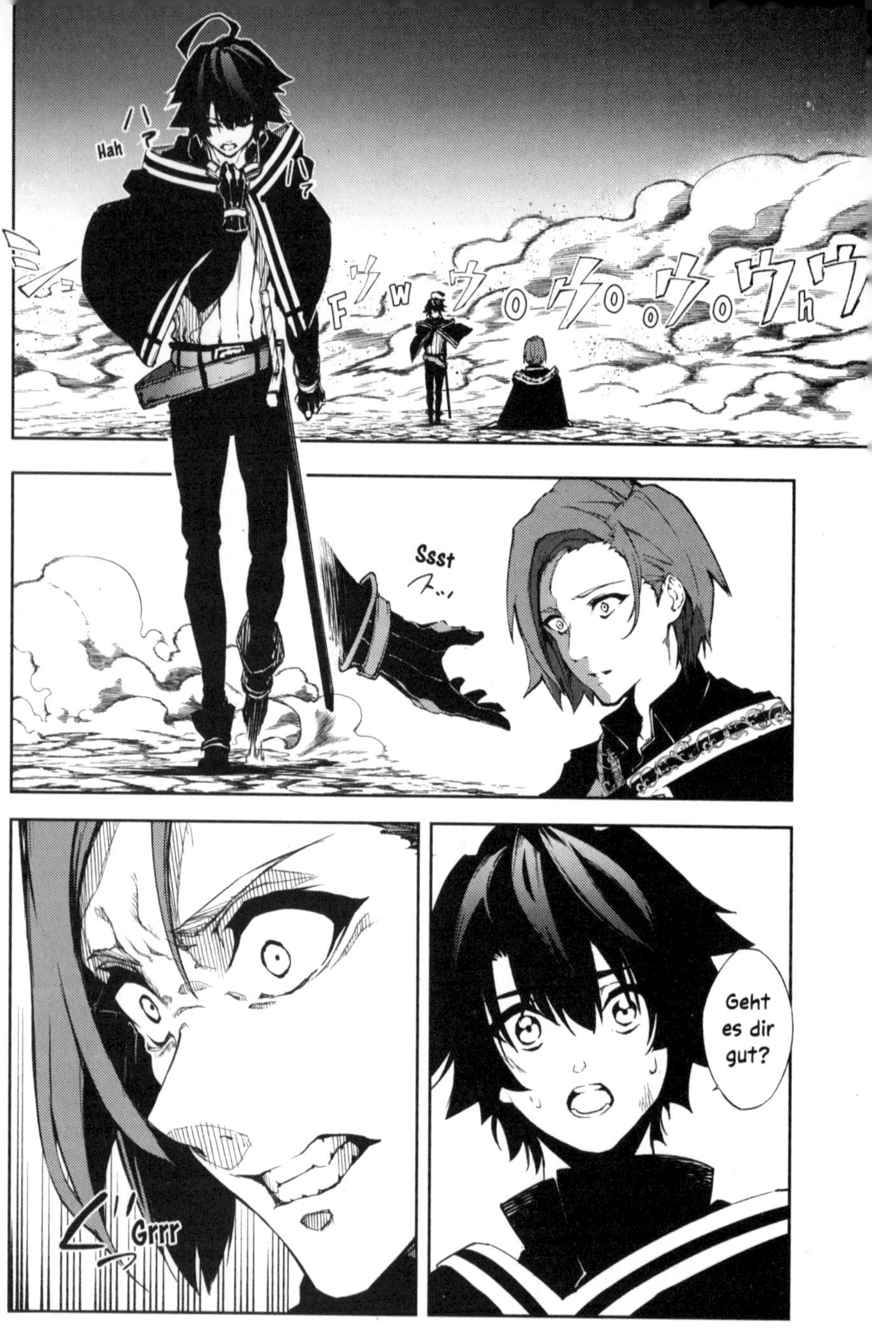
Hah
Fwoooh
Ssst
Geht es dir gut?
Grrr

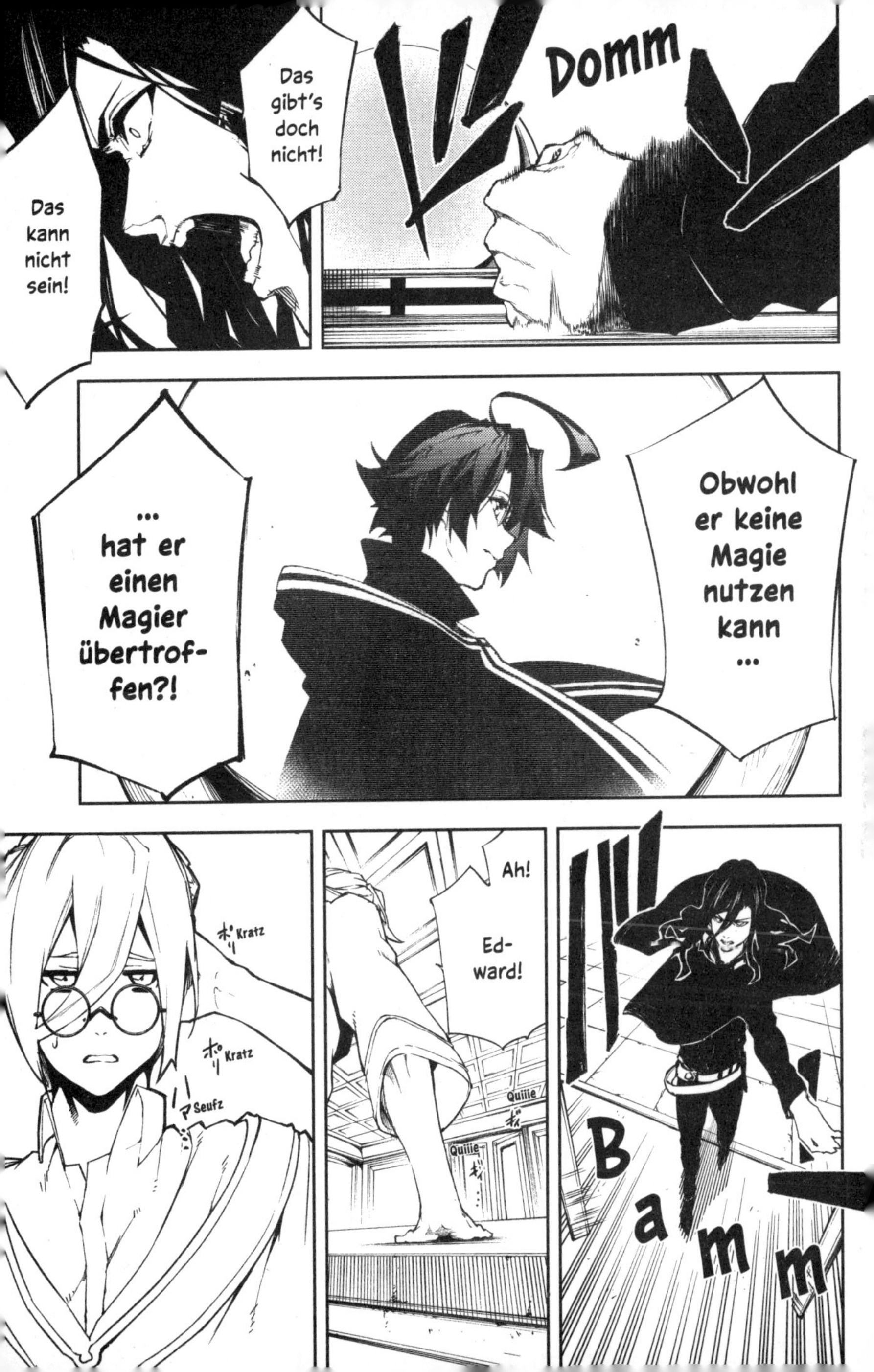
Domm
Das gibt's doch nicht!
Das kann nicht sein!
Obwohl er keine Magie nutzen kann ...
... hat er einen Magier übertroffen?!
Bamm
Ah!
Ed-ward!
Quiiie
Quiiie
Kratz
Kratz
Seufz

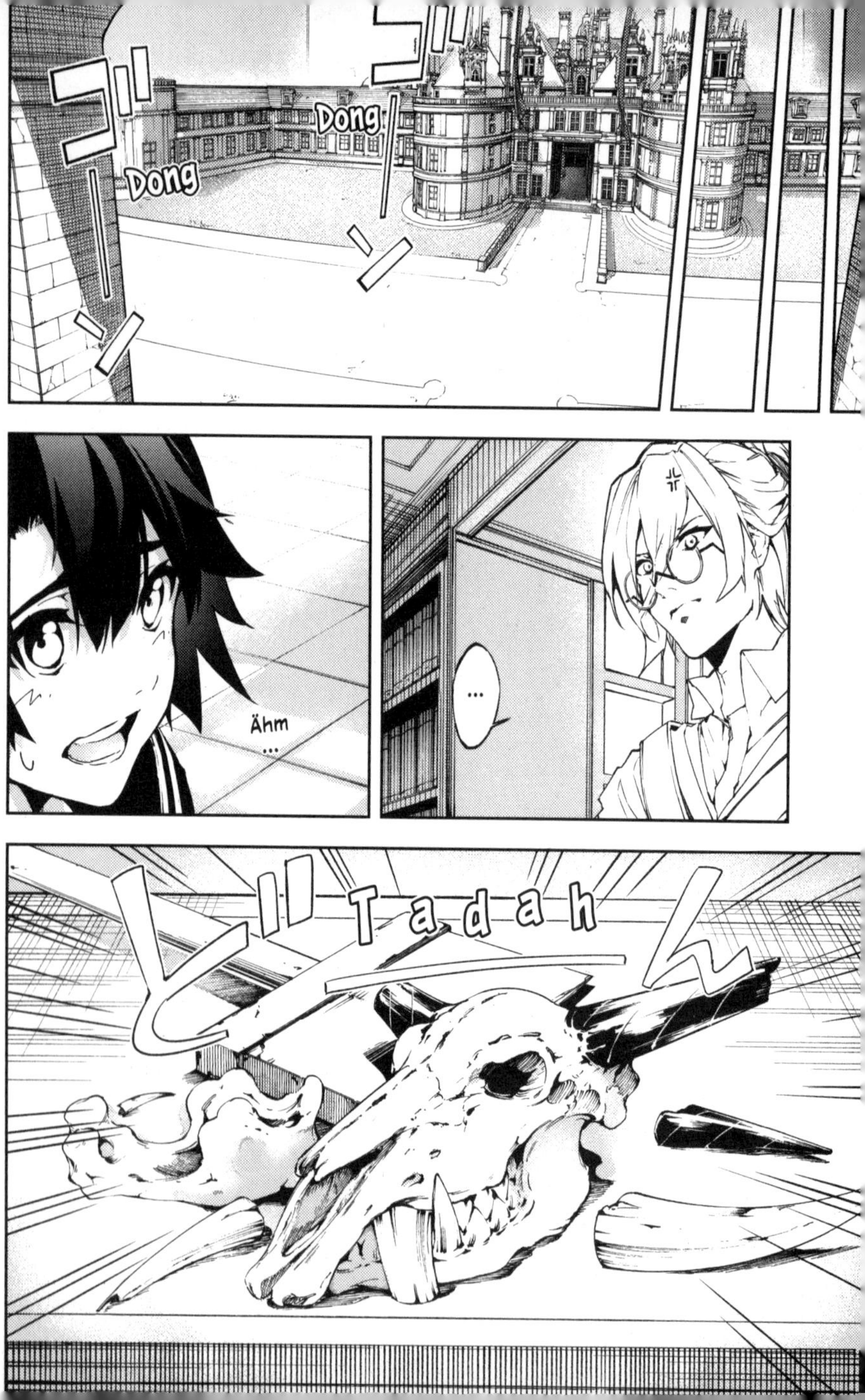

Dong
Dong
Ähm
...
...
Tadah

Dies ist eine Geschichte ...

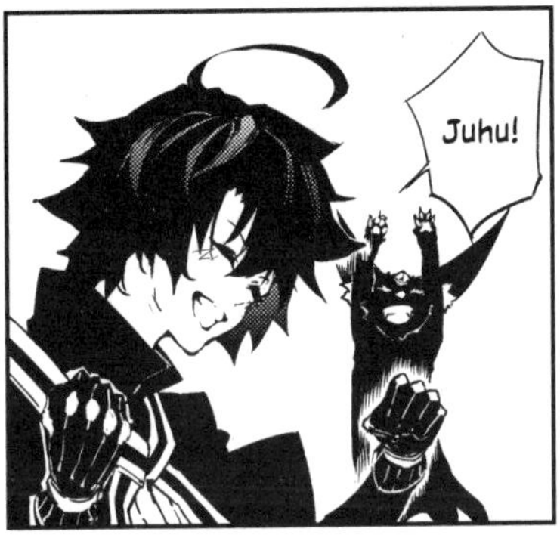
Juhu!

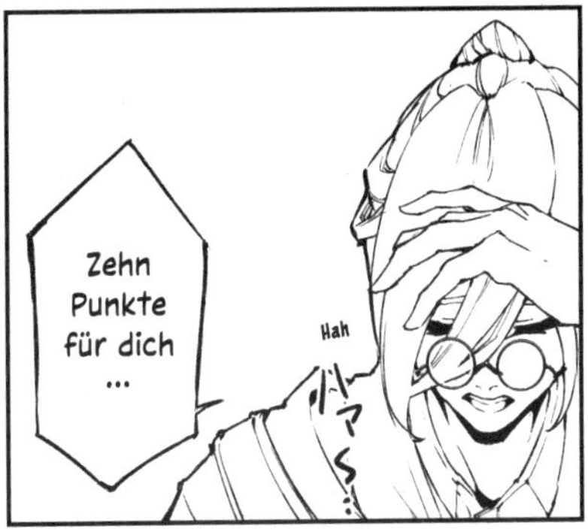
Zehn Punkte für dich ...
Hah

... über einen Jungen ...

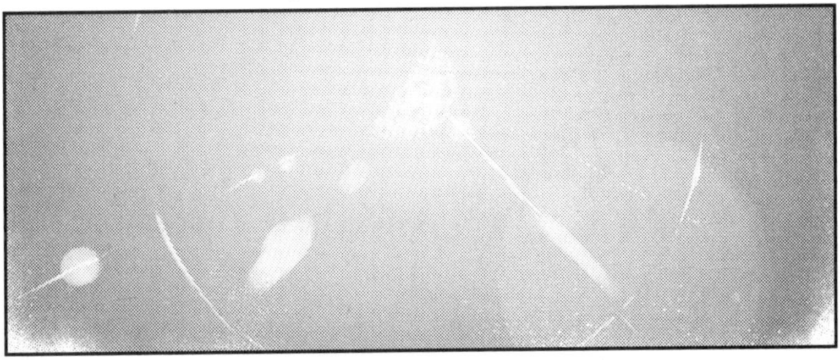

... der die Welt aus den Angeln hob.

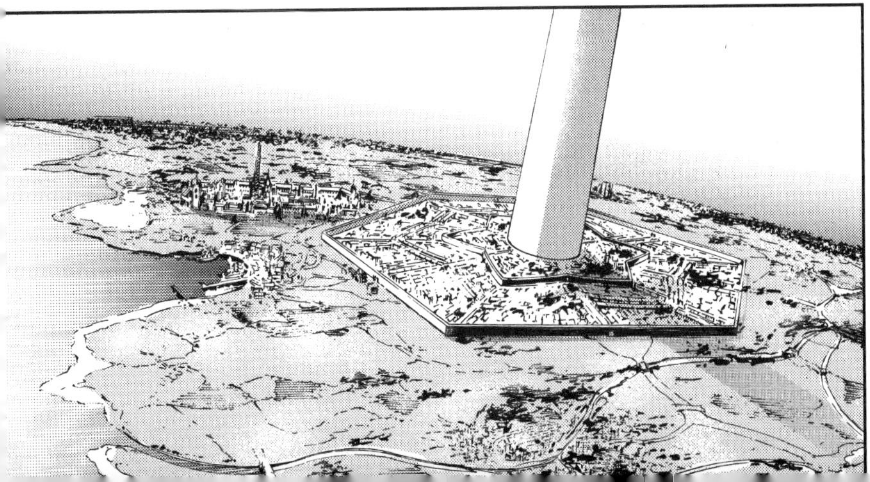

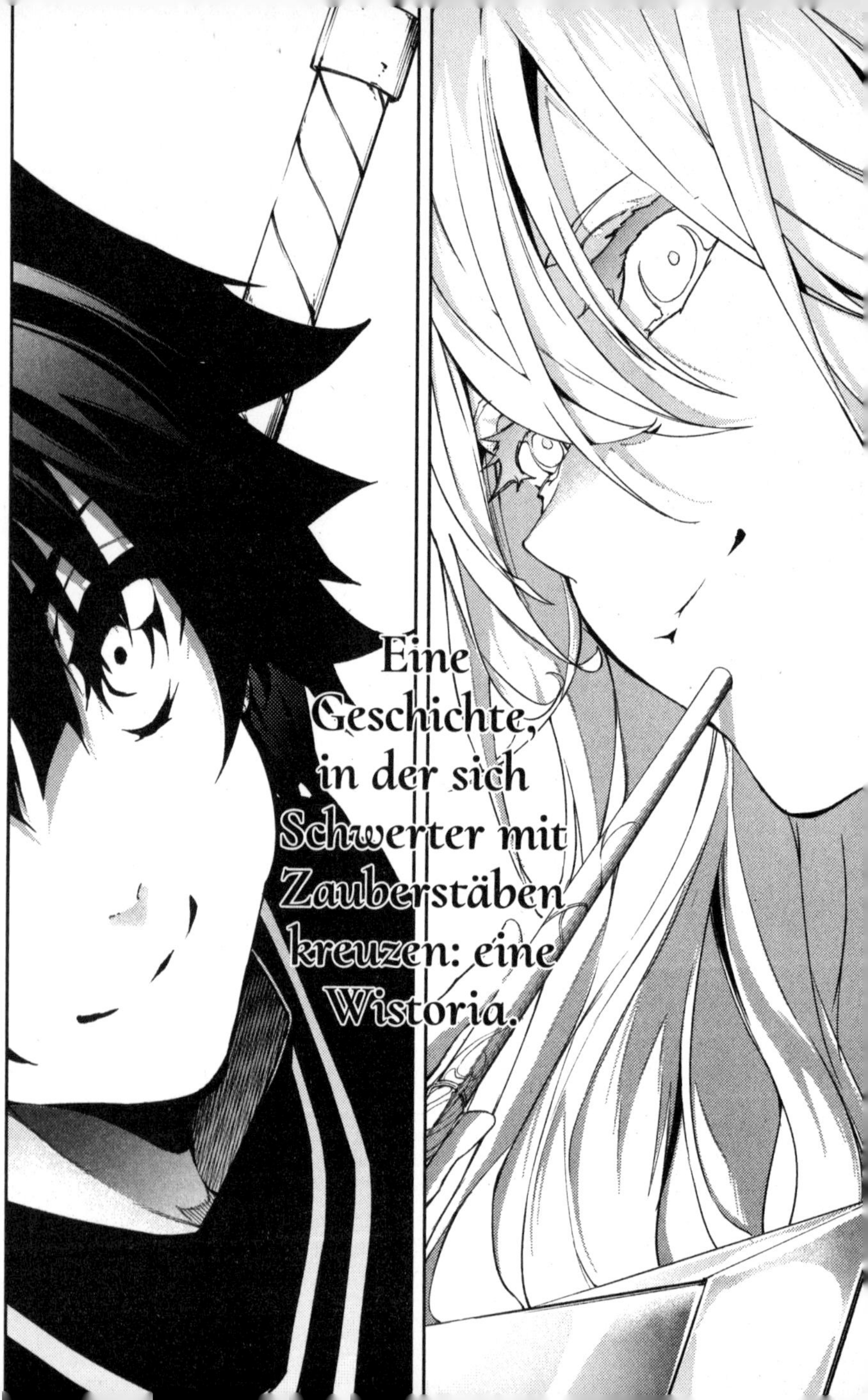
Eine Geschichte, in der sich Schwerter mit Zauberstäben kreuzen: eine Wistoria.

Wistoria
Zauberstab Schwert

Wistoria

Zauberstab & Schwert

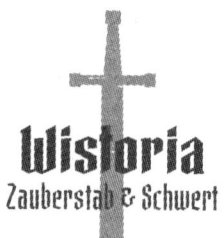

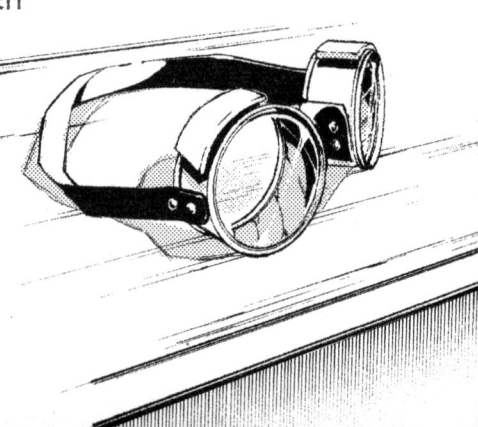

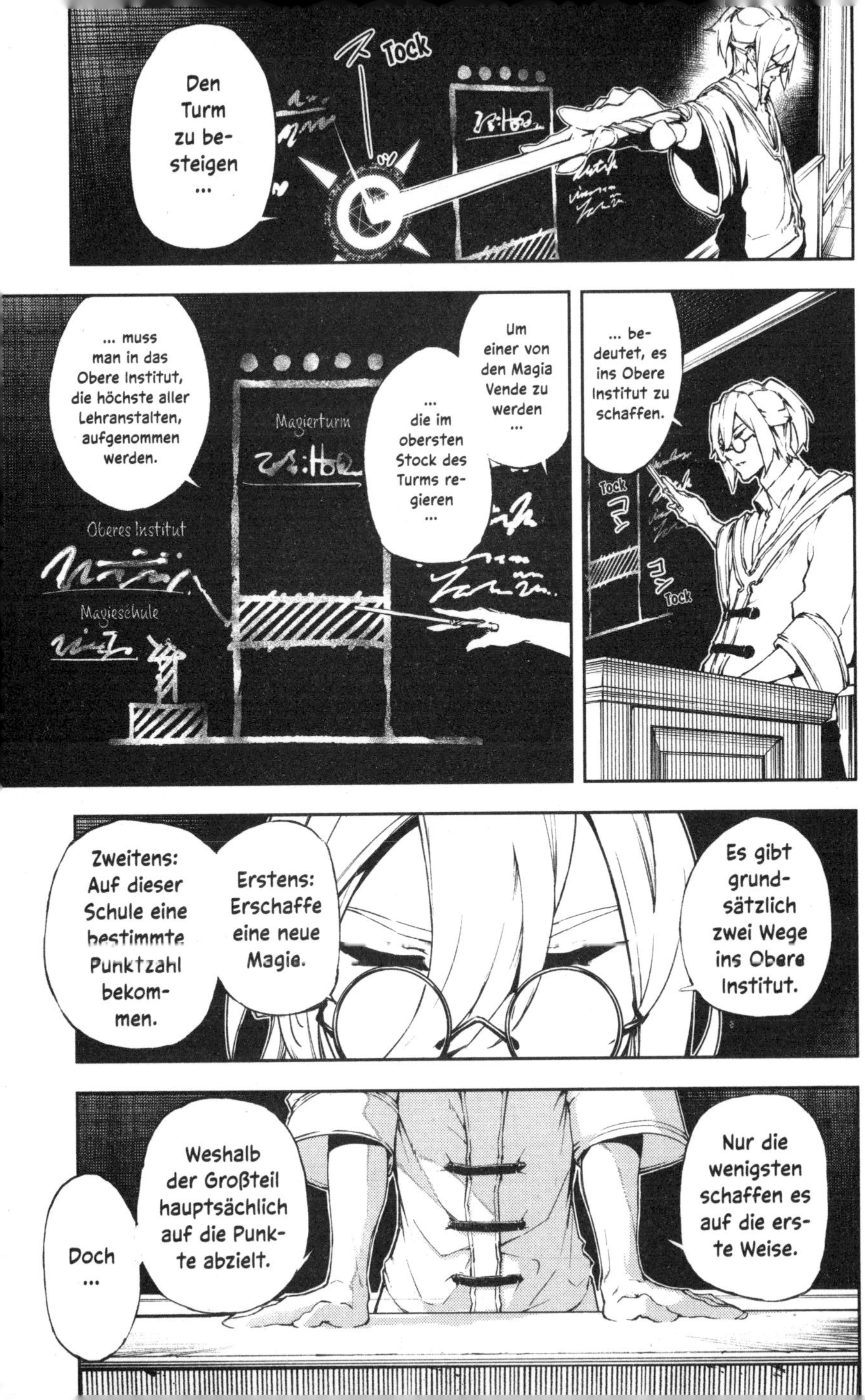
Tock
Den Turm zu besteigen ...
... bedeutet, es ins Obere Institut zu schaffen.
Tock
Tock
Um einer von den Magia Vende zu werden ...
... die im obersten Stock des Turms regieren ...
... muss man in das Obere Institut, die höchste aller Lehranstalten, aufgenommen werden.
Magierturm
Oberes Institut
Magieschule
Es gibt grundsätzlich zwei Wege ins Obere Institut.
Erstens: Erschaffe eine neue Magie.
Zweitens: Auf dieser Schule eine bestimmte Punktzahl bekommen.
Nur die wenigsten schaffen es auf die erste Weise.
Weshalb der Großteil hauptsächlich auf die Punkte abzielt.
Doch ...

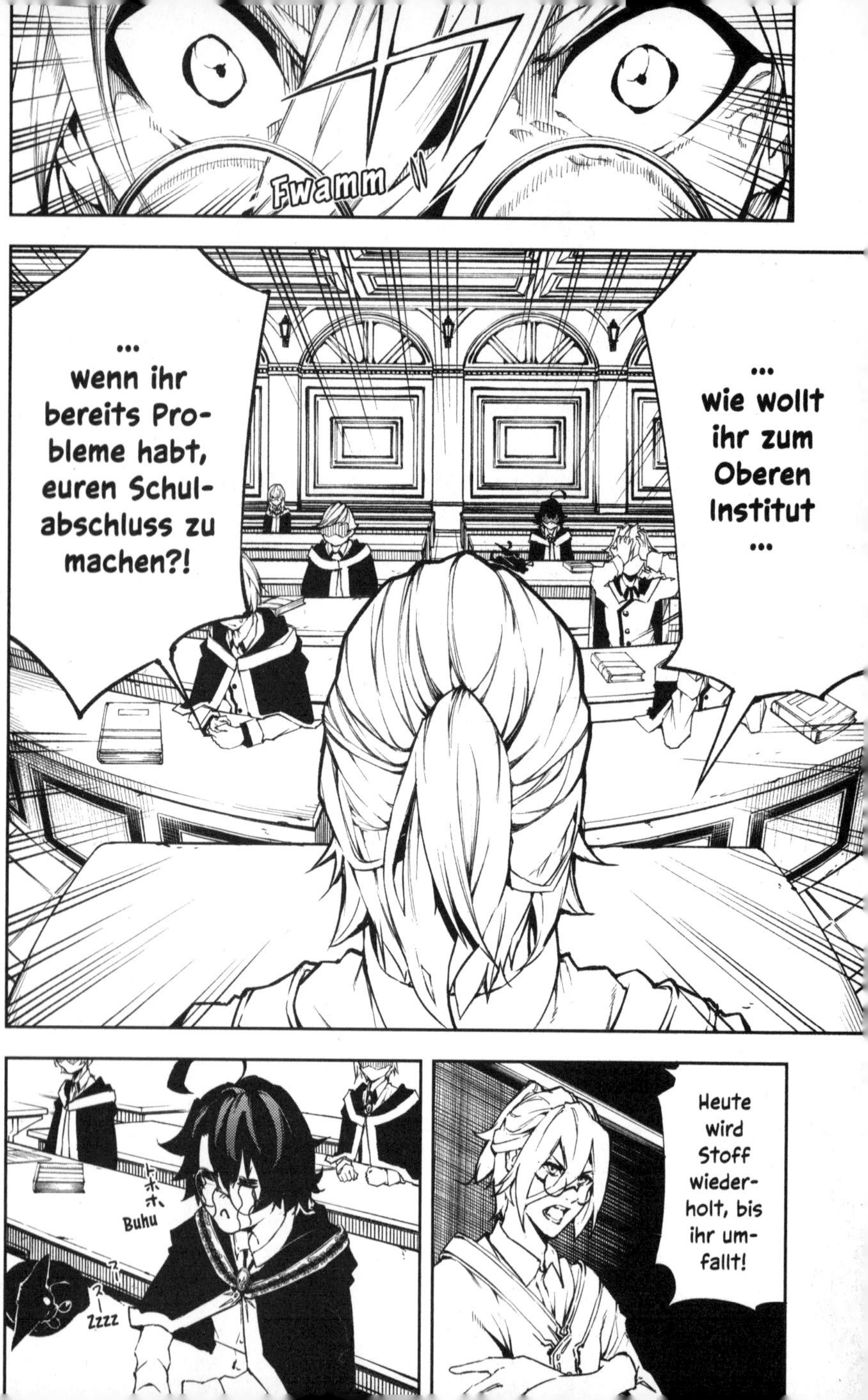
Fwamm
...
wie wollt
ihr zum
Oberen
Institut
...
...
wenn ihr
bereits Pro-
bleme habt,
euren Schul-
abschluss zu
machen?!
Heute
wird
Stoff
wieder-
holt, bis
ihr um-
fallt!
Buhu
Zzzz

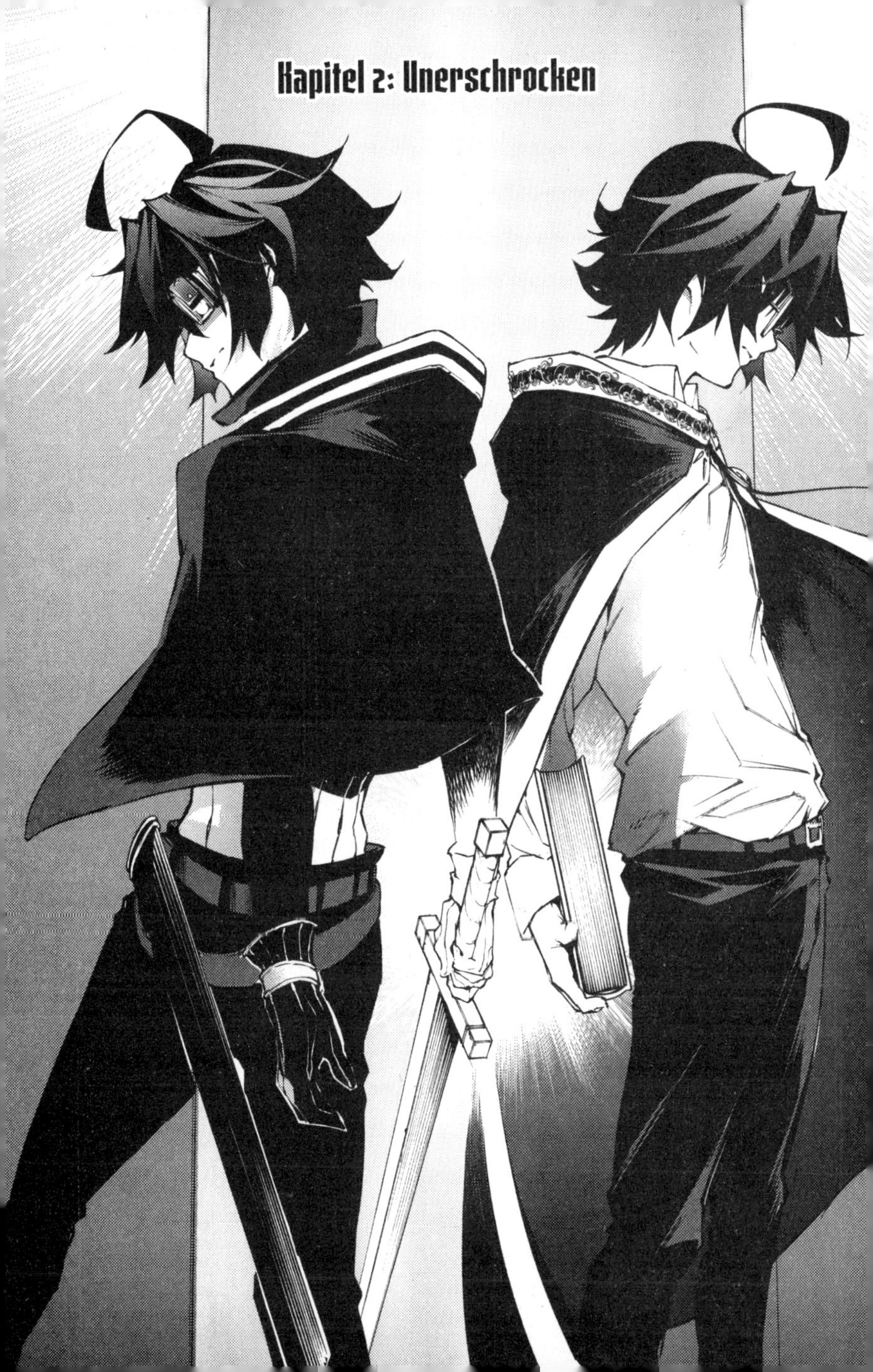
Kapitel 2: Unerschrocken

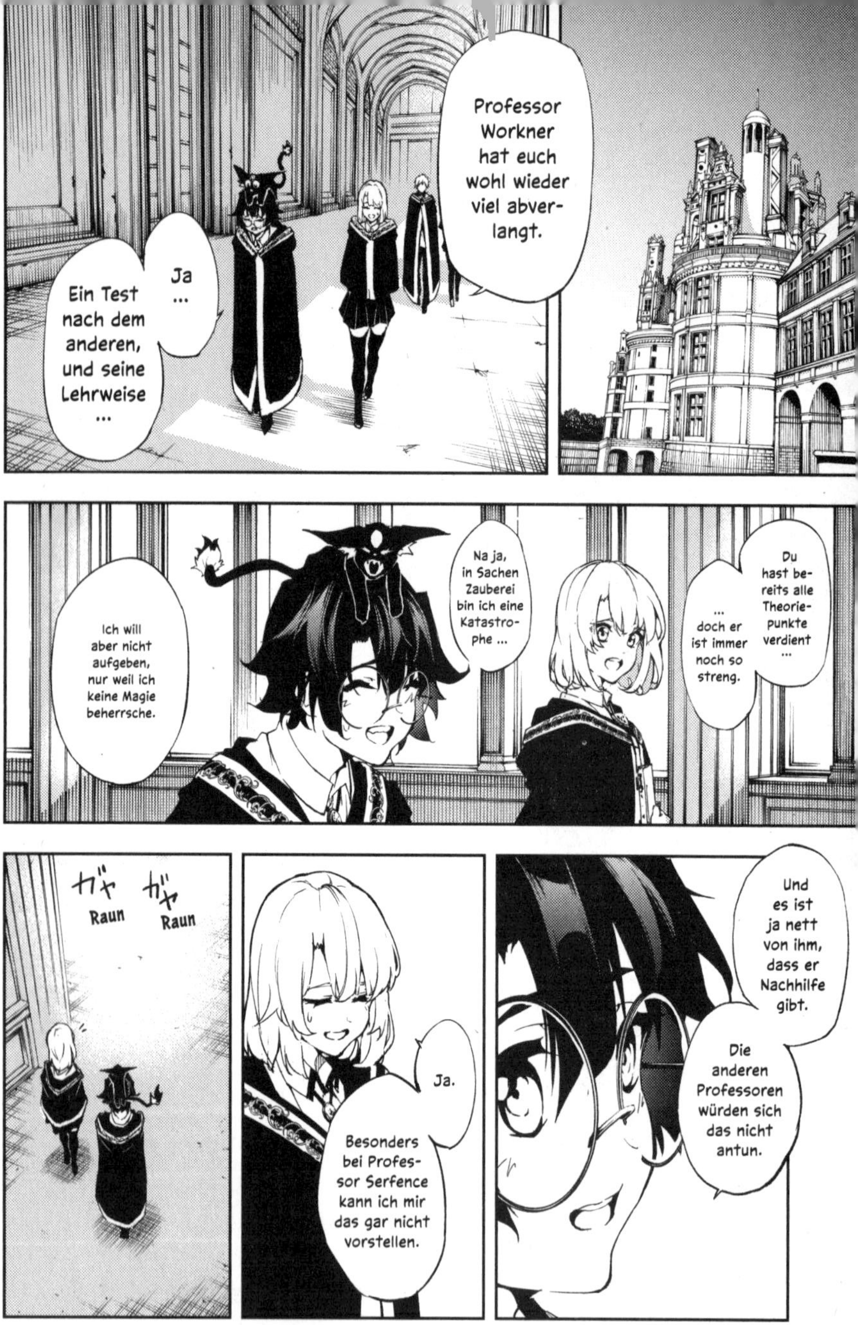

Professor Workner hat euch wohl wieder viel abverlangt.
Ja ...
Ein Test nach dem anderen, und seine Lehrweise ...
Du hast bereits alle Theoriepunkte verdient ...
... doch er ist immer noch so streng.
Na ja, in Sachen Zauberei bin ich eine Katastrophe ...
Ich will aber nicht aufgeben, nur weil ich keine Magie beherrsche.
Und es ist ja nett von ihm, dass er Nachhilfe gibt.
Die anderen Professoren würden sich das nicht antun.
Ja.
Besonders bei Professor Serfence kann ich mir das gar nicht vorstellen.
ガヤ Raun
ガヤ Raun

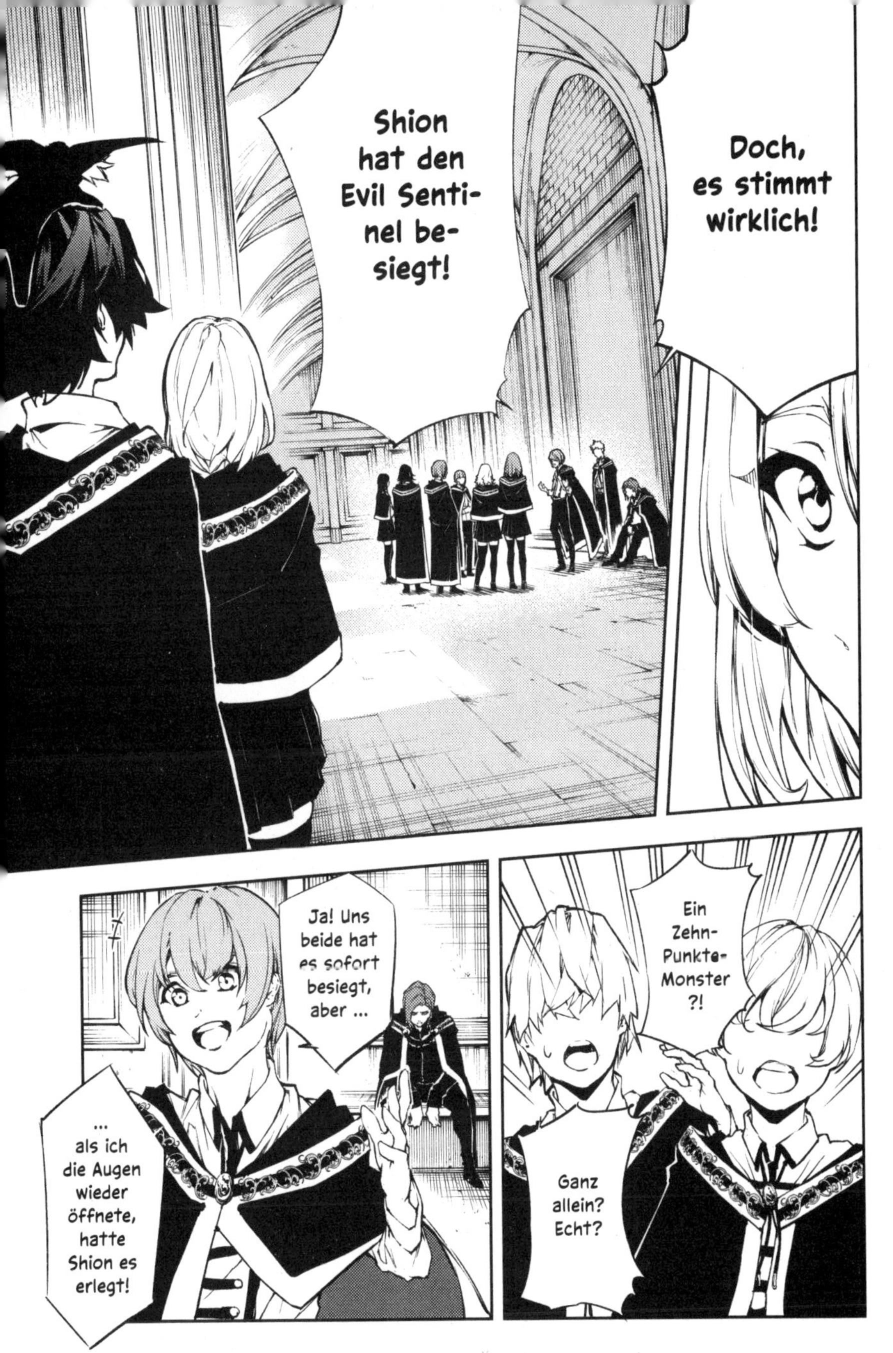
Shion hat den Evil Senti-nel be-siegt!
Doch, es stimmt wirklich!
Ja! Uns beide hat es sofort besiegt, aber ...
... als ich die Augen wieder öffnete, hatte Shion es erlegt!
Ein Zehn-Punkte-Monster ?!
Ganz allein? Echt?

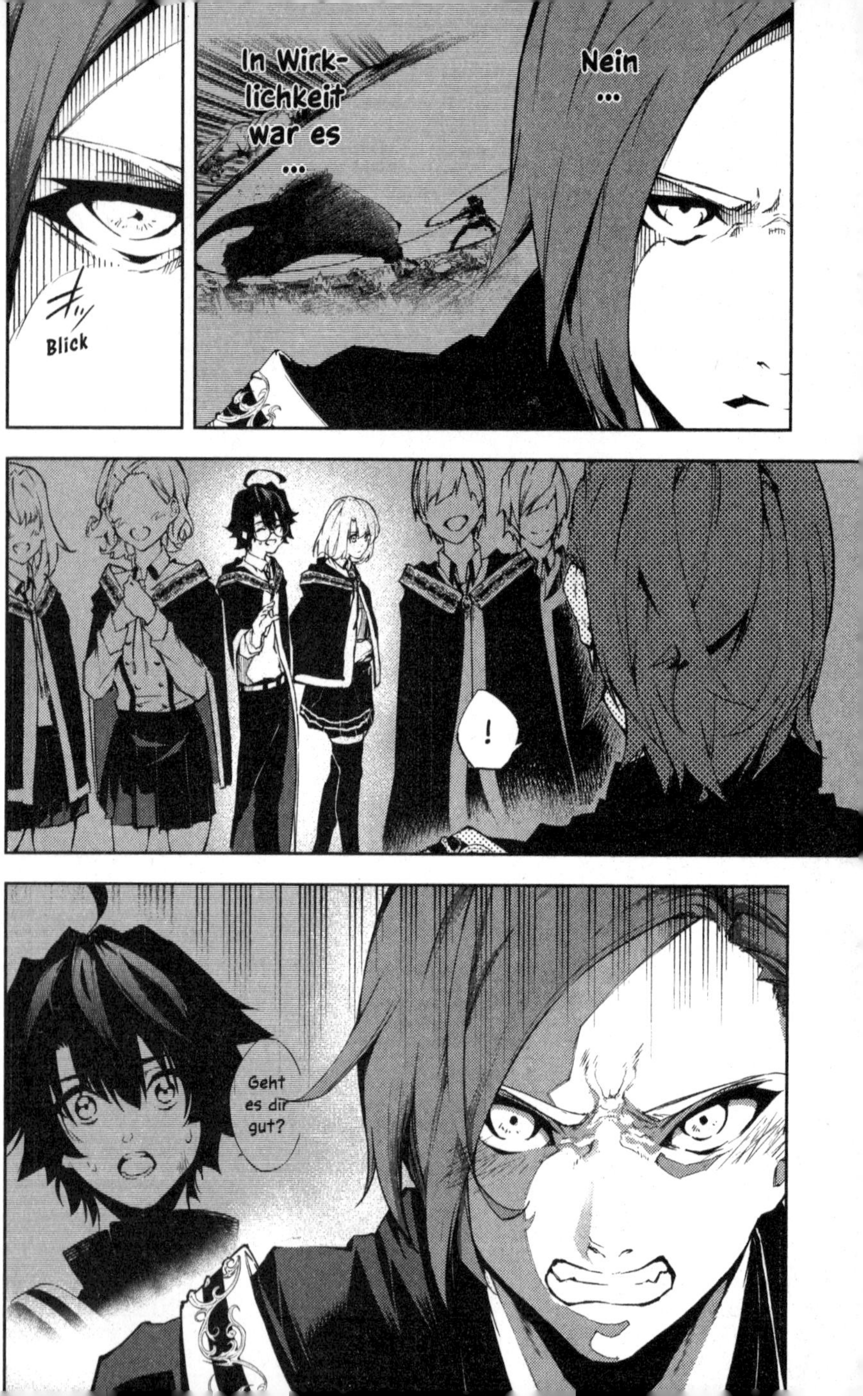
Nein ...
In Wirk-lichkeit war es ...
ギッ
Blick
!
Geht es dir gut?

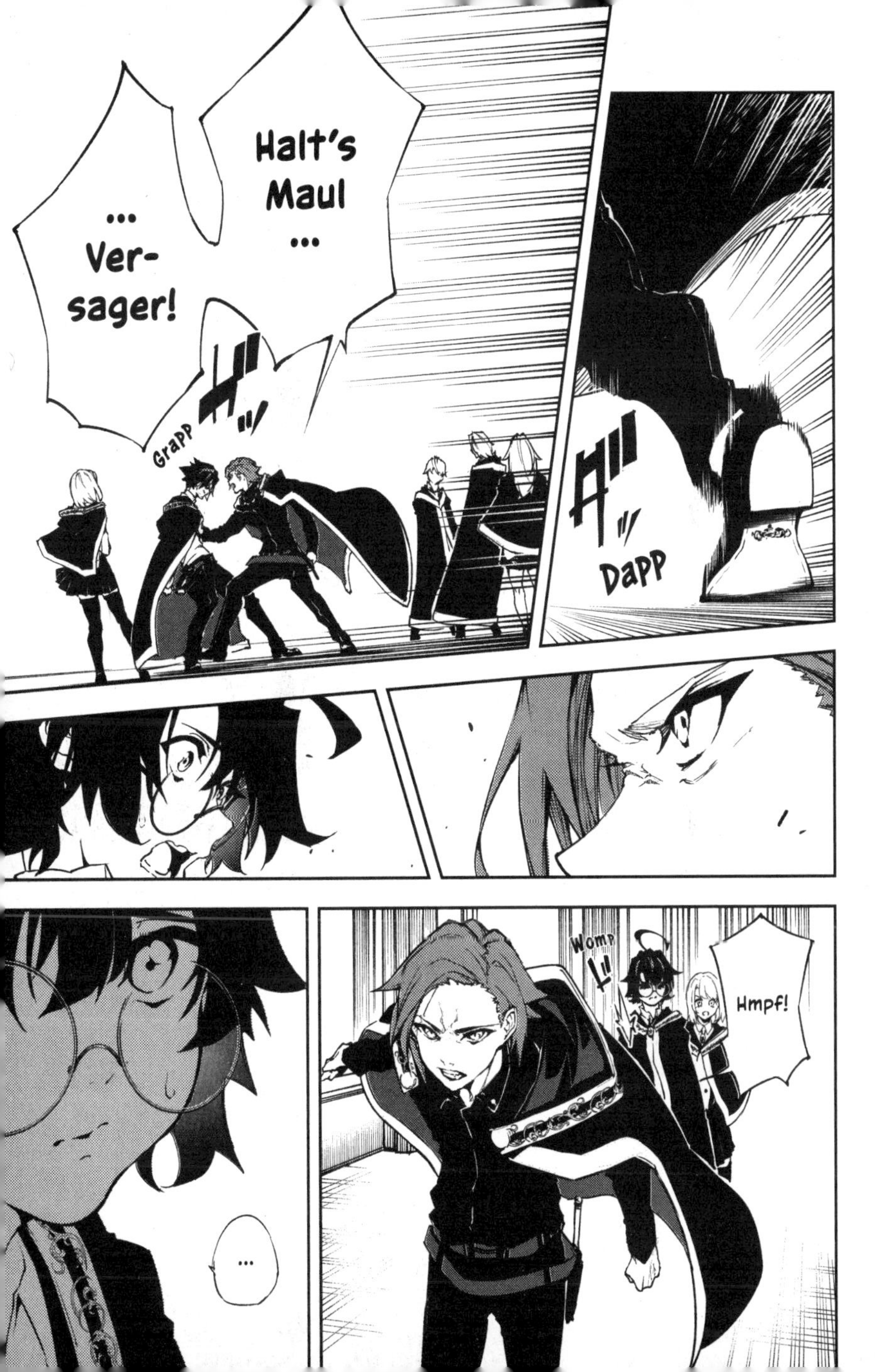
Halt's Maul ...
... Versager!
Grapp
Dapp
Womp
Hmpf!
...

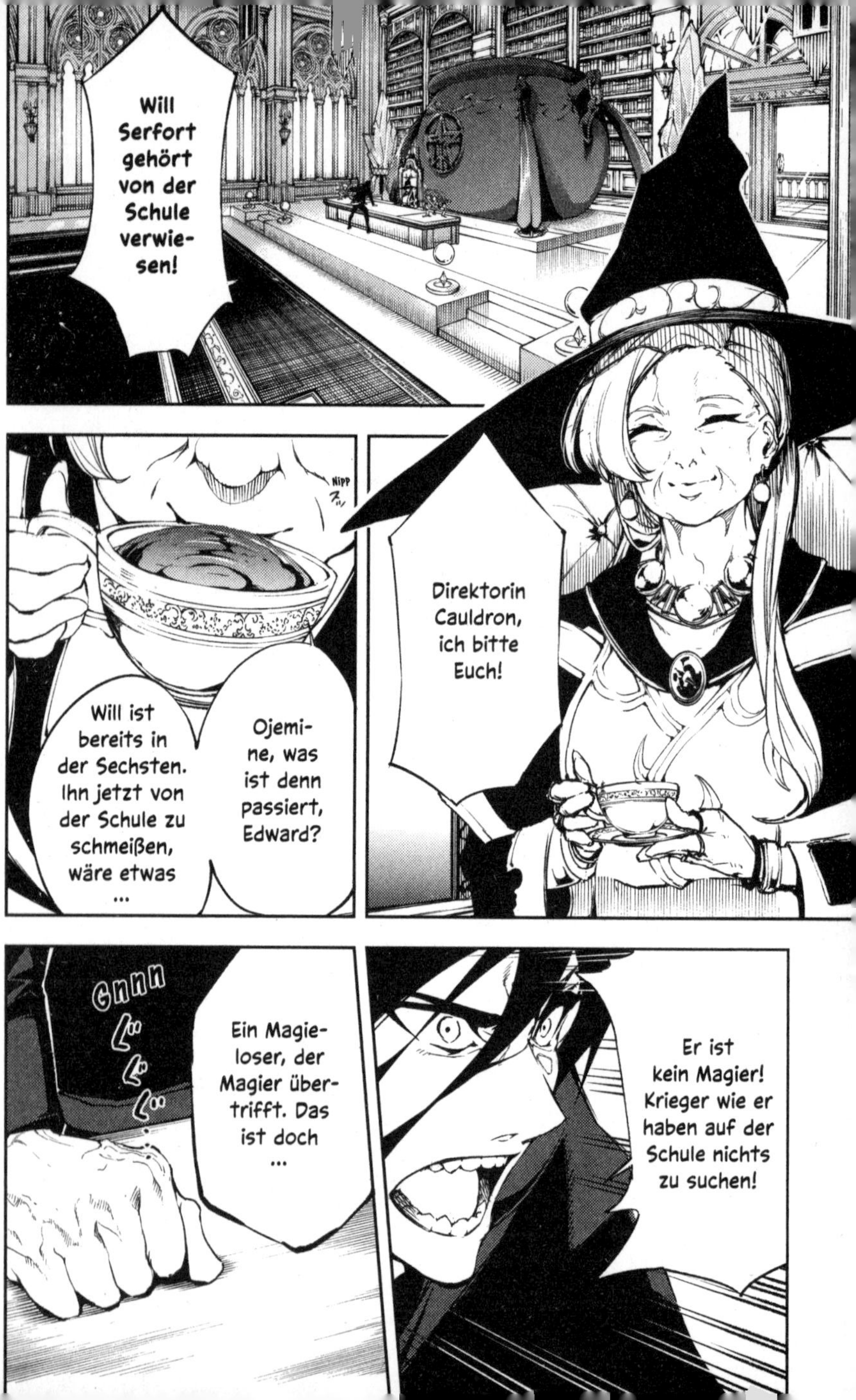
Will Serfort gehört von der Schule verwiesen!
Direktorin Cauldron, ich bitte Euch!
NIPP
Ojemine, was ist denn passiert, Edward?
Will ist bereits in der Sechsten. Ihn jetzt von der Schule zu schmeißen, wäre etwas …
Er ist kein Magier! Krieger wie er haben auf der Schule nichts zu suchen!
Gnnn
Ein Magieloser, der Magier übertrifft. Das ist doch …

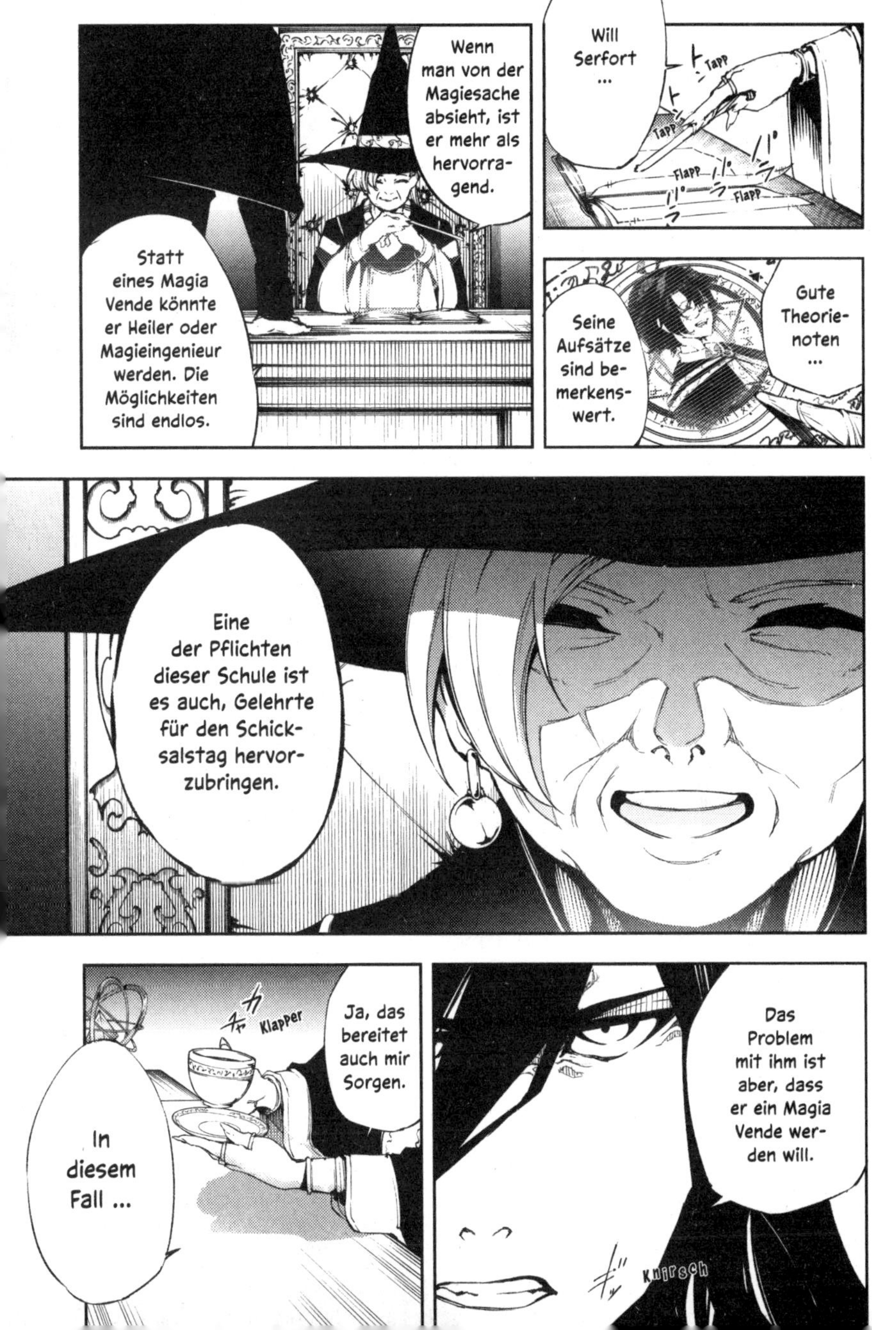
Will Serfort …
Tapp
Tapp
Flapp
Flapp
Gute Theorienoten …
Seine Aufsätze sind bemerkenswert.
Wenn man von der Magiesache absieht, ist er mehr als hervorragend.
Statt eines Magia Vende könnte er Heiler oder Magieingenieur werden. Die Möglichkeiten sind endlos.
Eine der Pflichten dieser Schule ist es auch, Gelehrte für den Schicksalstag hervorzubringen.
Das Problem mit ihm ist aber, dass er ein Magia Vende werden will.
Knirsch
Ja, das bereitet auch mir Sorgen.
Klapper
In diesem Fall …

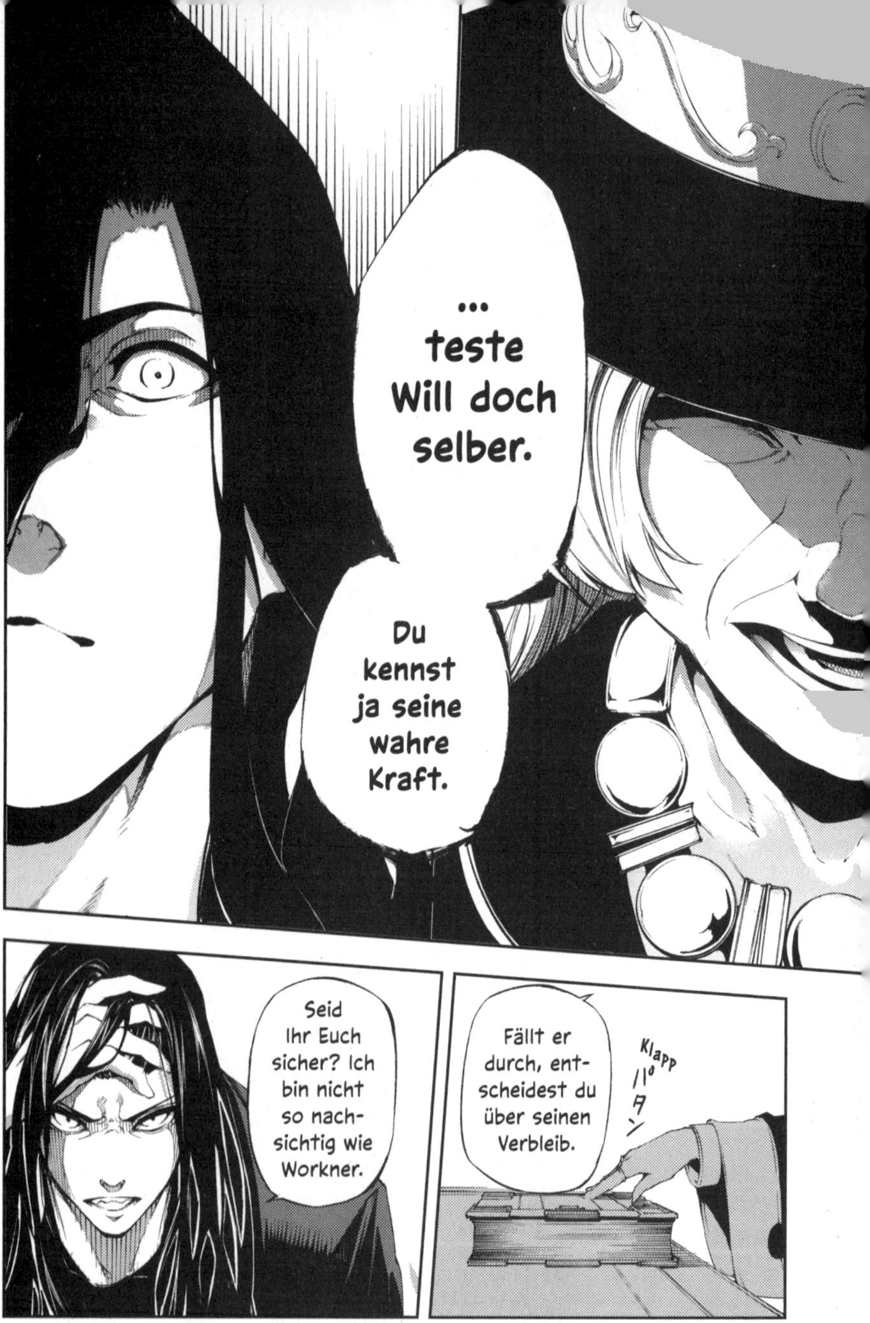
... teste Will doch selber.
Du kennst ja seine wahre Kraft.
Seid Ihr Euch sicher? Ich bin nicht so nachsichtig wie Workner.
Fällt er durch, entscheidest du über seinen Verbleib.
Klapp
パタン

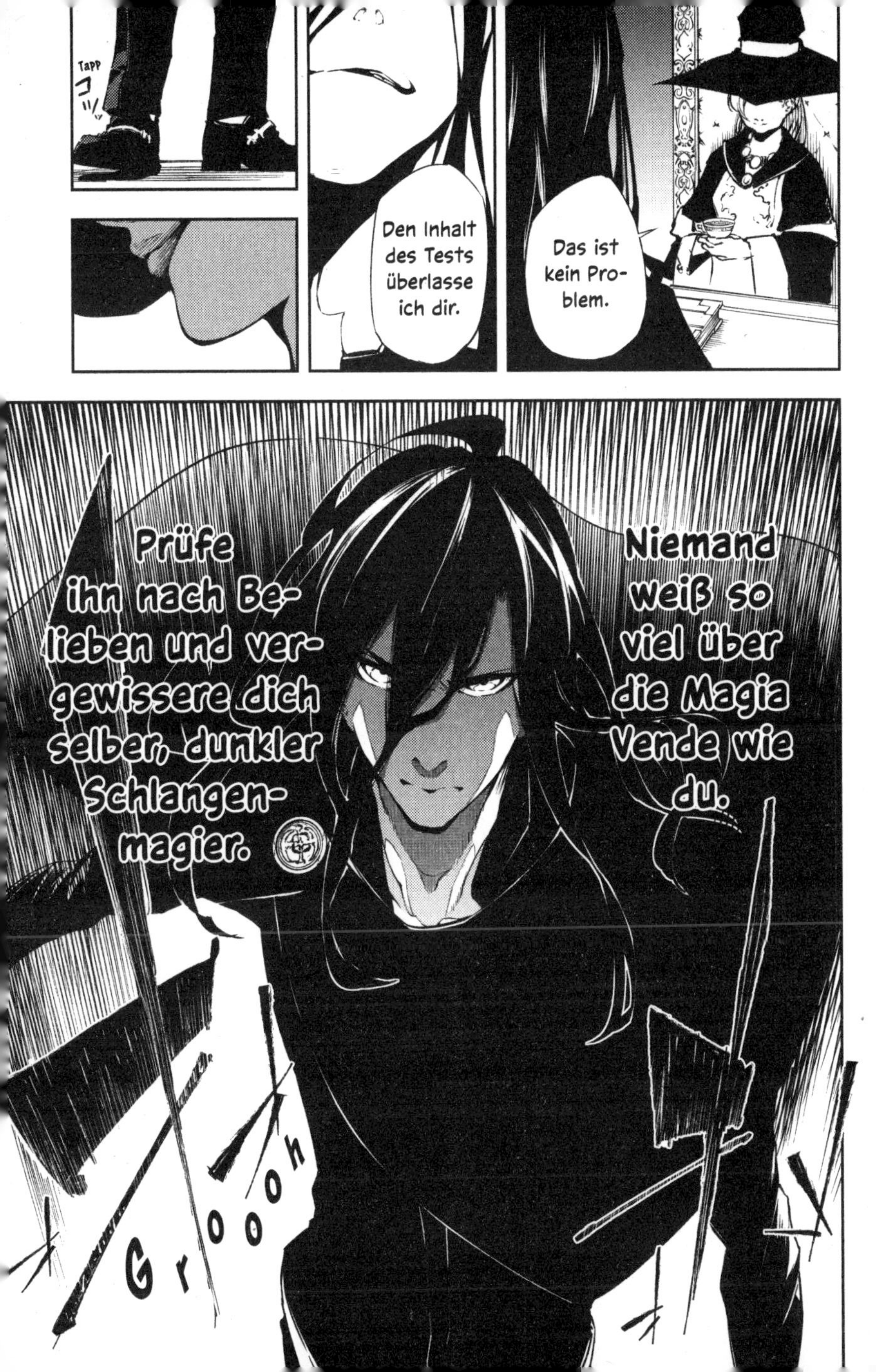
Tapp
Den Inhalt des Tests überlasse ich dir.
Das ist kein Problem.
Prüfe ihn nach Belieben und vergewissere dich selber, dunkler Schlangenmagier.
Niemand weiß so viel über die Magia Vende wie du.
Groooh

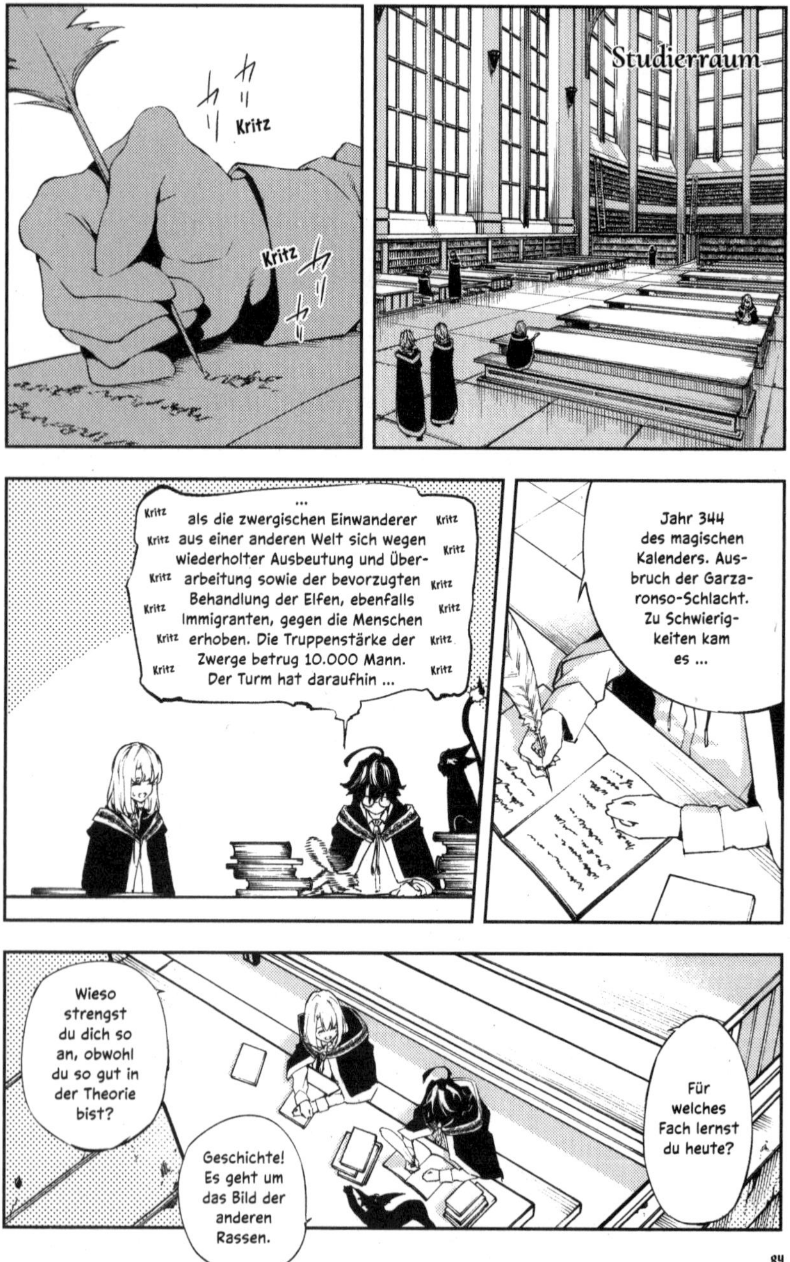
Studierraum
カリ カリ
Kritz
カリ カリ
Kritz
Jahr 344 des magischen Kalenders. Ausbruch der Garzaronso-Schlacht. Zu Schwierigkeiten kam es ...
... als die zwergischen Einwanderer aus einer anderen Welt sich wegen wiederholter Ausbeutung und Überarbeitung sowie der bevorzugten Behandlung der Elfen, ebenfalls Immigranten, gegen die Menschen erhoben. Die Truppenstärke der Zwerge betrug 10.000 Mann. Der Turm hat daraufhin ...
Kritz Kritz Kritz Kritz Kritz Kritz Kritz Kritz Kritz Kritz Kritz Kritz Kritz Kritz
Für welches Fach lernst du heute?
Geschichte! Es geht um das Bild der anderen Rassen.
Wieso strengst du dich so an, obwohl du so gut in der Theorie bist?

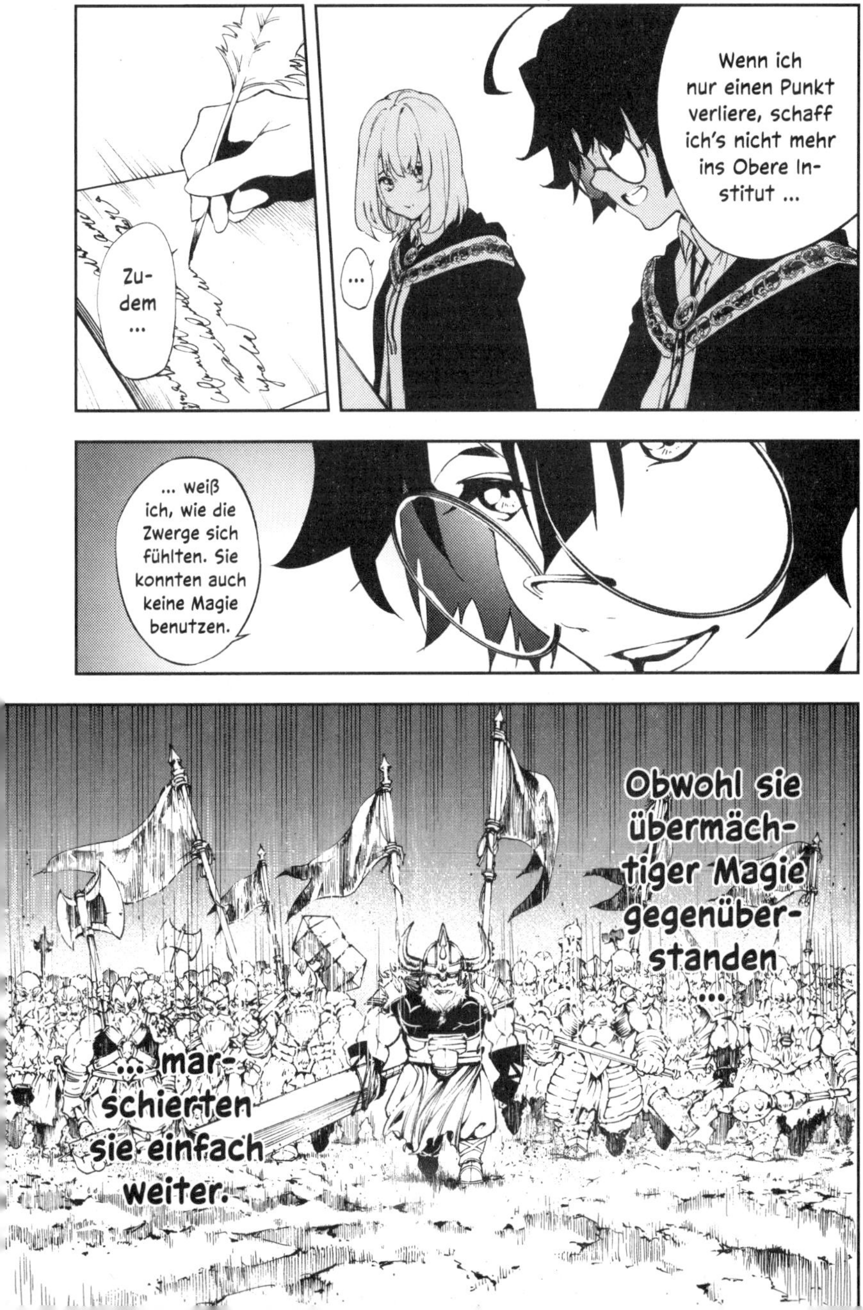
Wenn ich nur einen Punkt verliere, schaff ich's nicht mehr ins Obere Institut ...
...
Zudem ...
... weiß ich, wie die Zwerge sich fühlten. Sie konnten auch keine Magie benutzen.
Obwohl sie übermächtiger Magie gegenüberstanden ...
... marschierten sie einfach weiter.

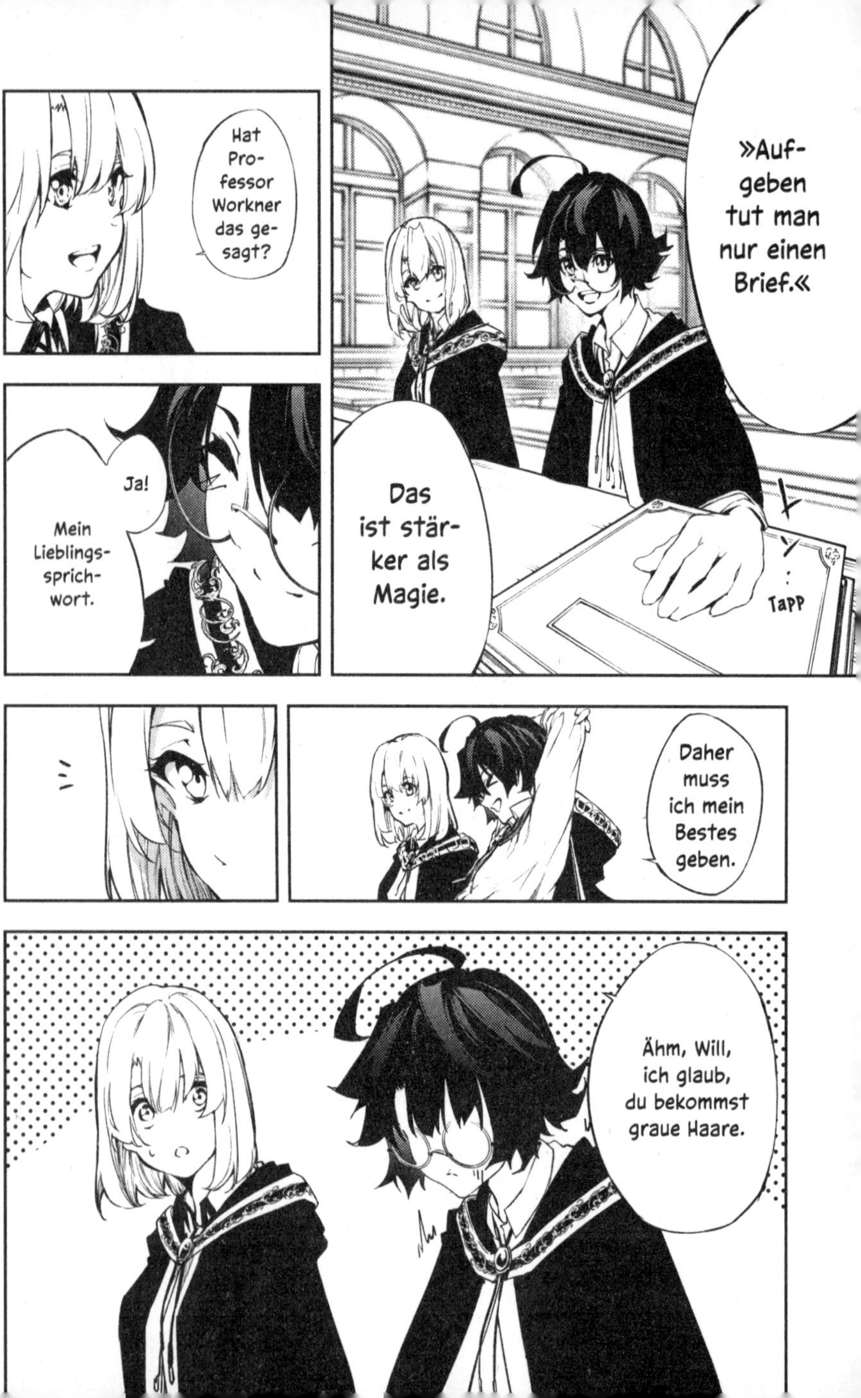
»Auf-geben tut man nur einen Brief.«
Tapp
Das ist stär-ker als Magie.
Hat Pro-fessor Workner das ge-sagt?
Ja!
Mein Lieblings-sprich-wort.
Daher muss ich mein Bestes geben.
Ähm, Will, ich glaub, du bekommst graue Haare.

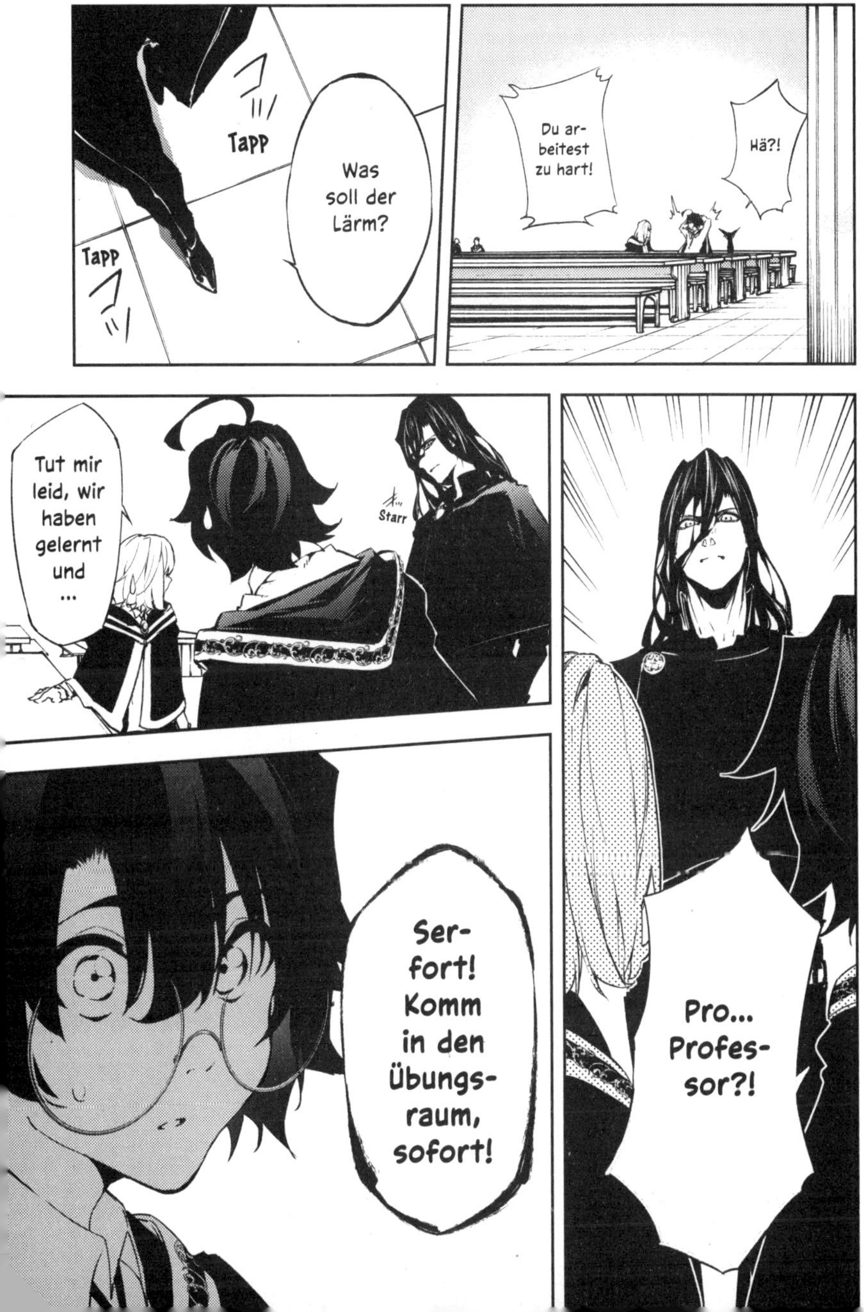
Hä?!
Du arbeitest zu hart!
Tapp
Was soll der Lärm?
Tapp
Starr
Tut mir leid, wir haben gelernt und ...
Pro... Professor?!
Serfort! Komm in den Übungsraum, sofort!

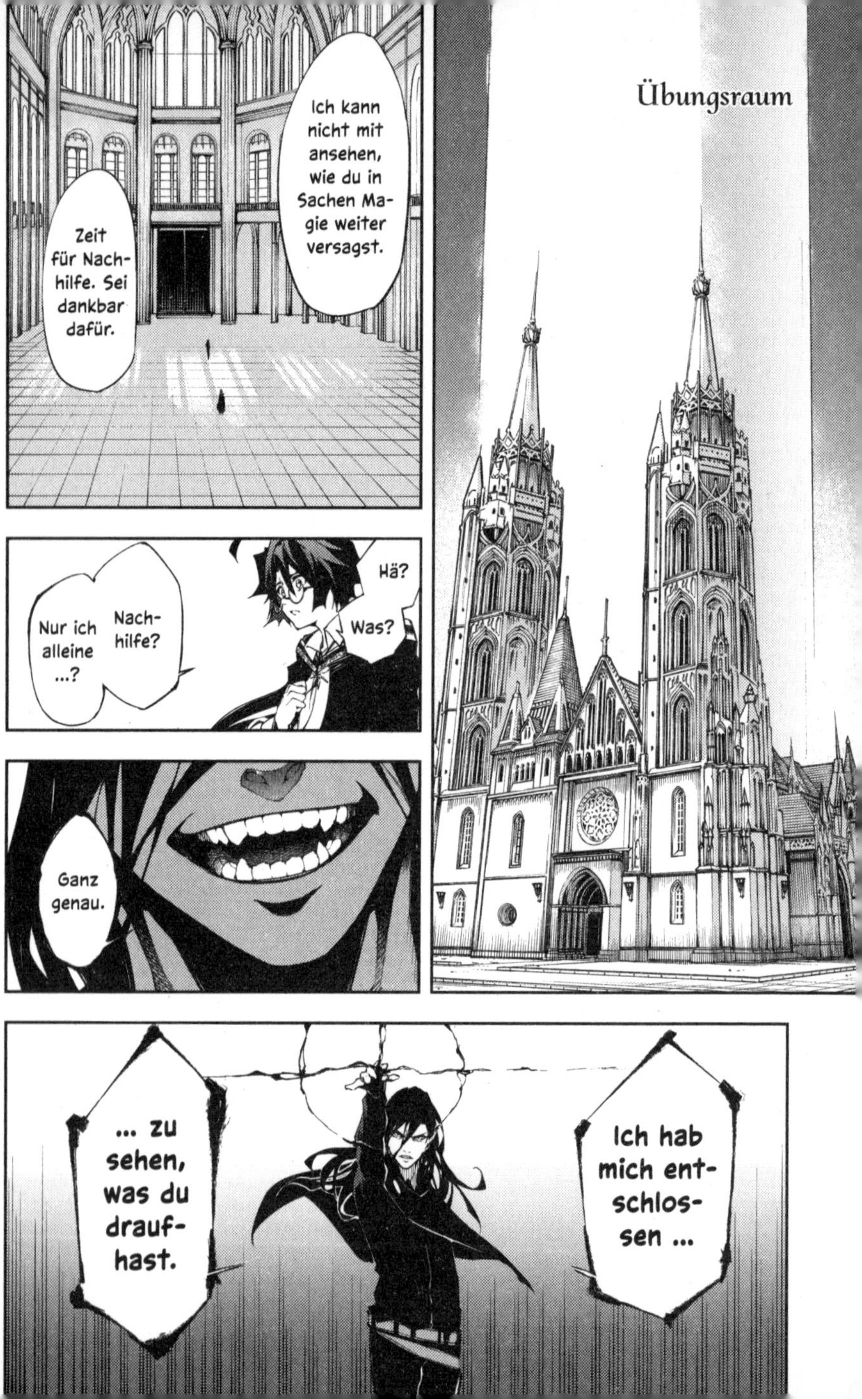
Übungsraum
Ich kann nicht mit ansehen, wie du in Sachen Magie weiter versagst.
Zeit für Nachhilfe. Sei dankbar dafür.
Hä?
Was?
Nachhilfe?
Nur ich alleine ...?
Ganz genau.
Ich hab mich entschlossen ...
... zu sehen, was du draufhast.

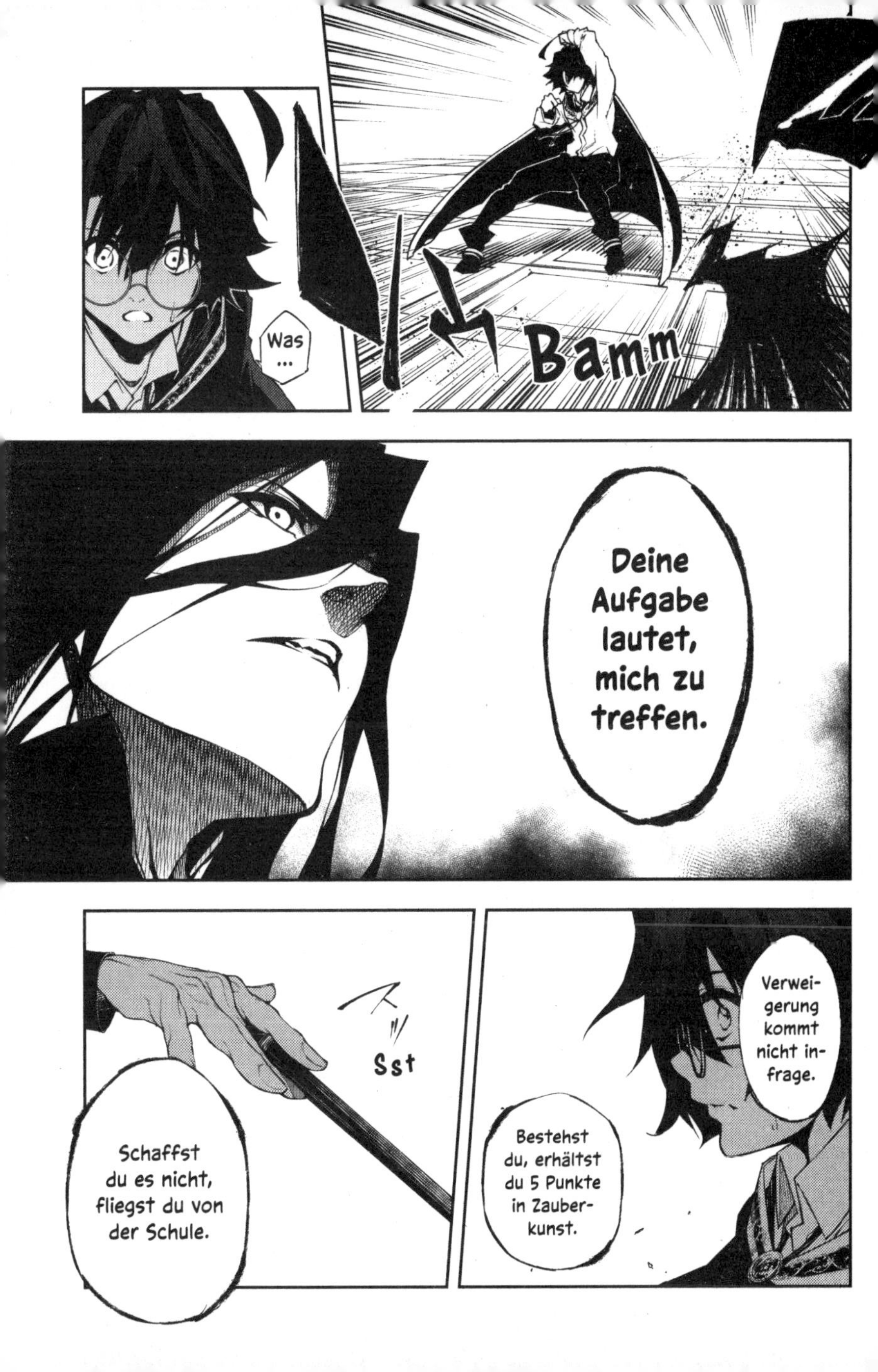
Bamm
Was ...
Deine Aufgabe lautet, mich zu treffen.
Sst
Verweigerung kommt nicht infrage.
Bestehst du, erhältst du 5 Punkte in Zauberkunst.
Schaffst du es nicht, fliegst du von der Schule.

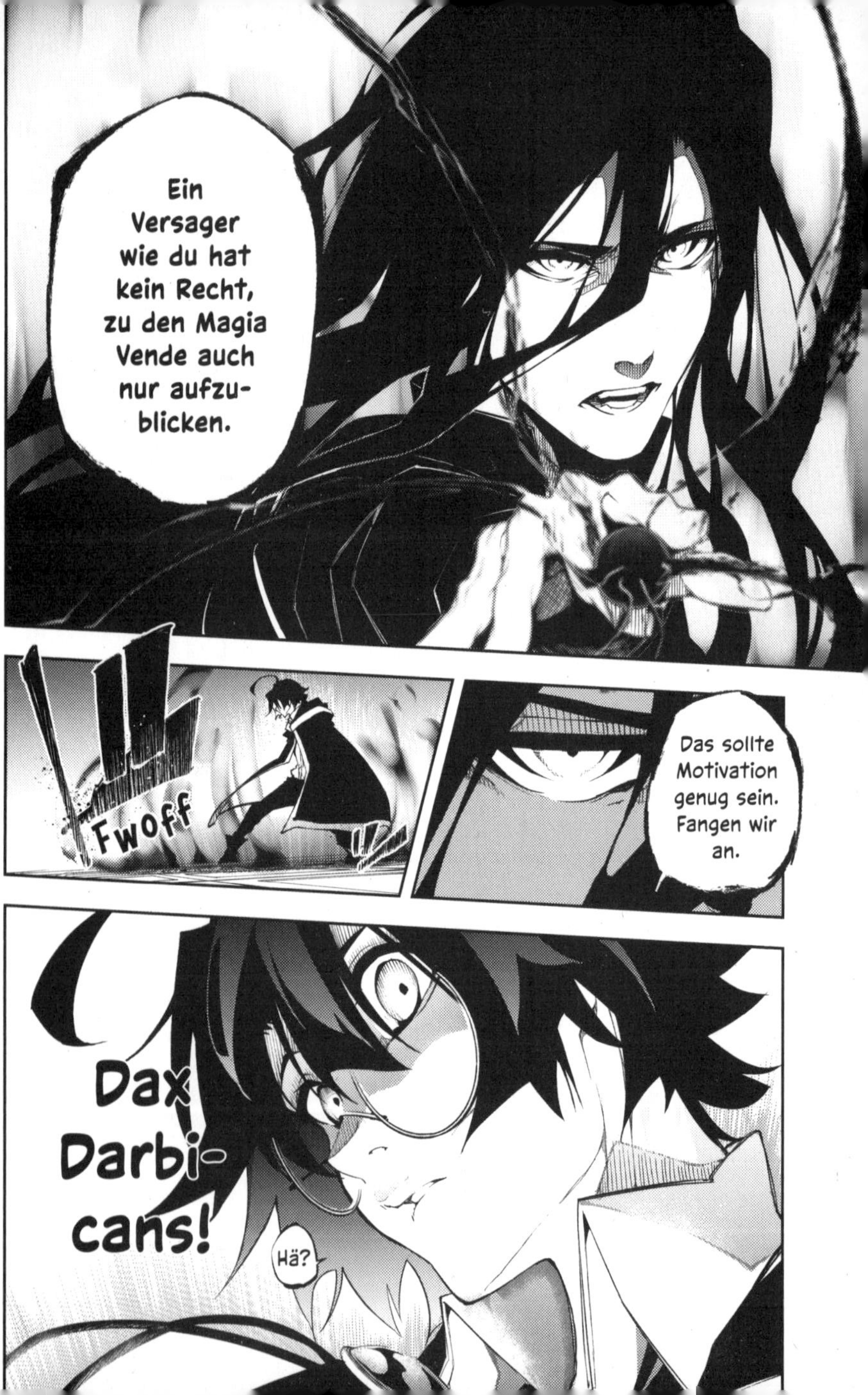
Ein Versager wie du hat kein Recht, zu den Magia Vende auch nur aufzu-blicken.
Das sollte Motivation genug sein. Fangen wir an.
Fwoff
Dax Darbi-cans!
Hä?

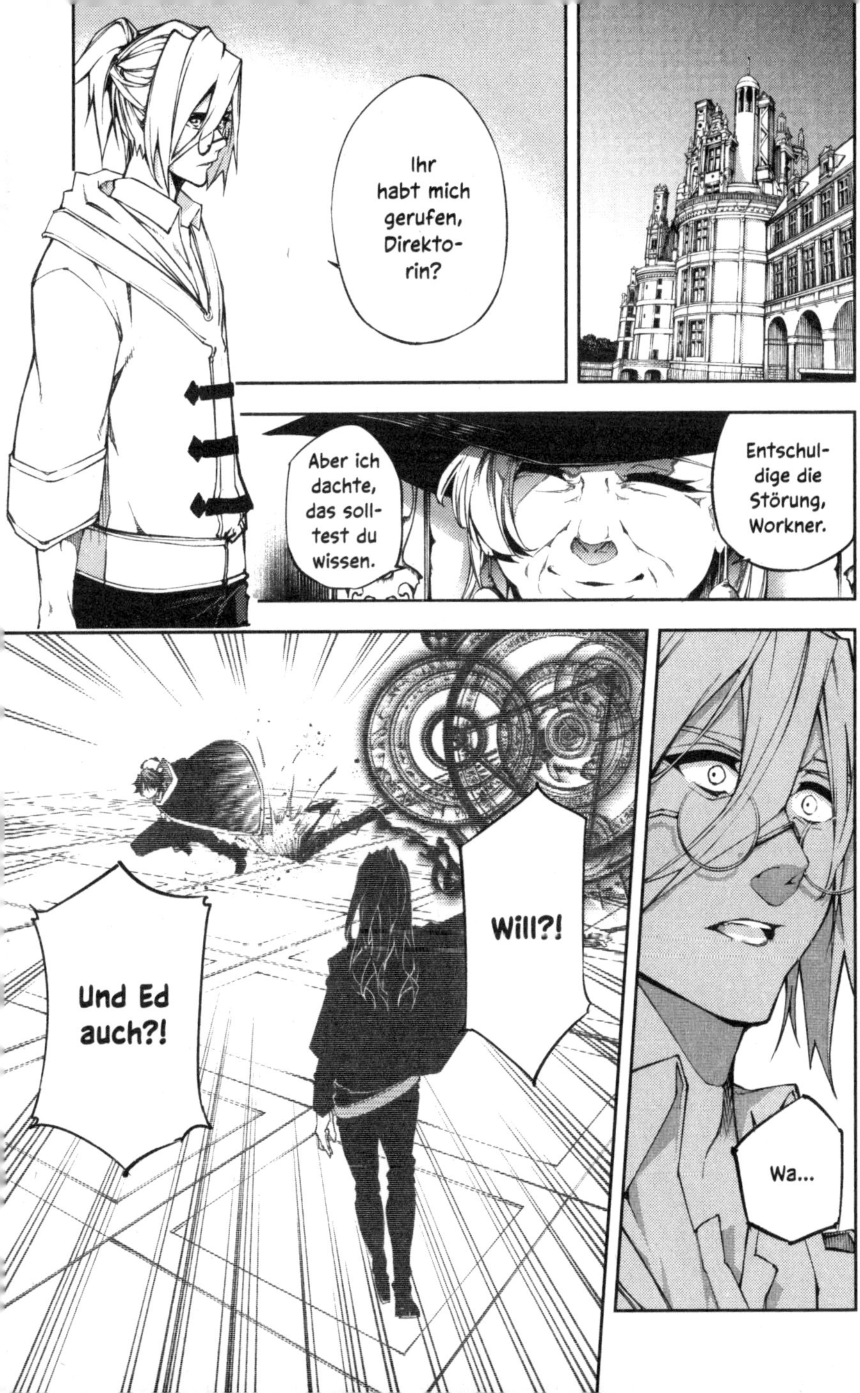
Ihr habt mich gerufen, Direktorin?
Entschuldige die Störung, Workner.
Aber ich dachte, das solltest du wissen.
Wa...
Will?!
Und Ed auch?!

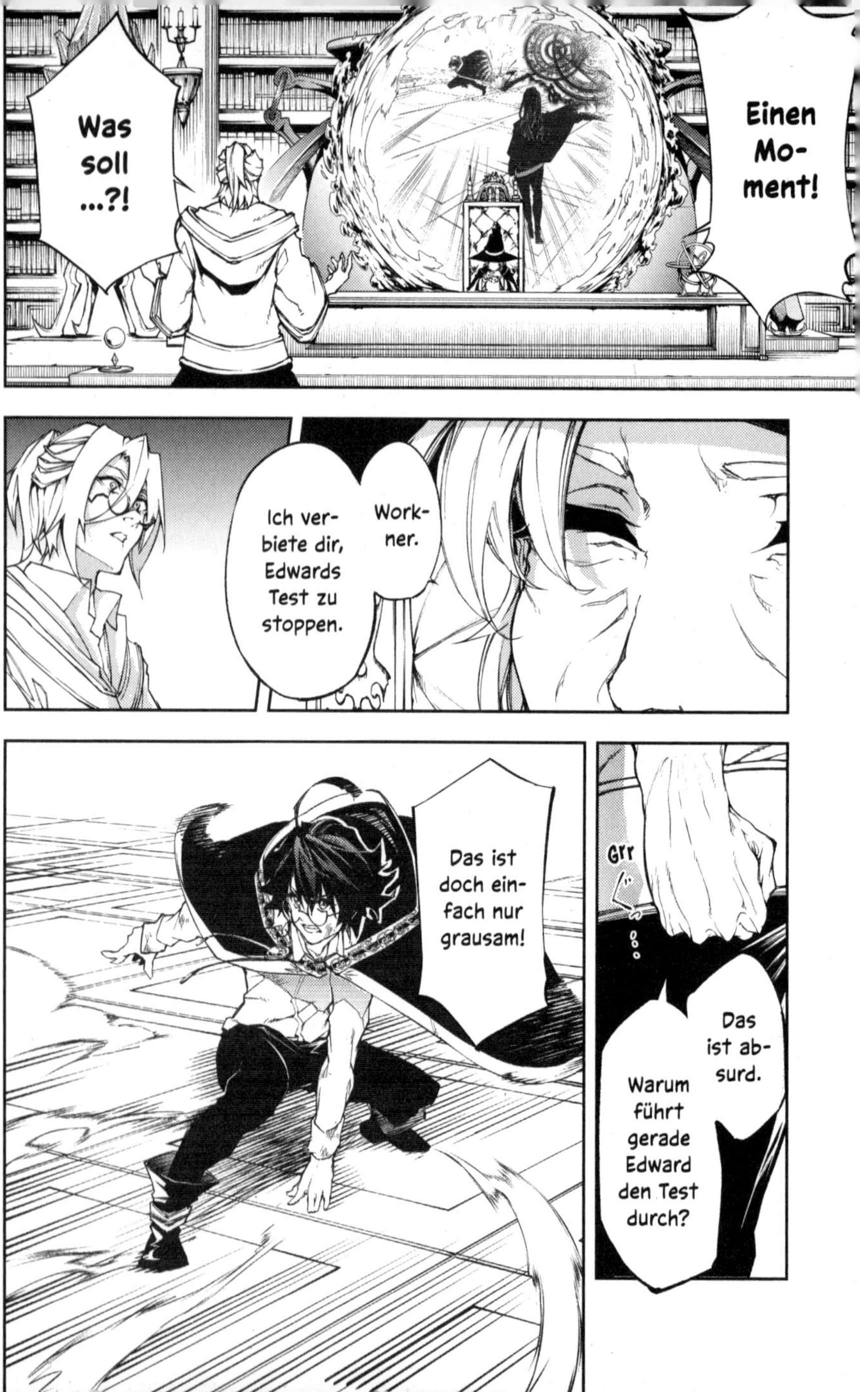
Einen Moment!
Was soll ...?!
Workner.
Ich verbiete dir, Edwards Test zu stoppen.
Grr
Das ist absurd.
Warum führt gerade Edward den Test durch?
Das ist doch einfach nur grausam!

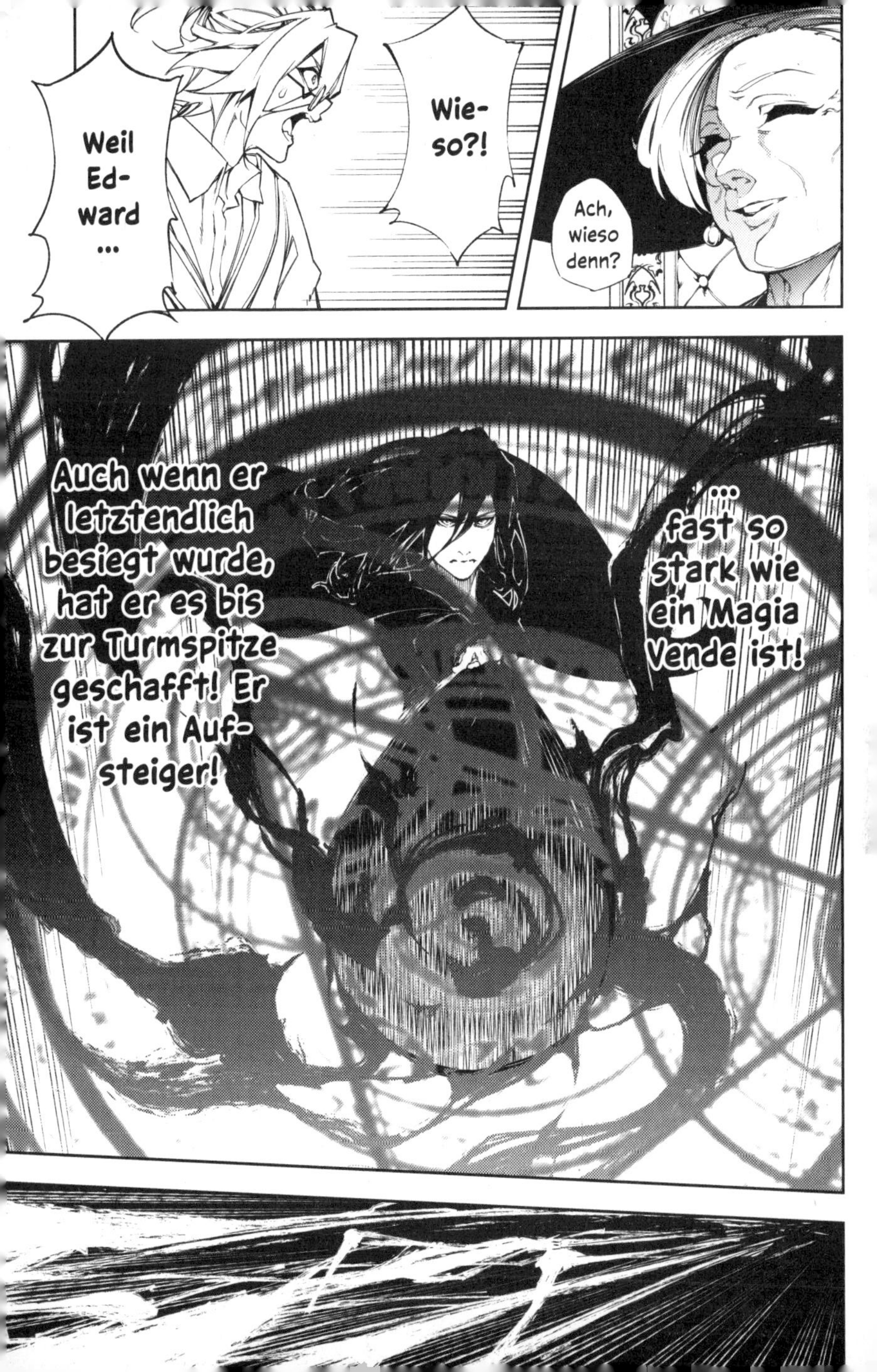
Ach, wieso denn?
Wieso?!
Weil Edward ...
Auch wenn er letztendlich besiegt wurde, hat er es bis zur Turmspitze geschafft! Er ist ein Aufsteiger!
... fast so stark wie ein Magia Vende ist!

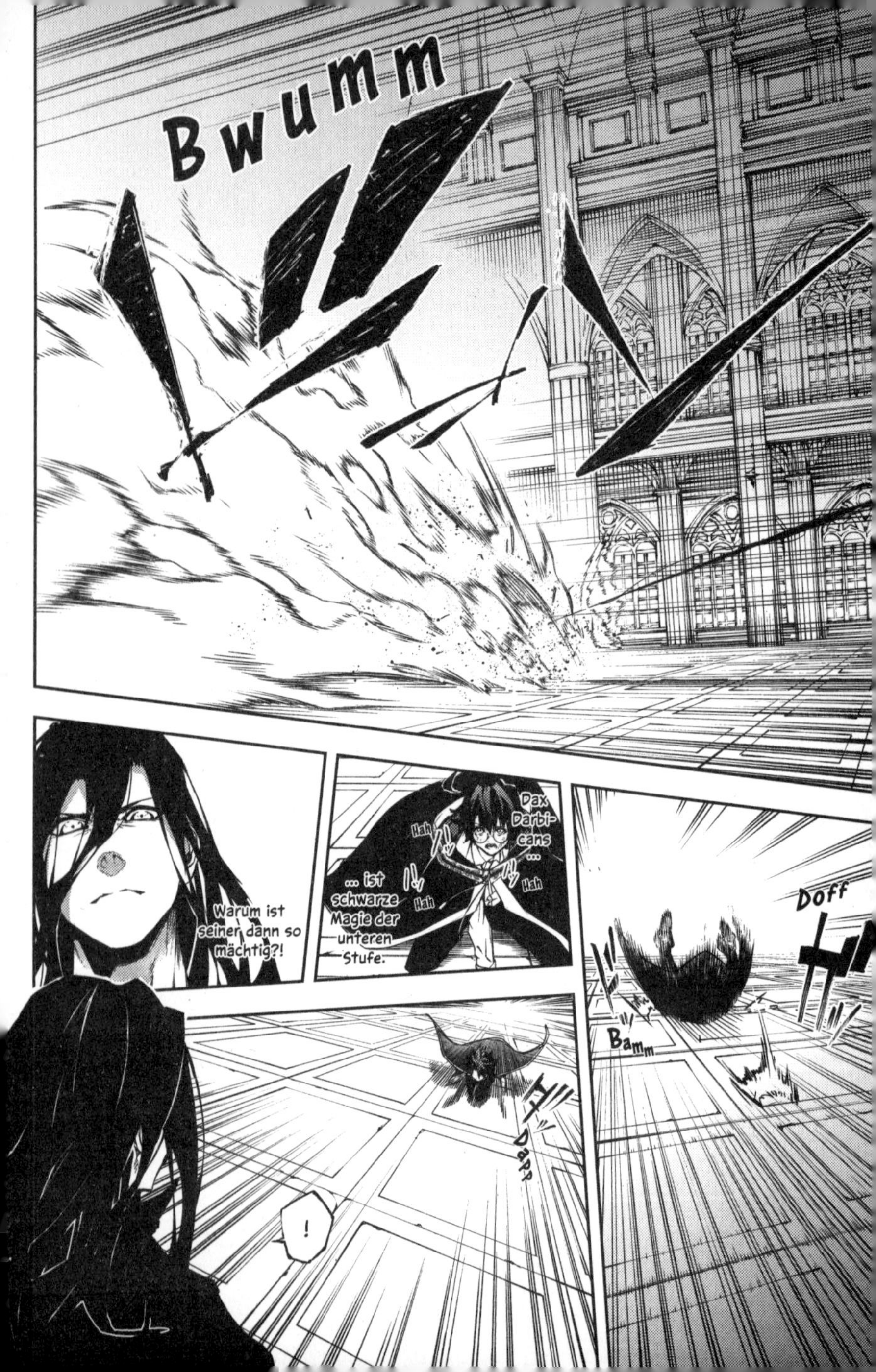
Bwumm
Dax Darbicans ...
Hah
Hah
Hah
... ist schwarze Magie der unteren Stufe.
Warum ist seiner dann so mächtig?!
Doff
Bamm
Dapp
!

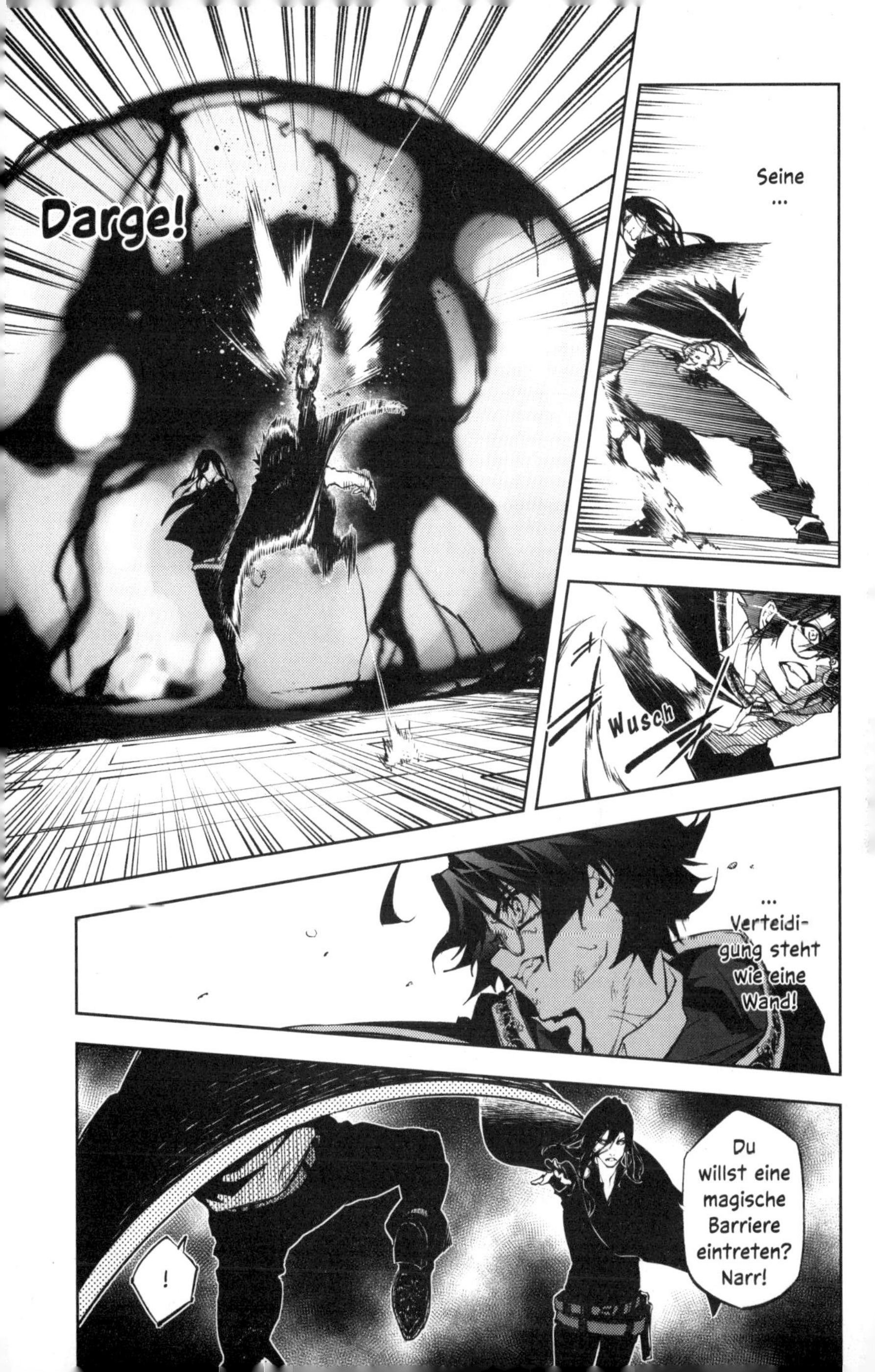
Seine ...
Darge!
Wusch
... Verteidigung steht wie eine Wand!
Du willst eine magische Barriere eintreten? Narr!
!

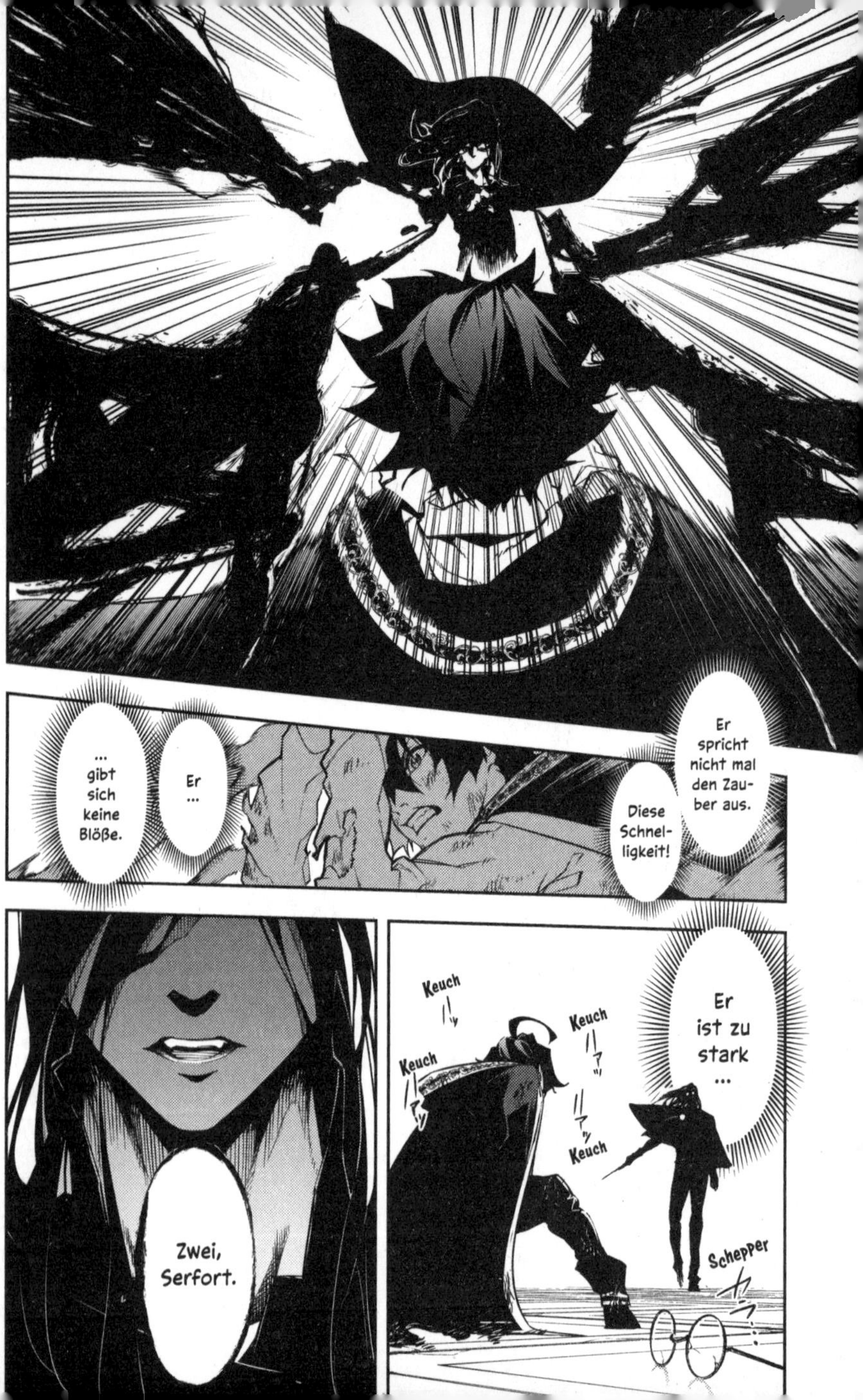
Er spricht nicht mal den Zauber aus.
Diese Schnelligkeit!
Er ...
... gibt sich keine Blöße.
Er ist zu stark ...
Keuch
Keuch
Keuch
Keuch
Schepper
Zwei, Serfort.

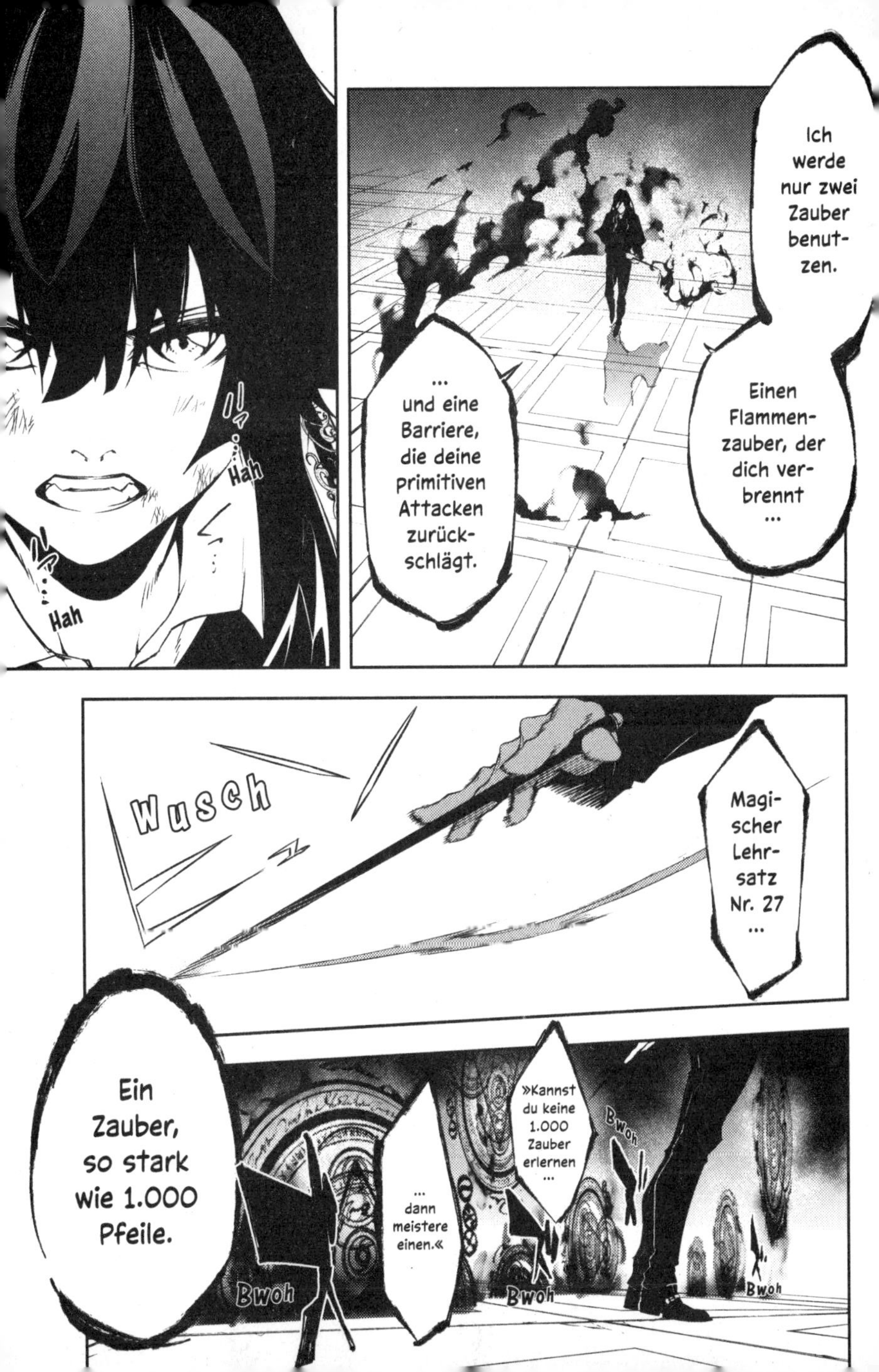
Ich werde nur zwei Zauber benutzen.
Einen Flammenzauber, der dich verbrennt ...
... und eine Barriere, die deine primitiven Attacken zurückschlägt.
Hah
Hah
Magischer Lehrsatz Nr. 27 ...
Wusch
Bwoh
»Kannst du keine 1.000 Zauber erlernen ...
Bwoh
... dann meistere einen.«
Bwoh
Ein Zauber, so stark wie 1.000 Pfeile.
Bwoh

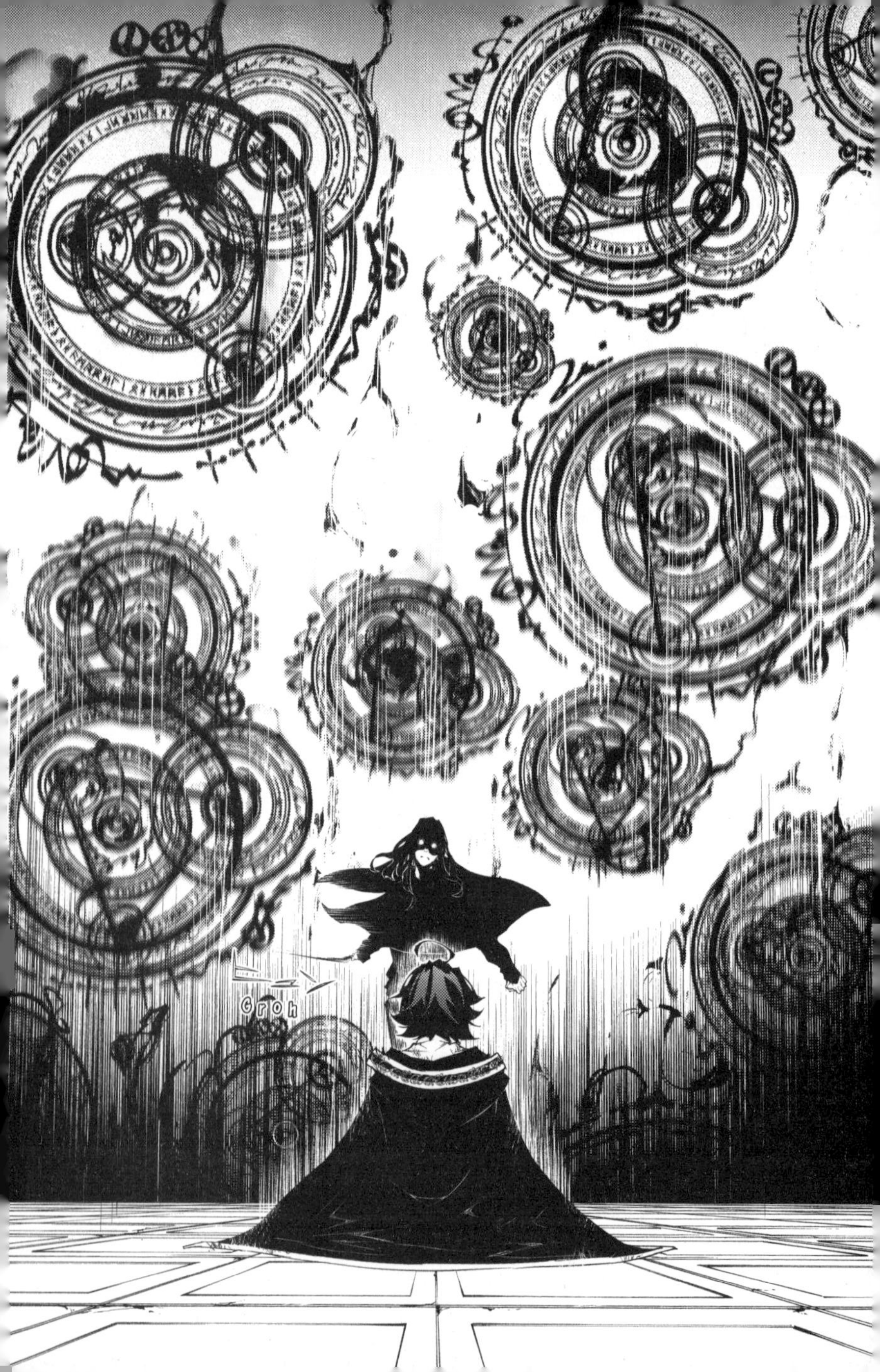
ヒュン
Groh

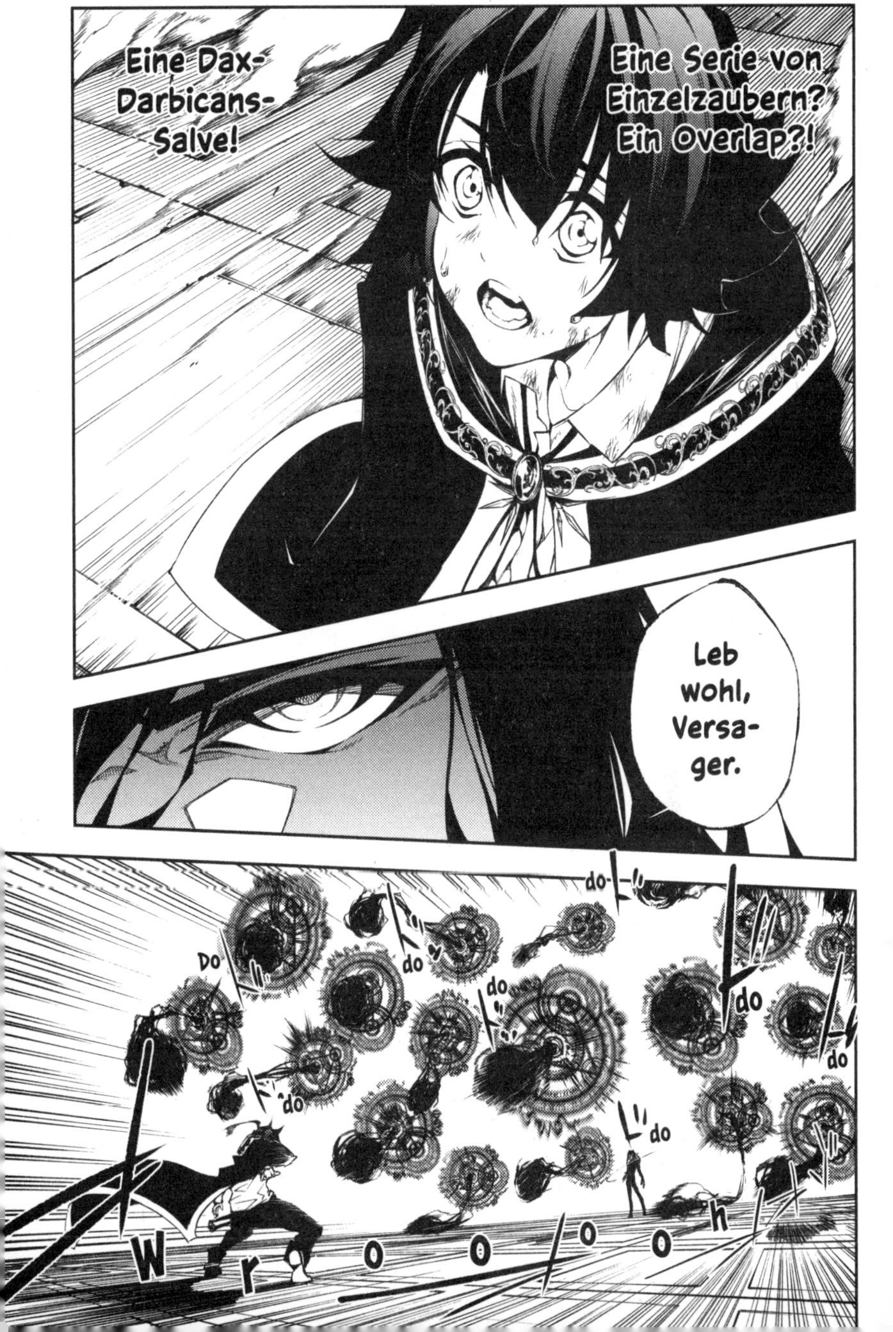
Eine Serie von Einzelzaubern? Ein Overlap?!
Eine Dax-Darbicans-Salve!
Leb wohl, Versager.
do
do
do
do
do
Do
do
do
do
Wroooooh

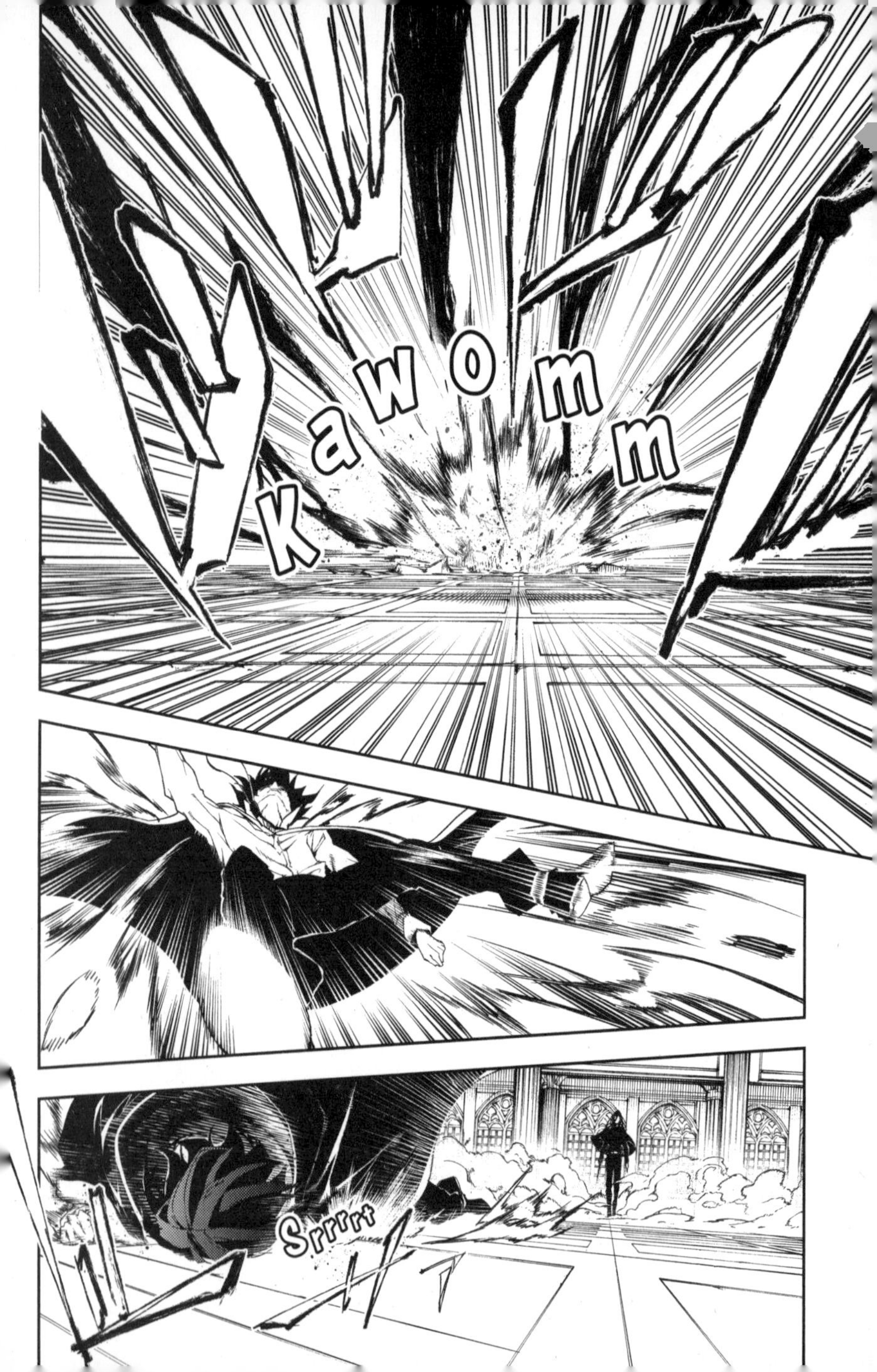
Kawomm
Sprrrt

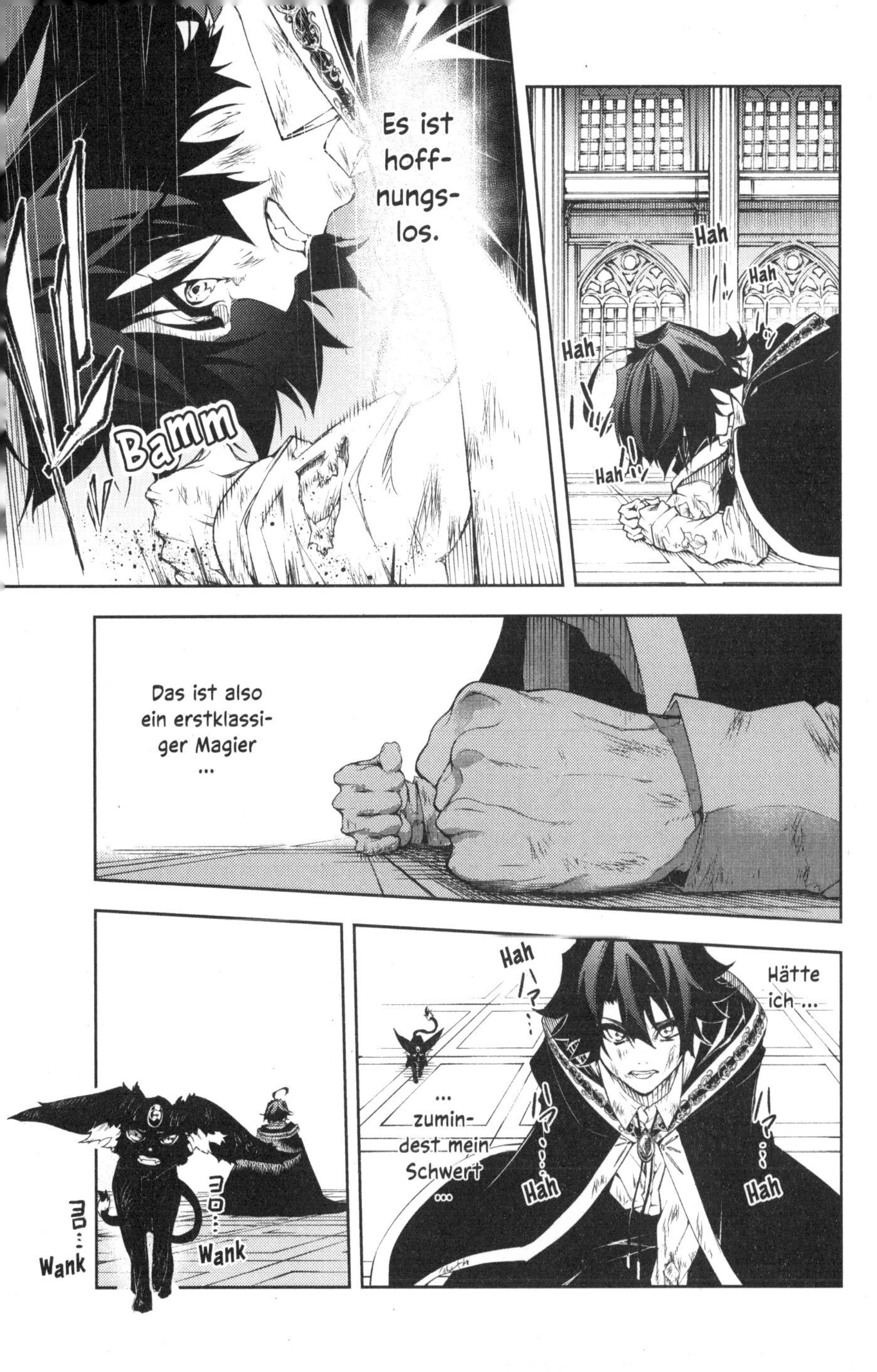
Es ist hoff-nungs-los.
Bamm
Hah
Hah
Hah
Hah
Das ist also ein erstklassiger Magier ...
Hätte ich ...
Hah
... zumin-dest mein Schwert ...
Hah
Hah
Wank
Wank

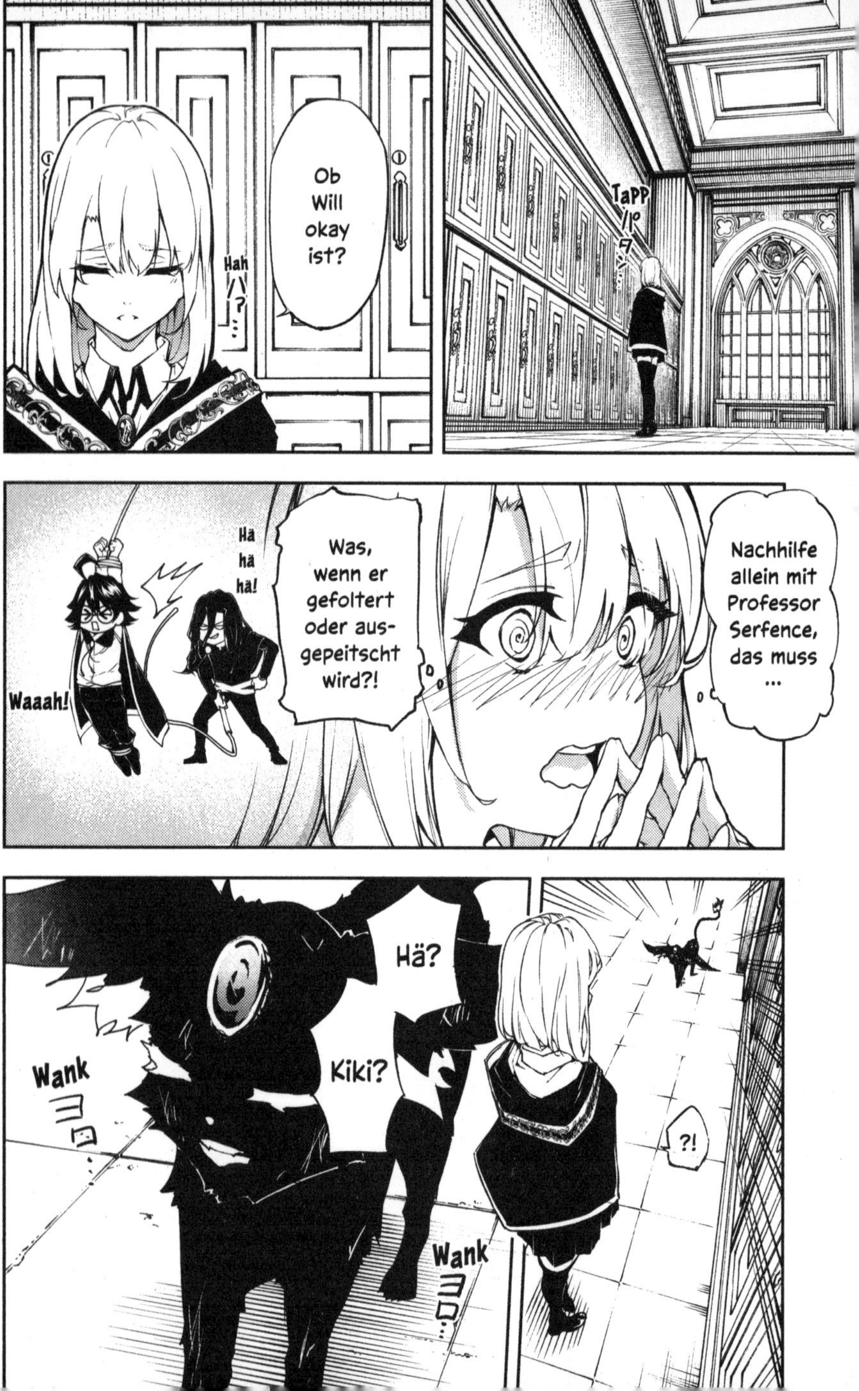
TaPP
Ob Will okay ist?
Hah
Nachhilfe allein mit Professor Serfence, das muss ...
Was, wenn er gefoltert oder ausgepeitscht wird?!
Hä hä hä!
Waaah!
?!
Hä?
Kiki?
Wank
Wank

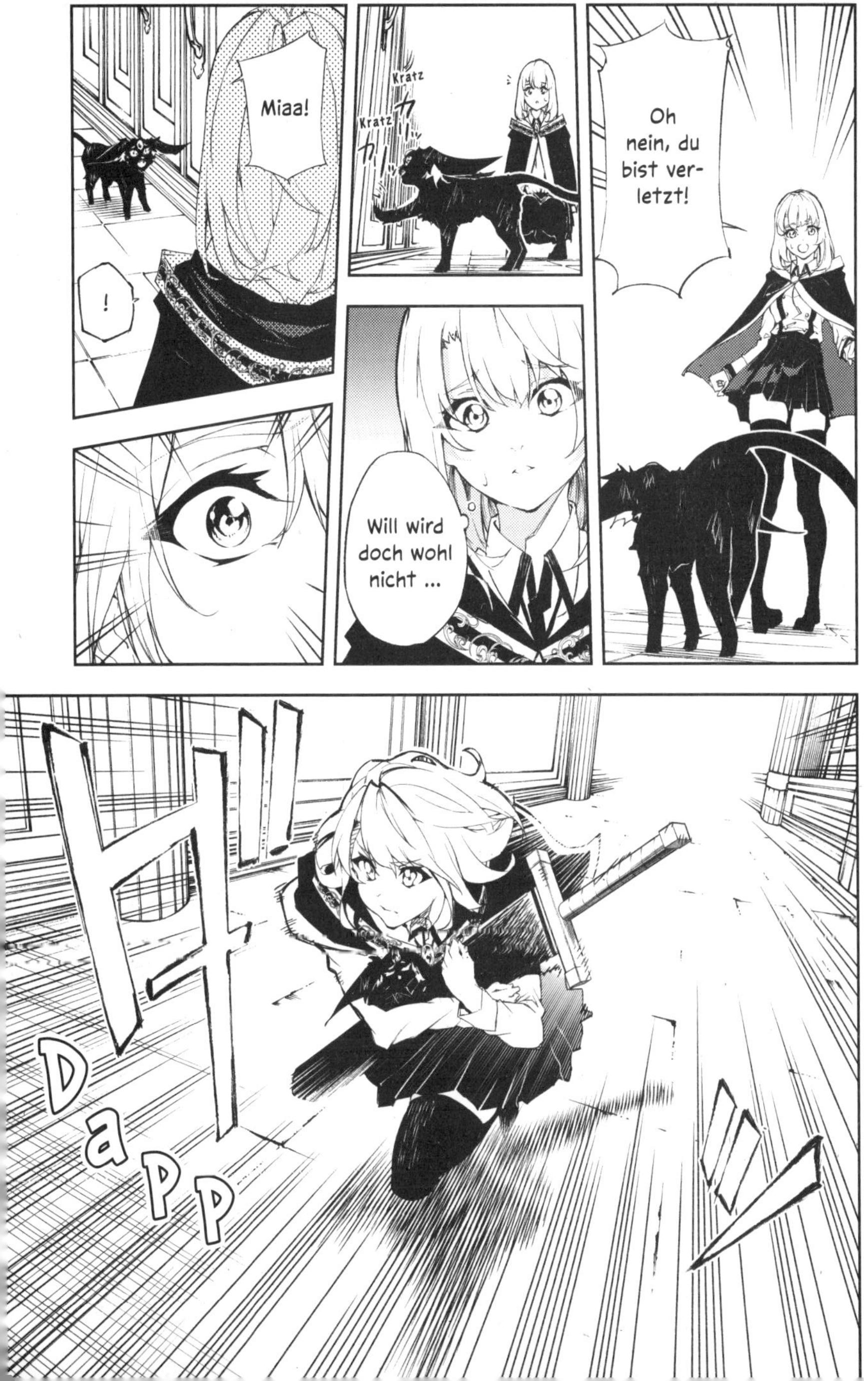
Oh nein, du bist ver-letzt!
Kratz
Kratz
Miaa!
!
Will wird doch wohl nicht ...
Dapp

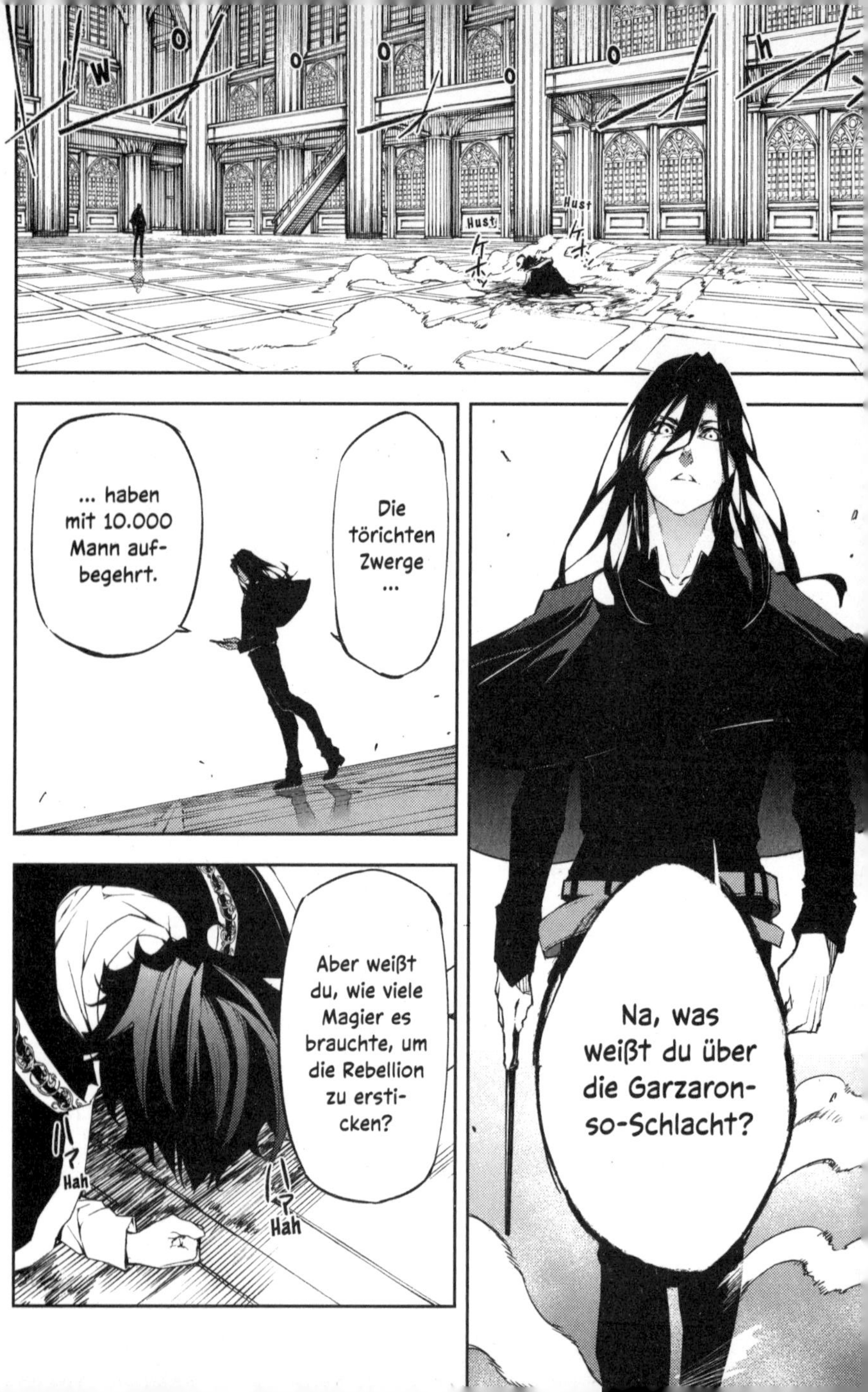

Wooooh
Hust
Hust
Na, was weißt du über die Garzaron-so-Schlacht?
Die törichten Zwerge ...
... haben mit 10.000 Mann aufbegehrt.
Aber weißt du, wie viele Magier es brauchte, um die Rebellion zu ersticken?
Hah
Hah

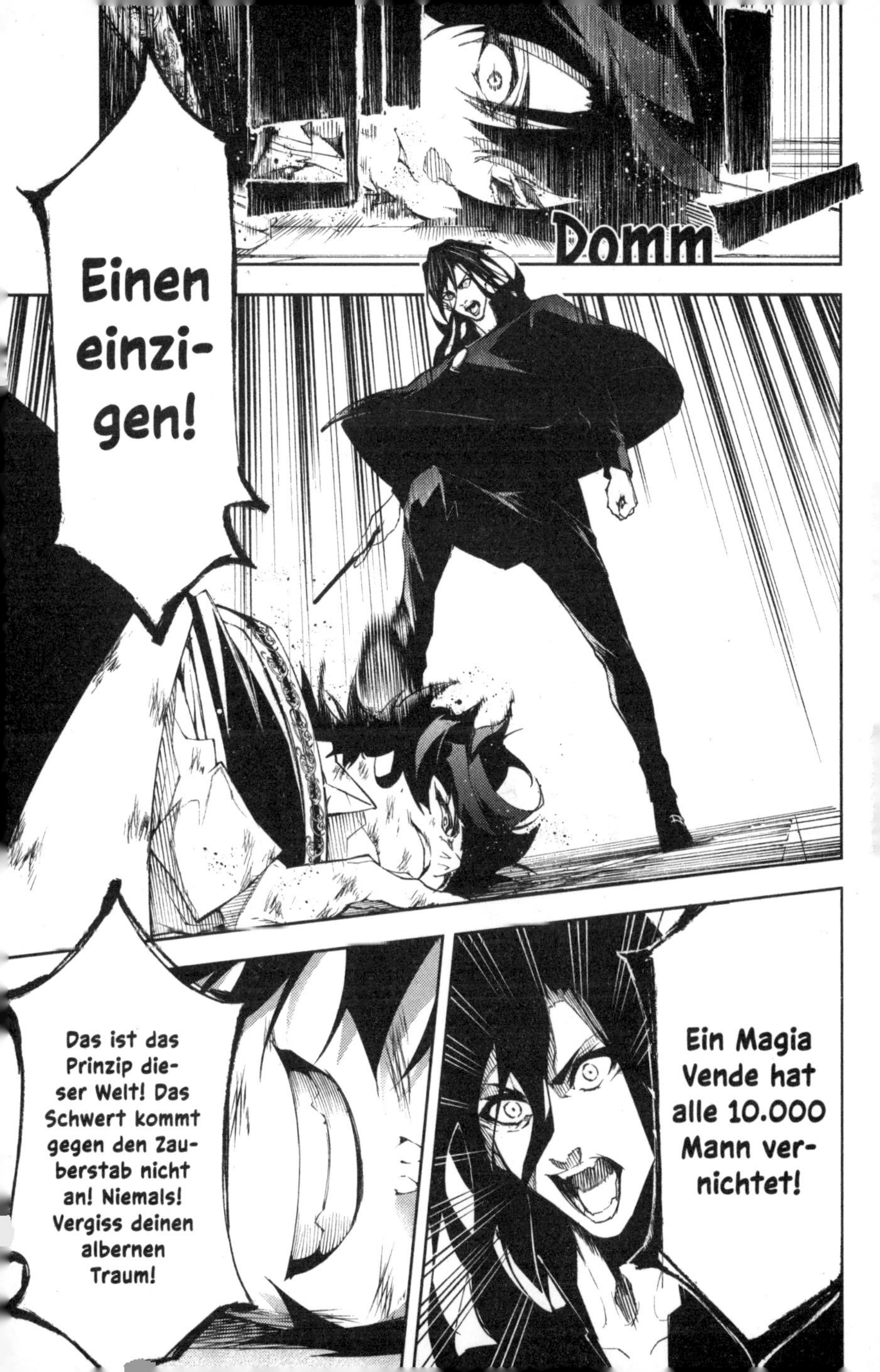
Domm
Einen einzigen!
Ein Magia Vende hat alle 10.000 Mann vernichtet!
Das ist das Prinzip dieser Welt! Das Schwert kommt gegen den Zauberstab nicht an! Niemals! Vergiss deinen albernen Traum!

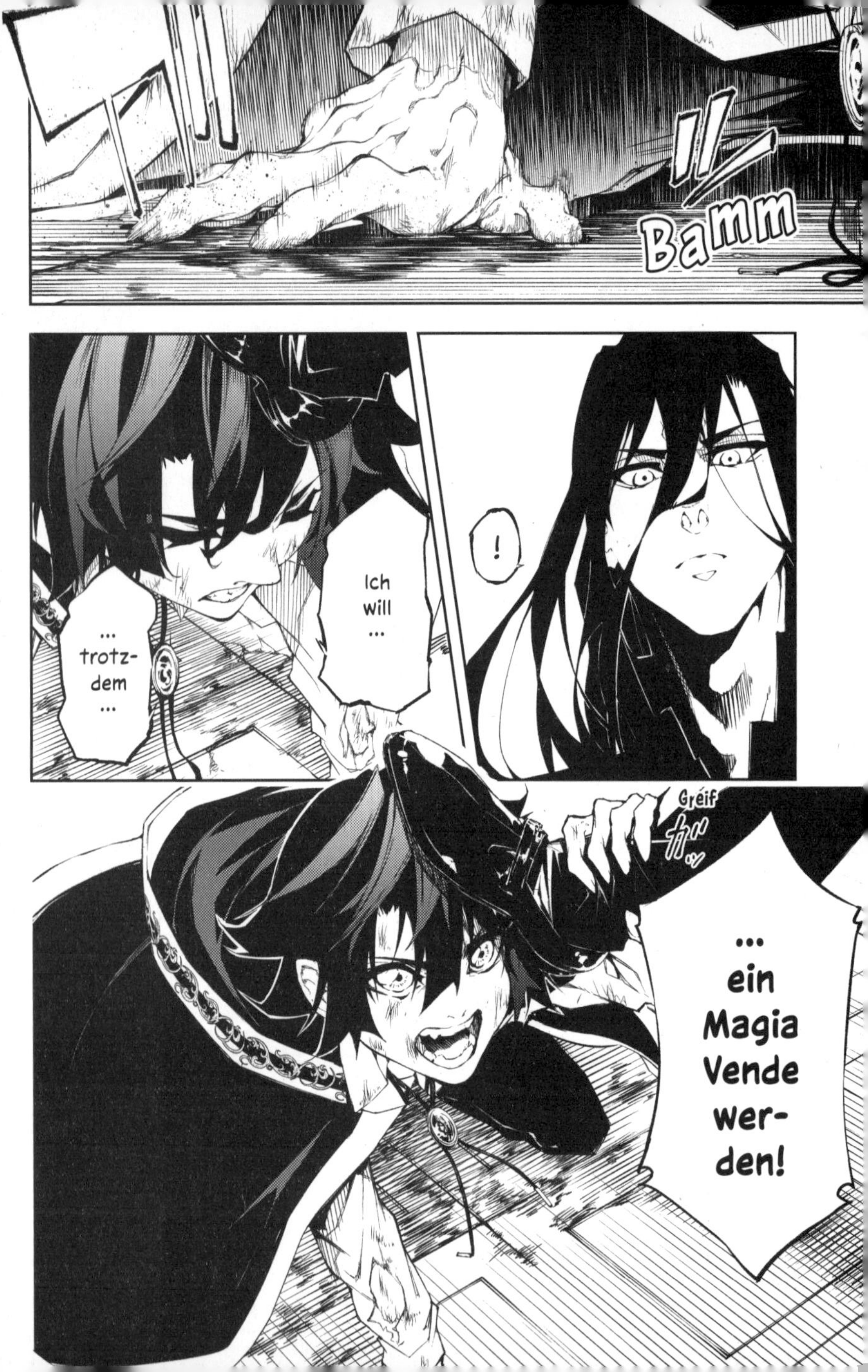
Bamm
!
Ich will ...
... trotz-dem ...
Greif
カッ
... ein Magia Vende wer-den!

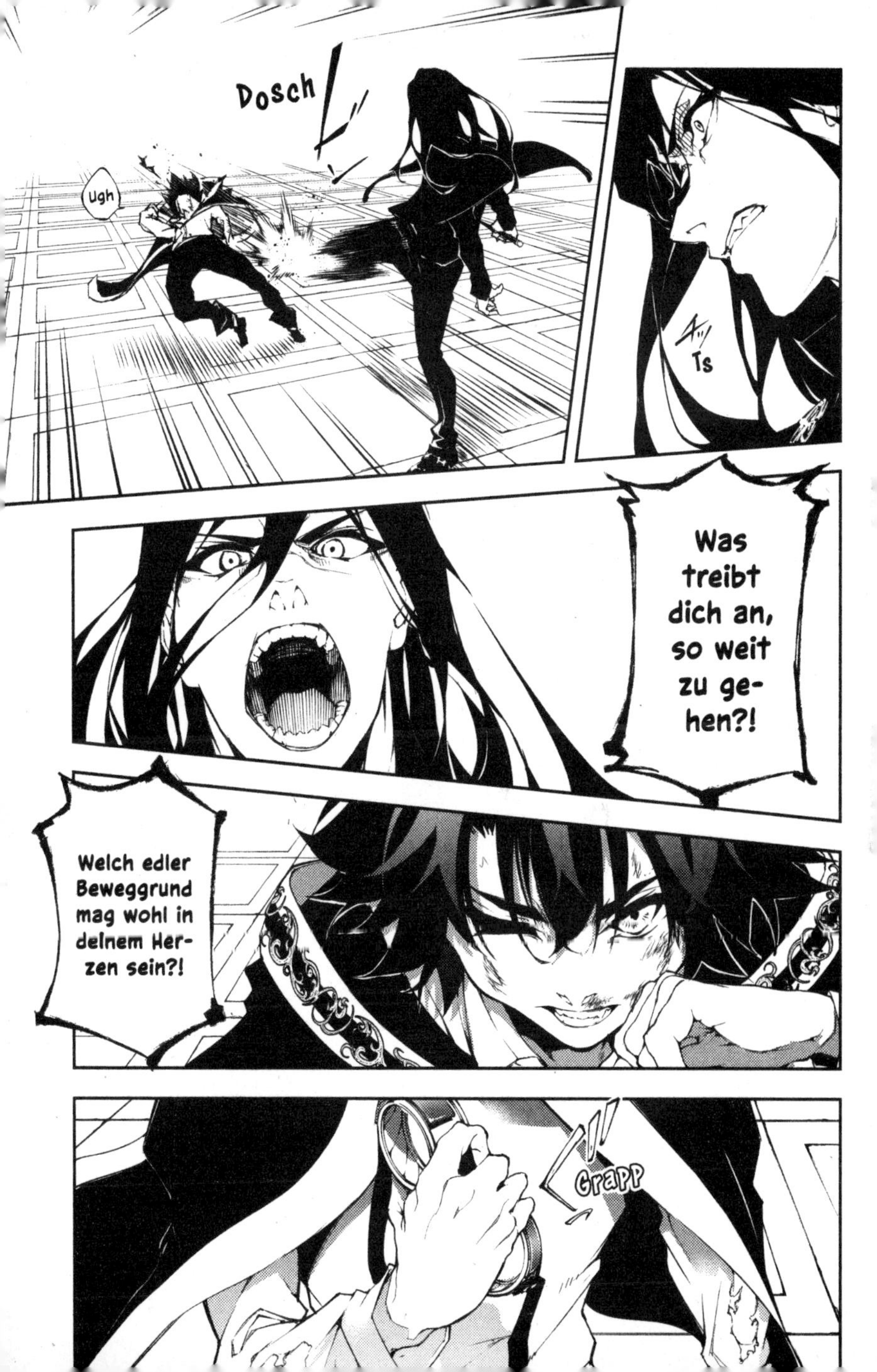
Dosch
Ugh
Ts
Was treibt dich an, so weit zu ge-hen?!
Welch edler Beweggrund mag wohl in delnem Her-zen sein?!
Grapp

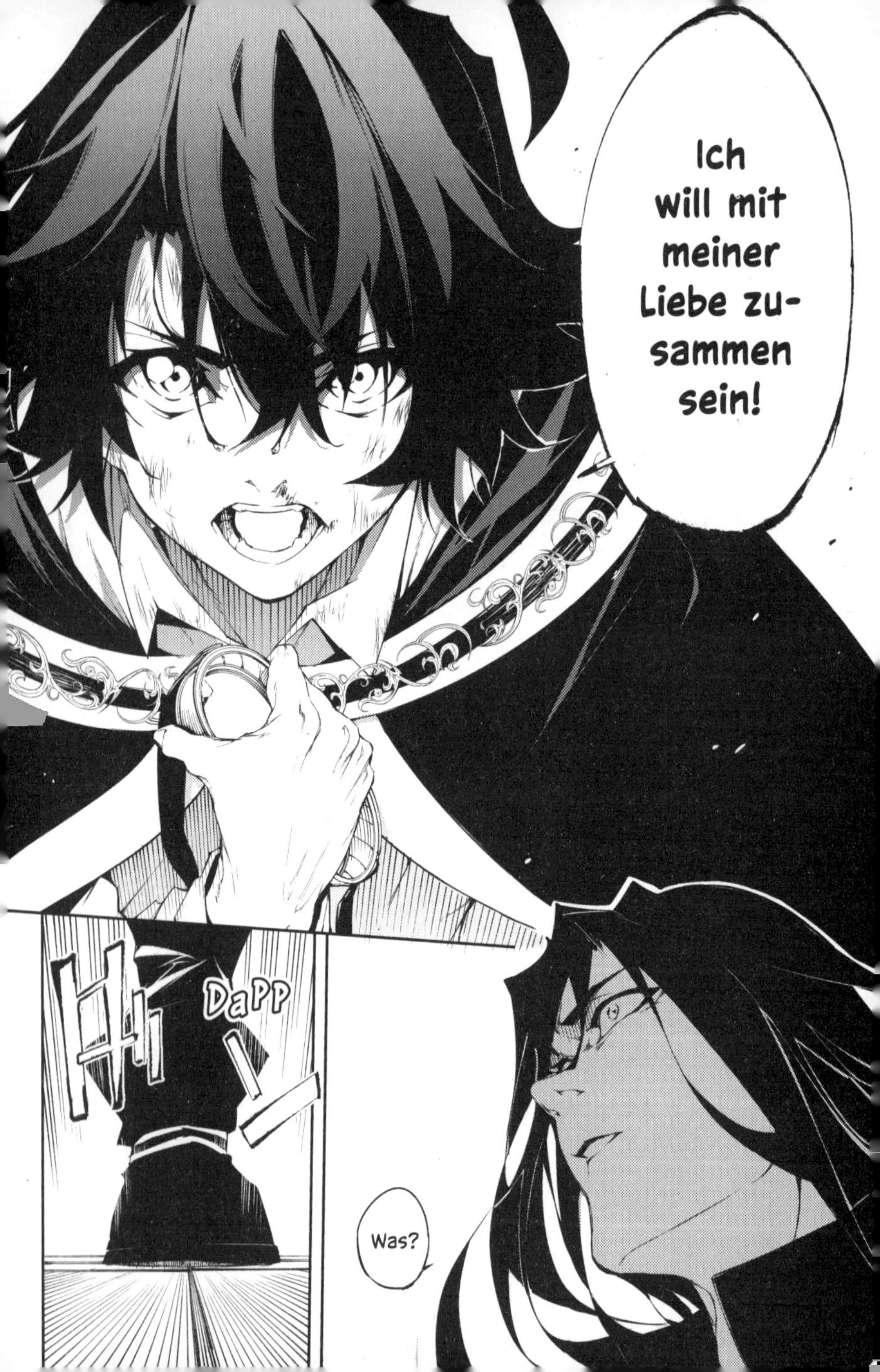
Ich will mit meiner Liebe zusammen sein!
DaPP
Was?

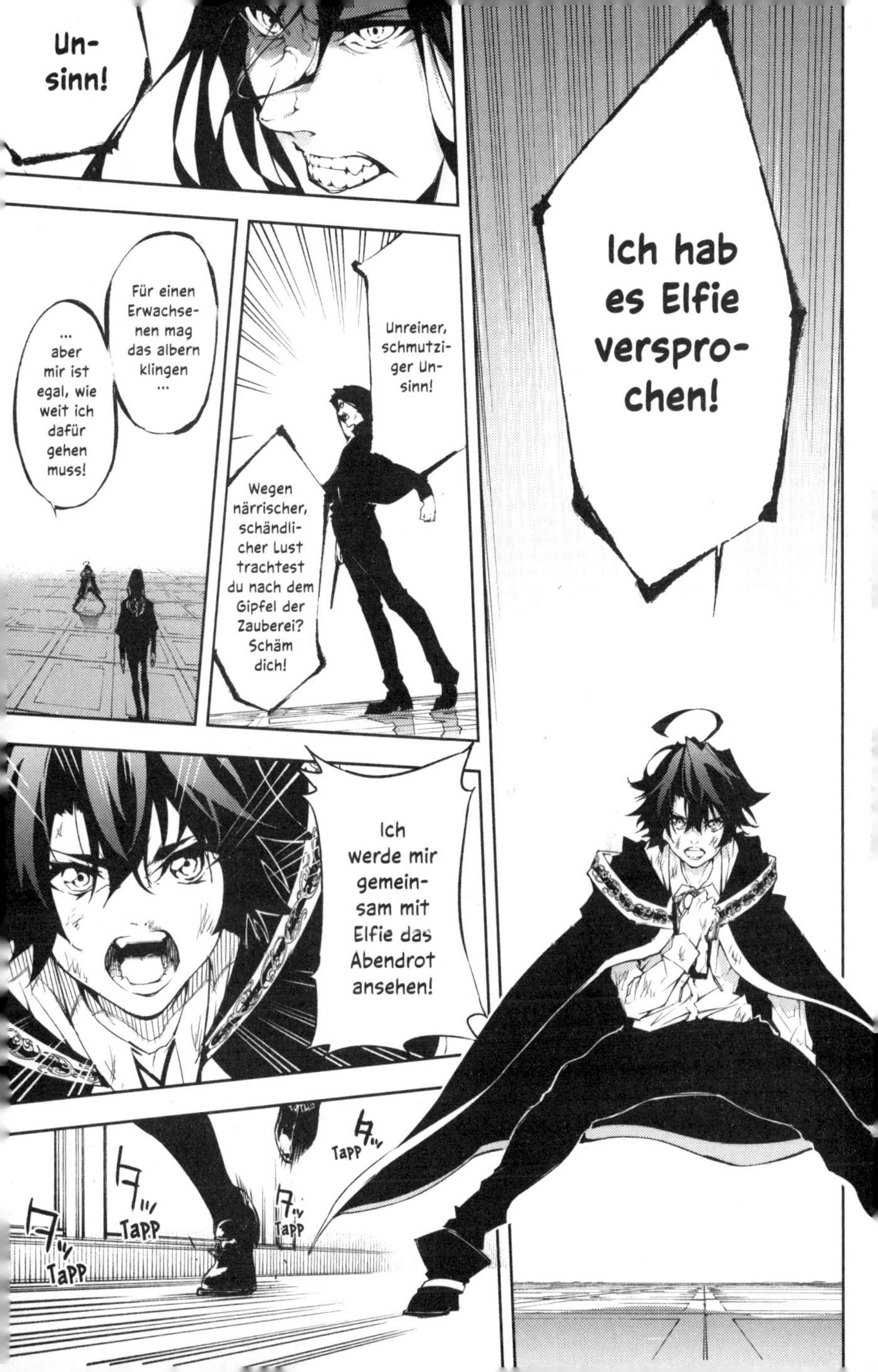

Ich hab es Elfie versprochen!
Un-sinn!
Unreiner, schmutziger Unsinn!
Wegen närrischer, schändlicher Lust trachtest du nach dem Gipfel der Zauberei? Schäm dich!
Für einen Erwachsenen mag das albern klingen ...
... aber mir ist egal, wie weit ich dafür gehen muss!
Ich werde mir gemeinsam mit Elfie das Abendrot ansehen!
Tapp
Tapp
Tapp
Tapp

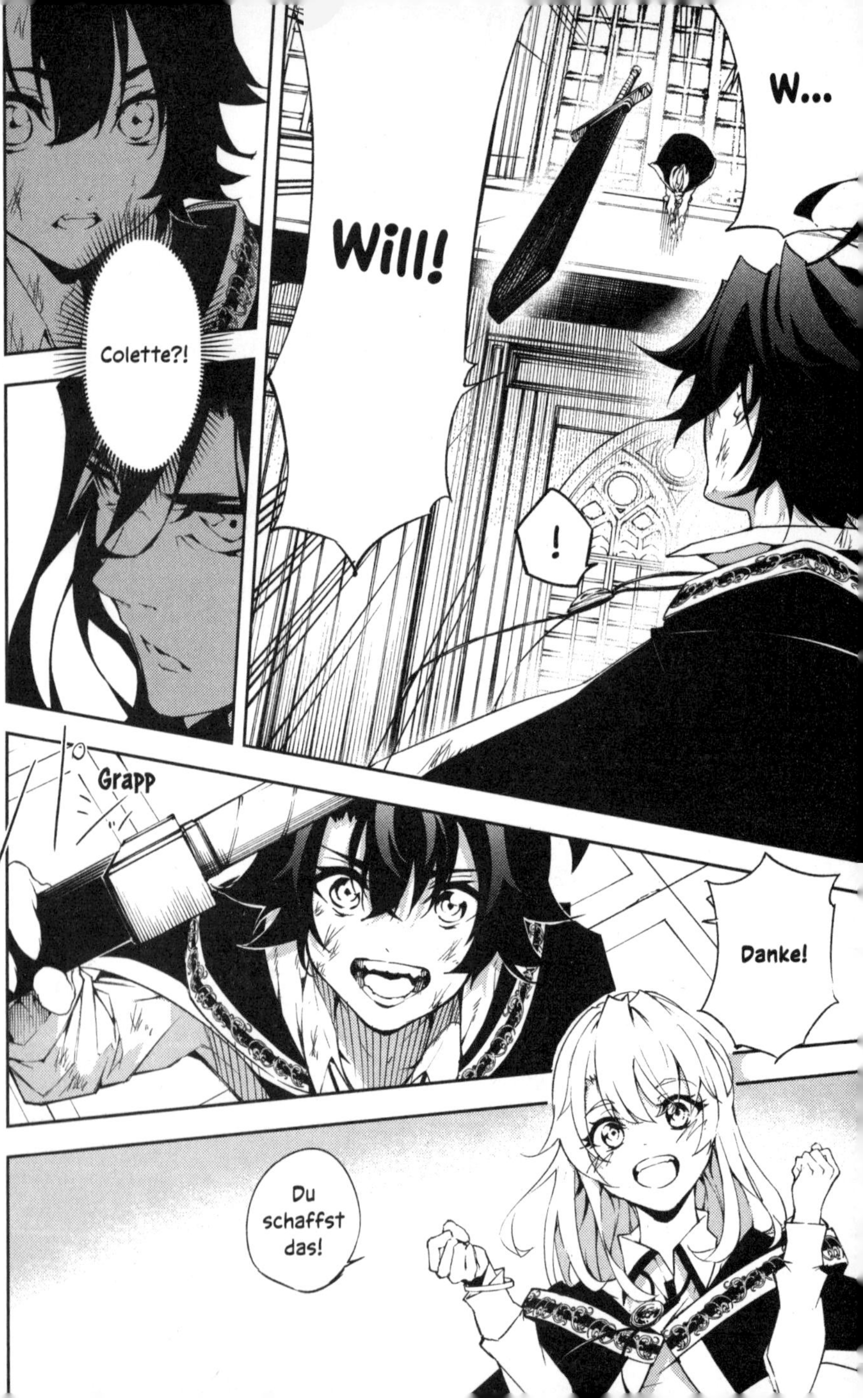
W...
Will!
!
Colette?!
Grapp
Danke!
Du schaffst das!

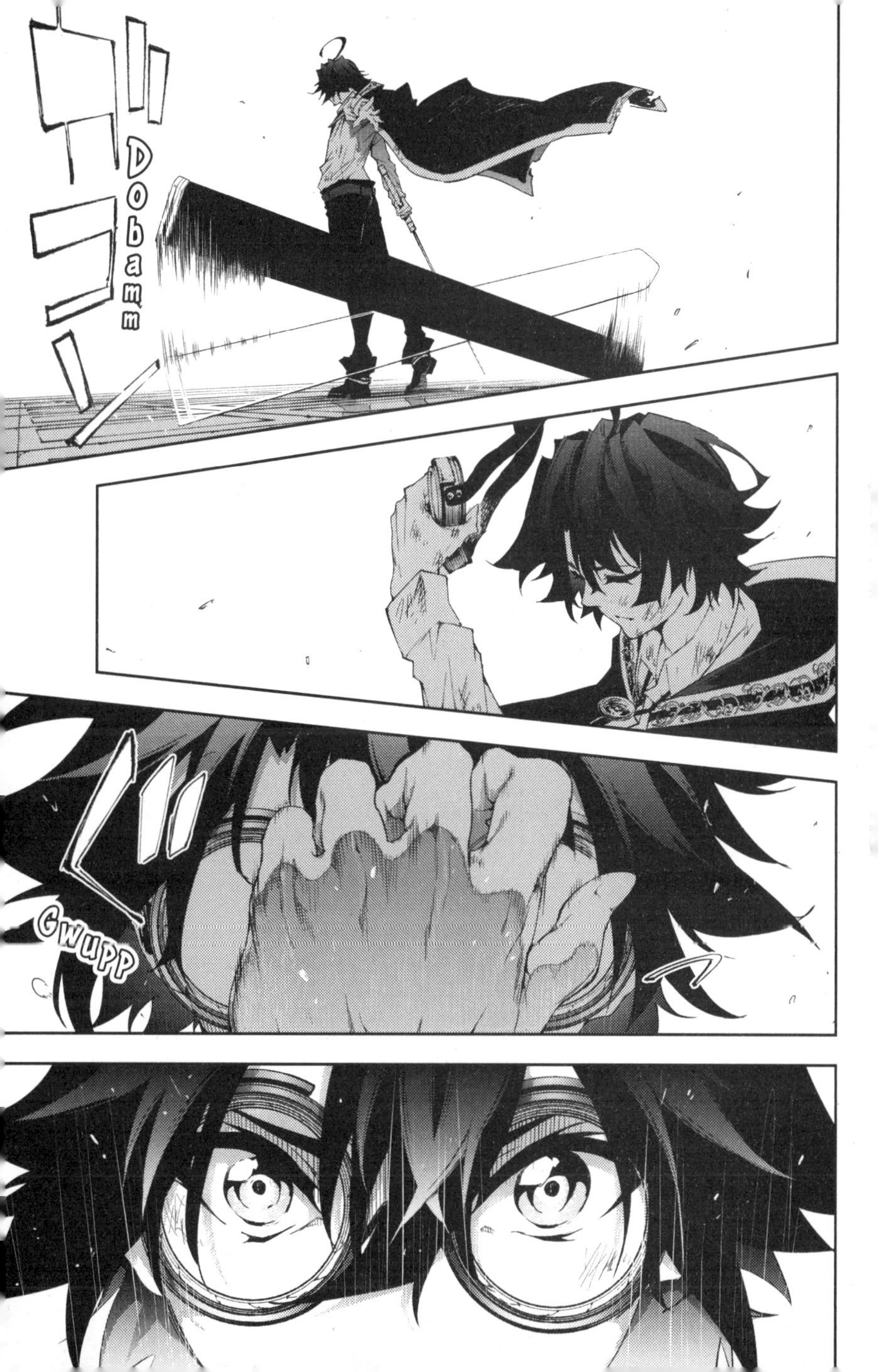
Dobamm
Gwupp

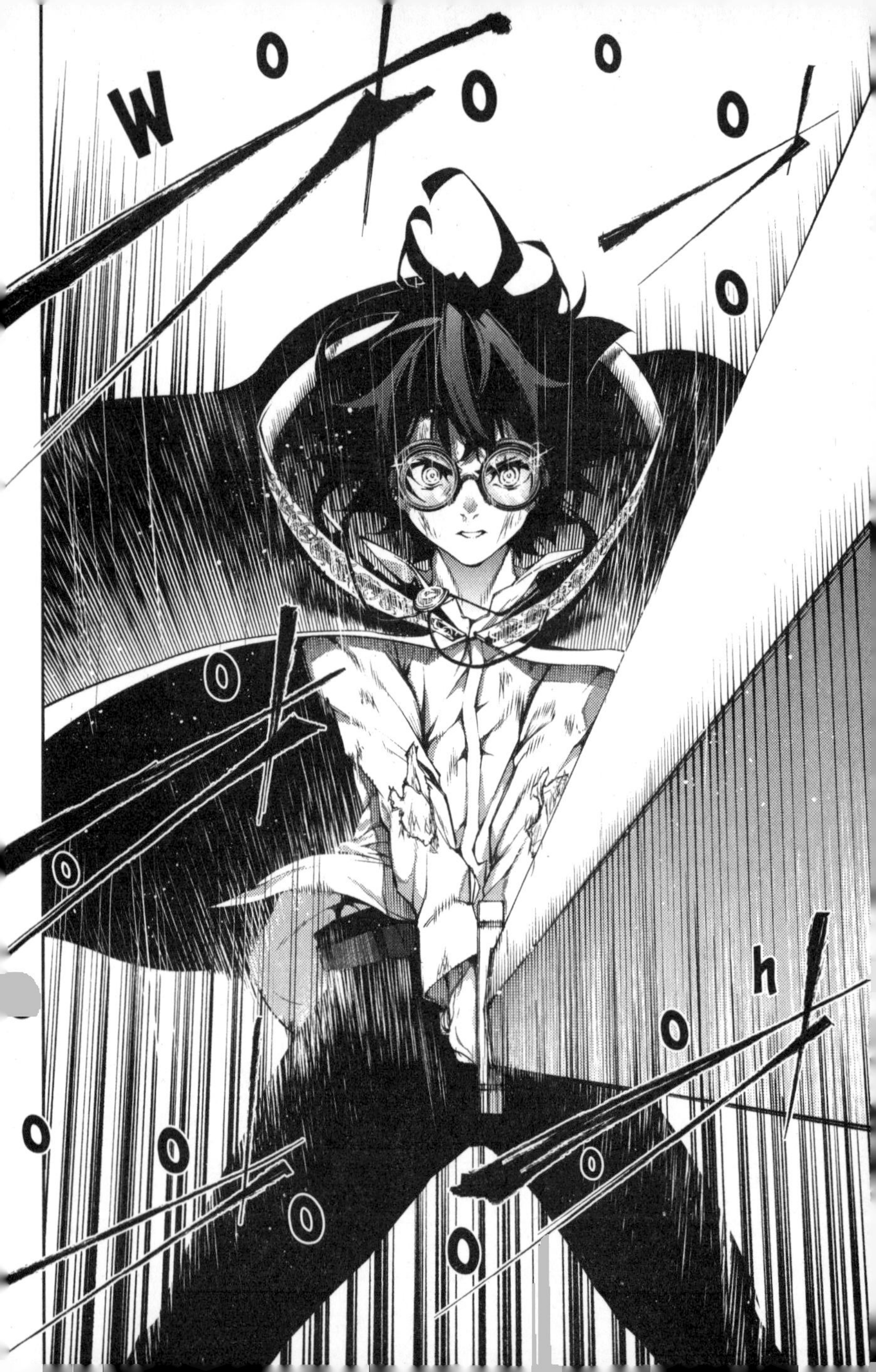
WOOOOO
OOOOOOOOOh

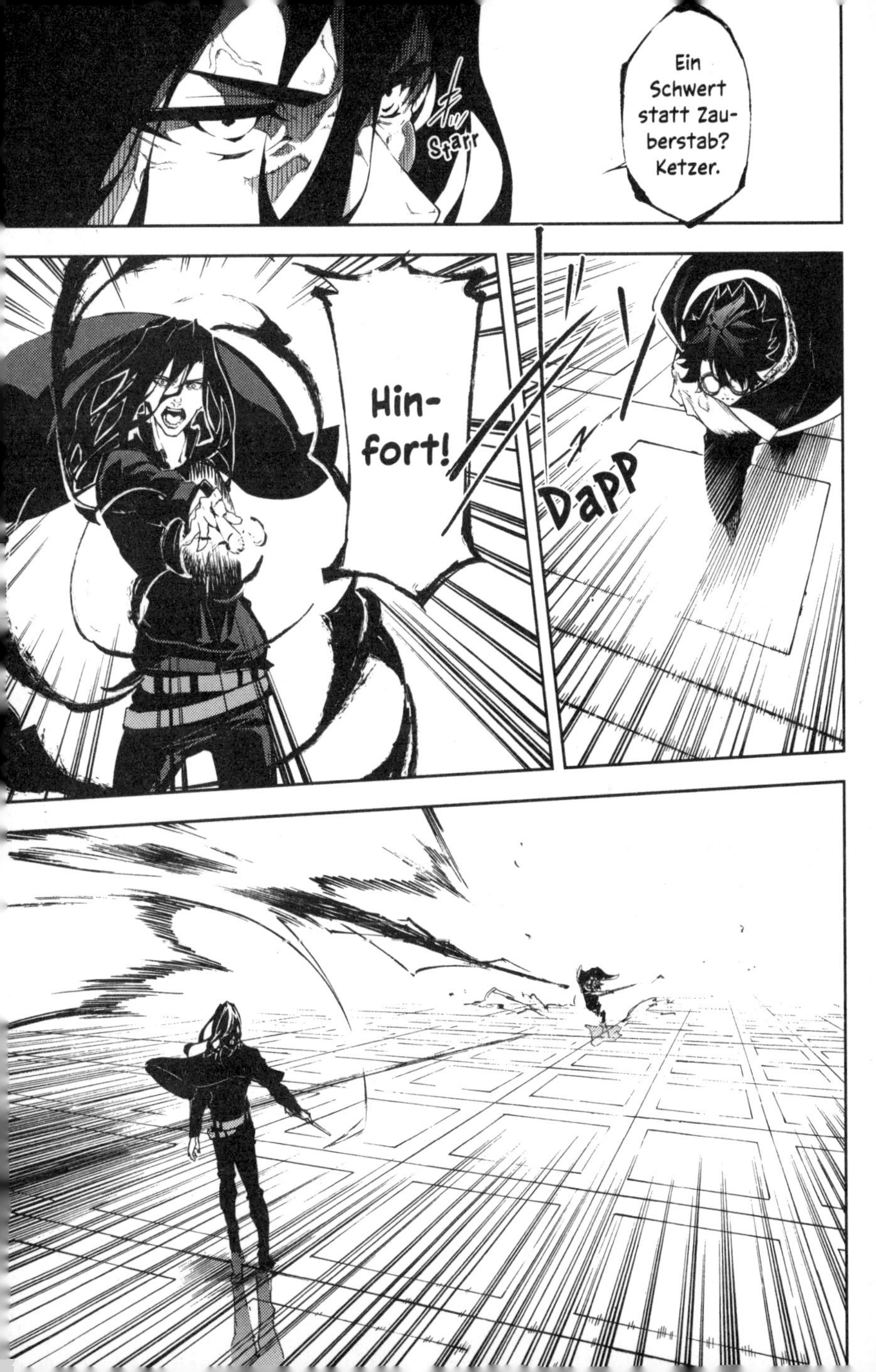
Ein Schwert statt Zauberstab? Ketzer.
Starr
Dapp
Hin-fort!

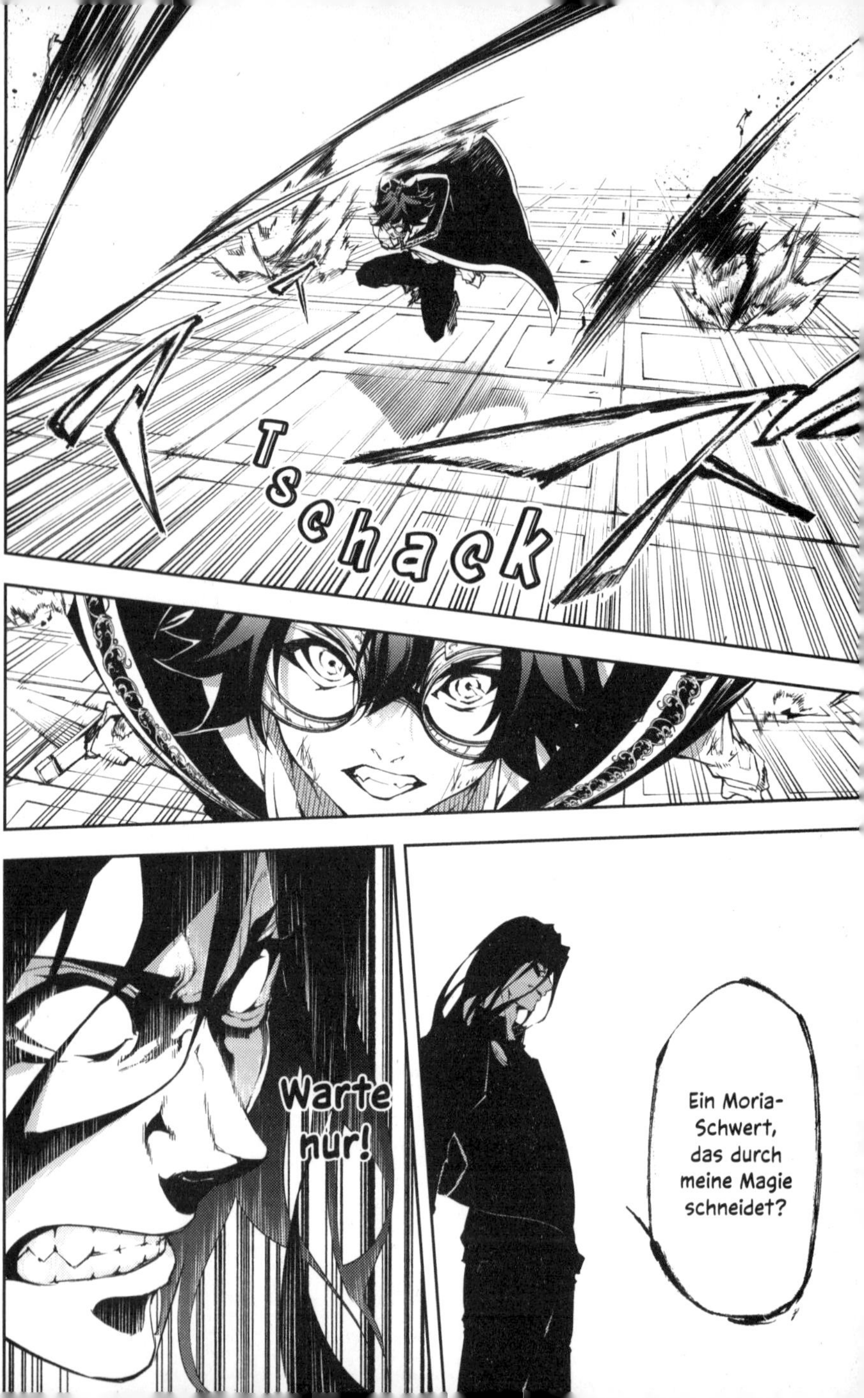
Tschack
Ein Moria-Schwert, das durch meine Magie schneidet?
Warte nur!

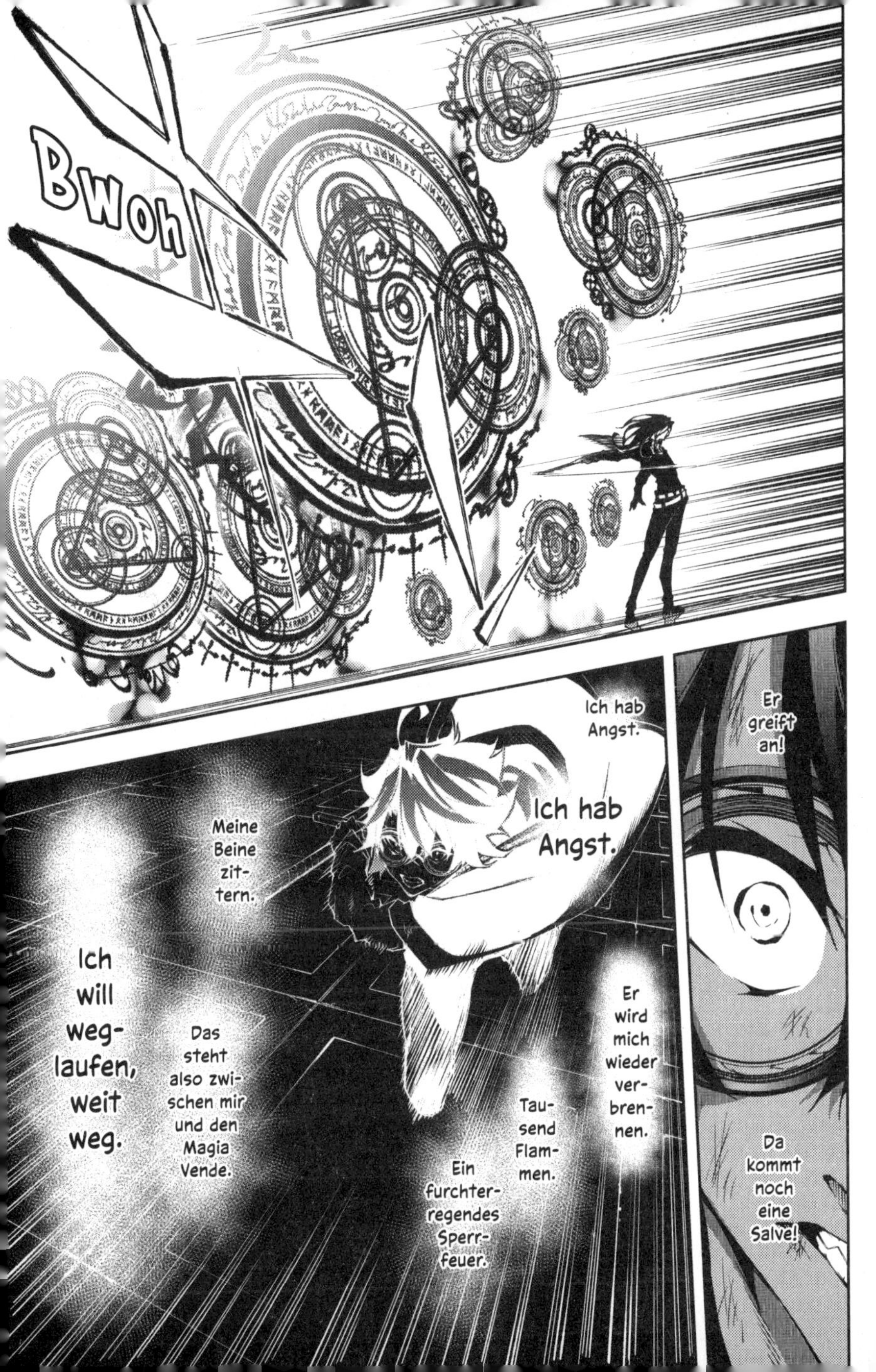
Bwoh
Er greift an!
Ich hab Angst.
Ich hab Angst.
Meine Beine zit-tern.
Da kommt noch eine Salve!
Er wird mich wieder ver-bren-nen.
Tau-send Flam-men.
Ein furchter-regendes Sperr-feuer.
Das steht also zwi-schen mir und den Magia Vende.
Ich will weg-laufen, weit weg.

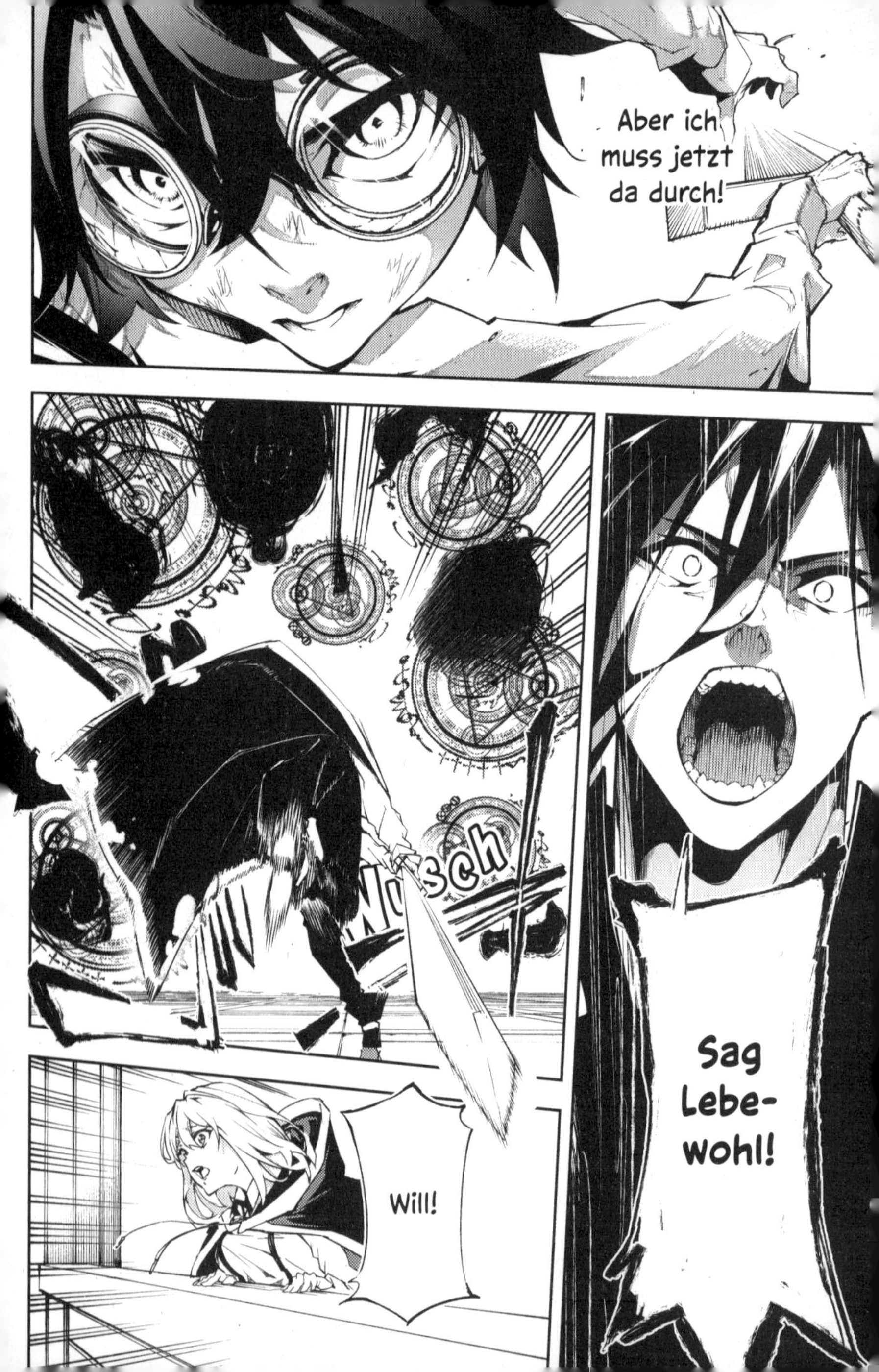
Aber ich muss jetzt da durch!
Wusch
Sag Lebewohl!
Will!

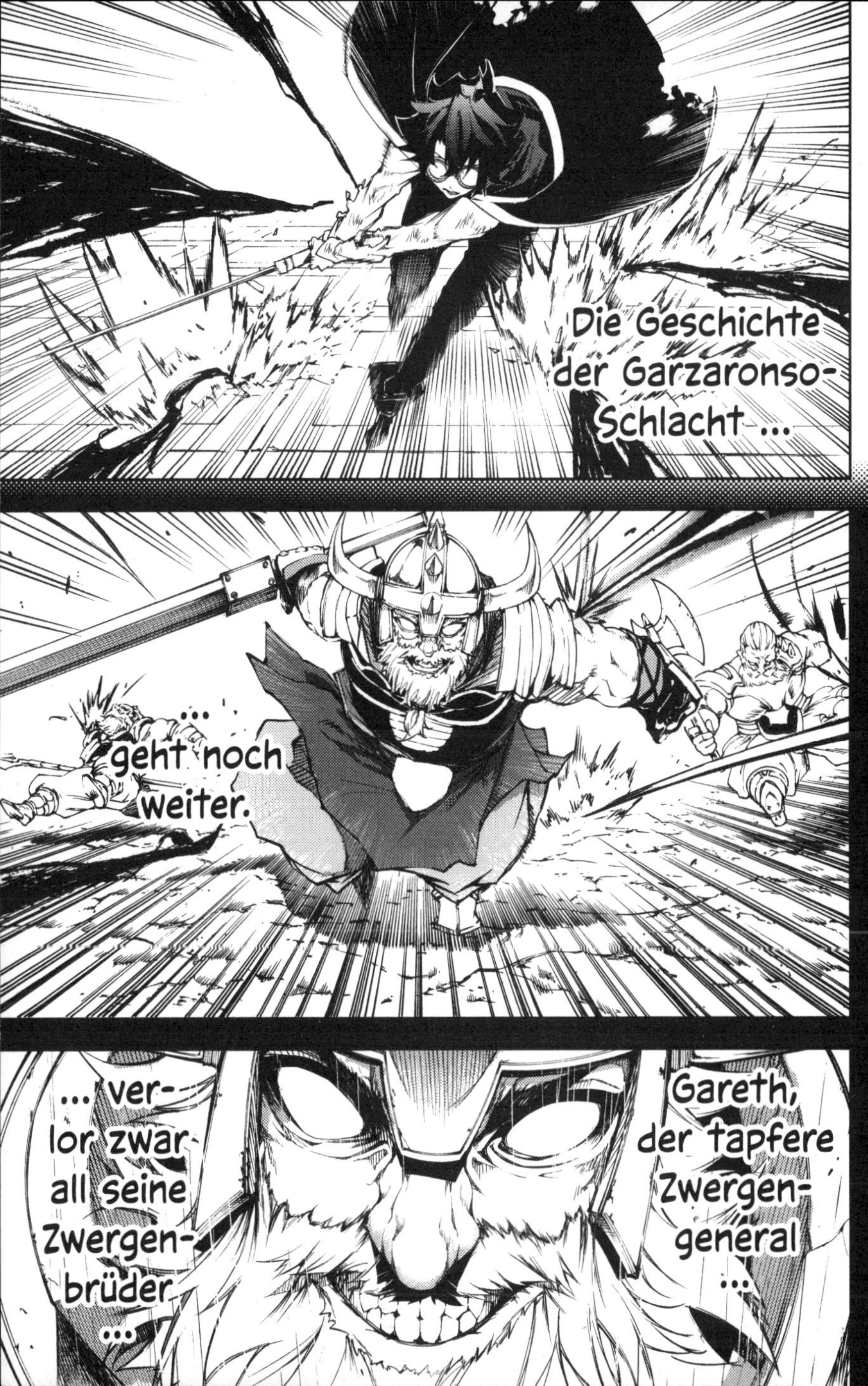
Die Geschichte der Garzaronso-Schlacht ...
... geht noch weiter.
Gareth, der tapfere Zwergen-general ...
... ver-lor zwar all seine Zwergen-brüder ...

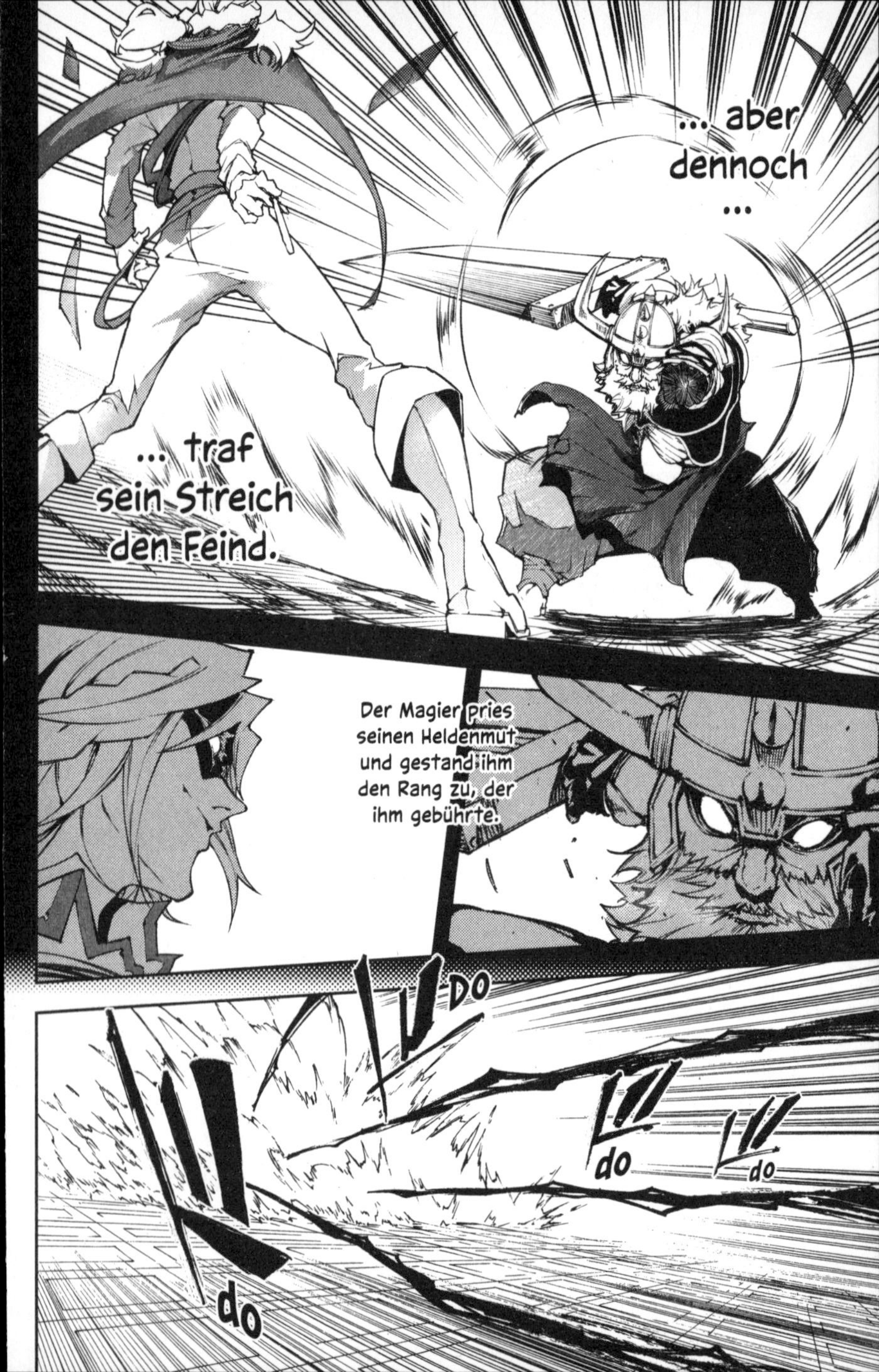
... aber dennoch ...
... traf sein Streich den Feind.
Der Magier pries seinen Heldenmut und gestand ihm den Rang zu, der ihm gebührte.
DO
do
do
do

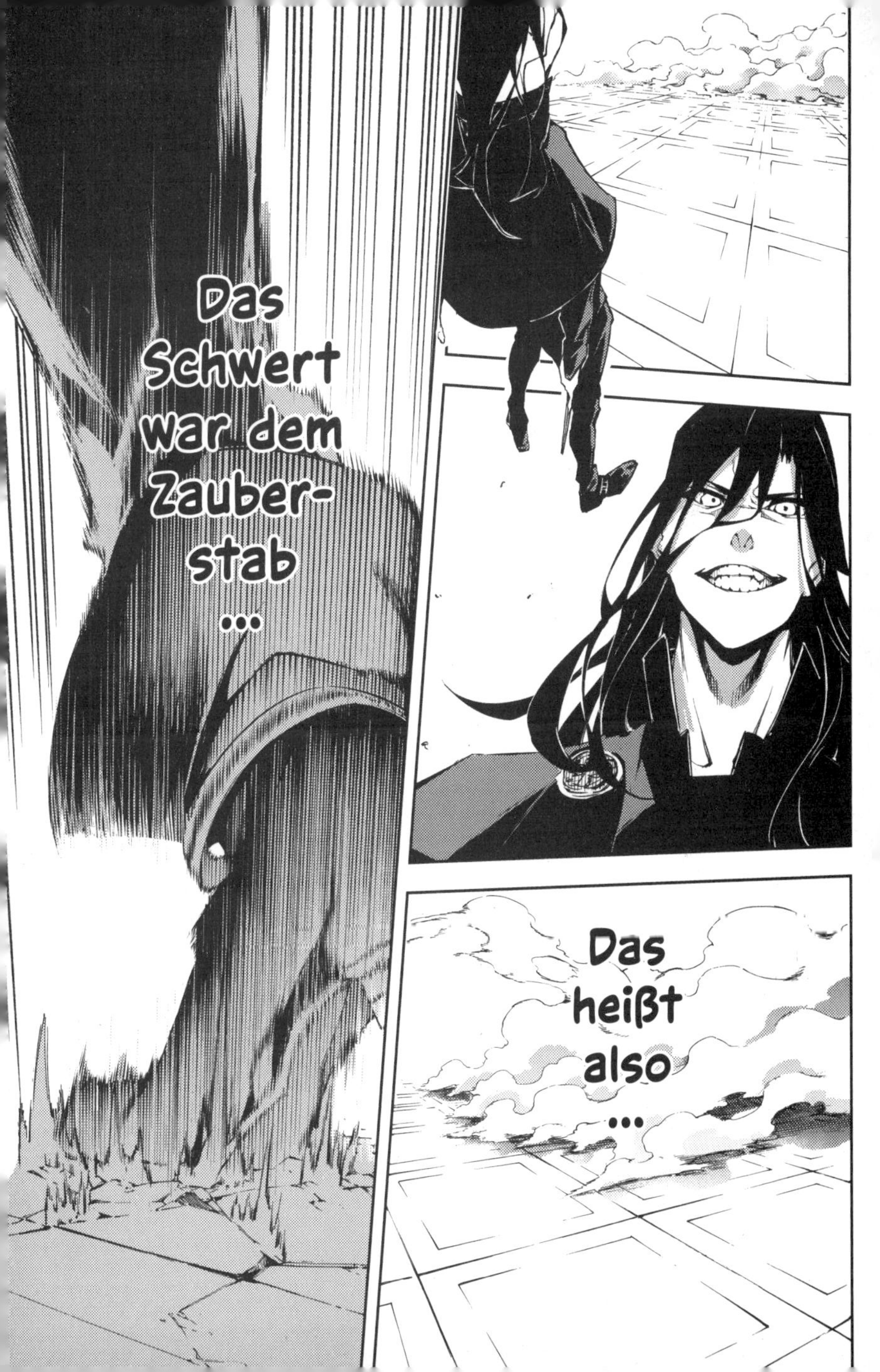
Das Schwert war dem Zauberstab ...
Das heißt also ...

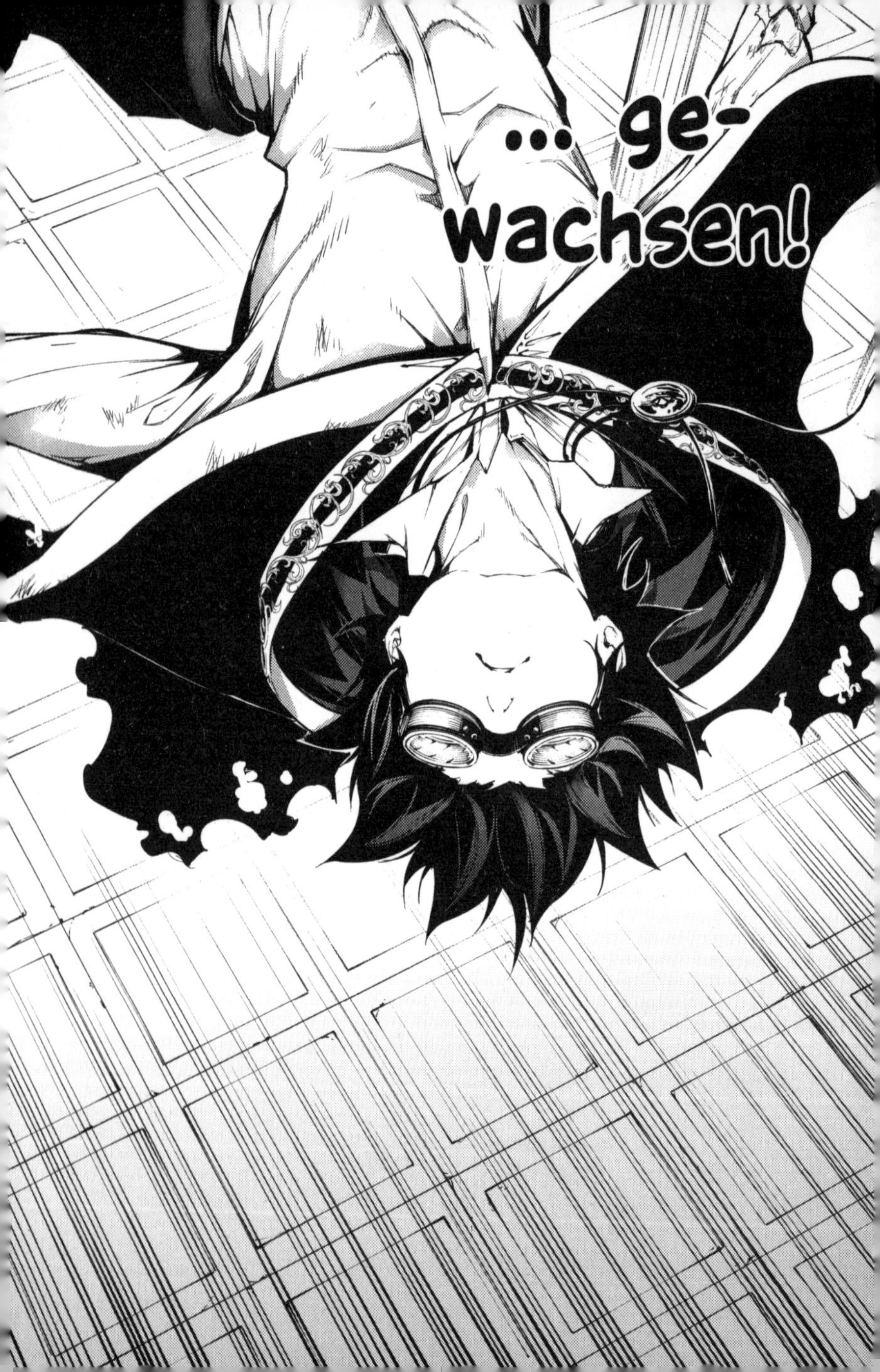
... ge-
wachsen!

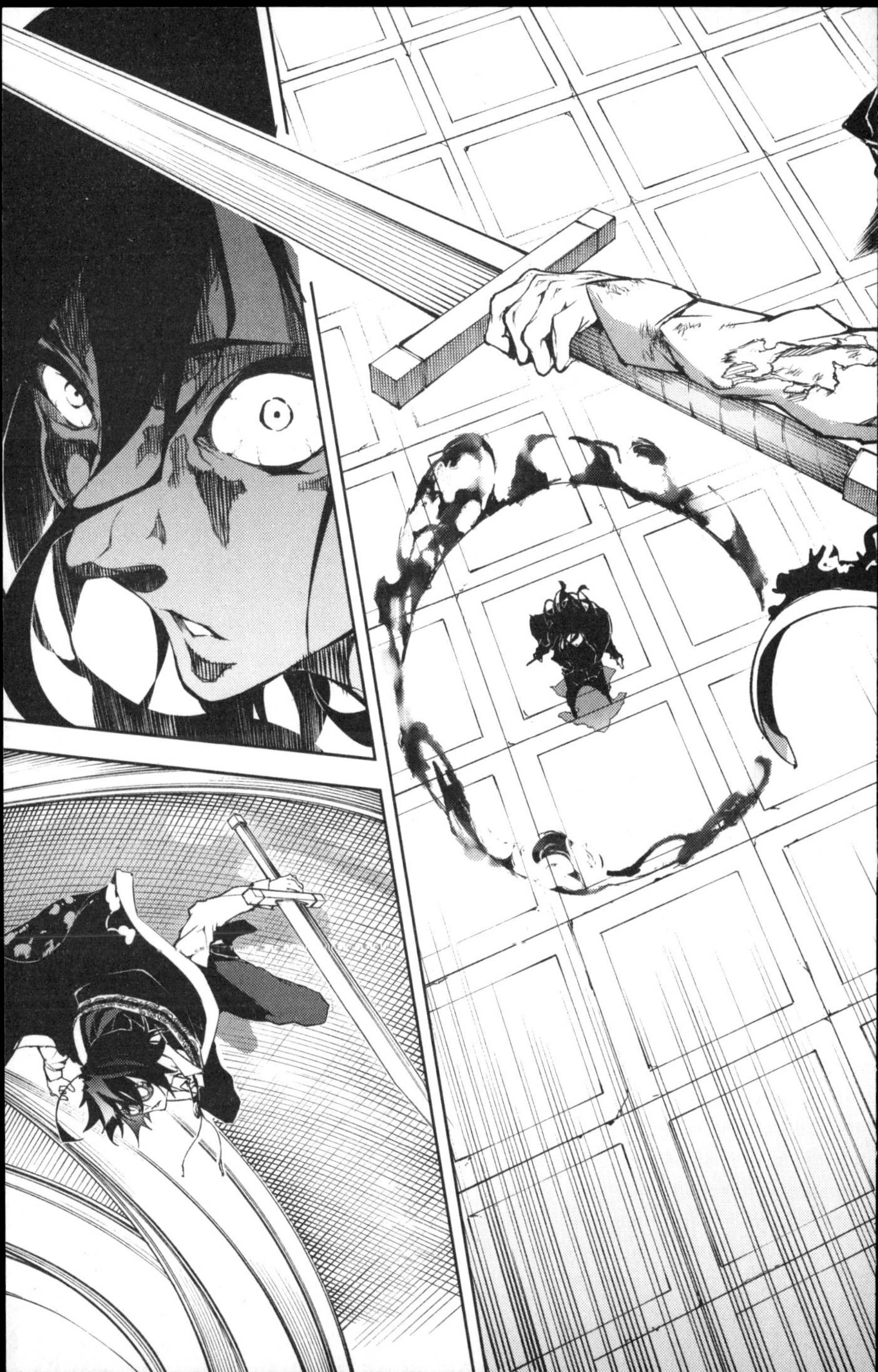

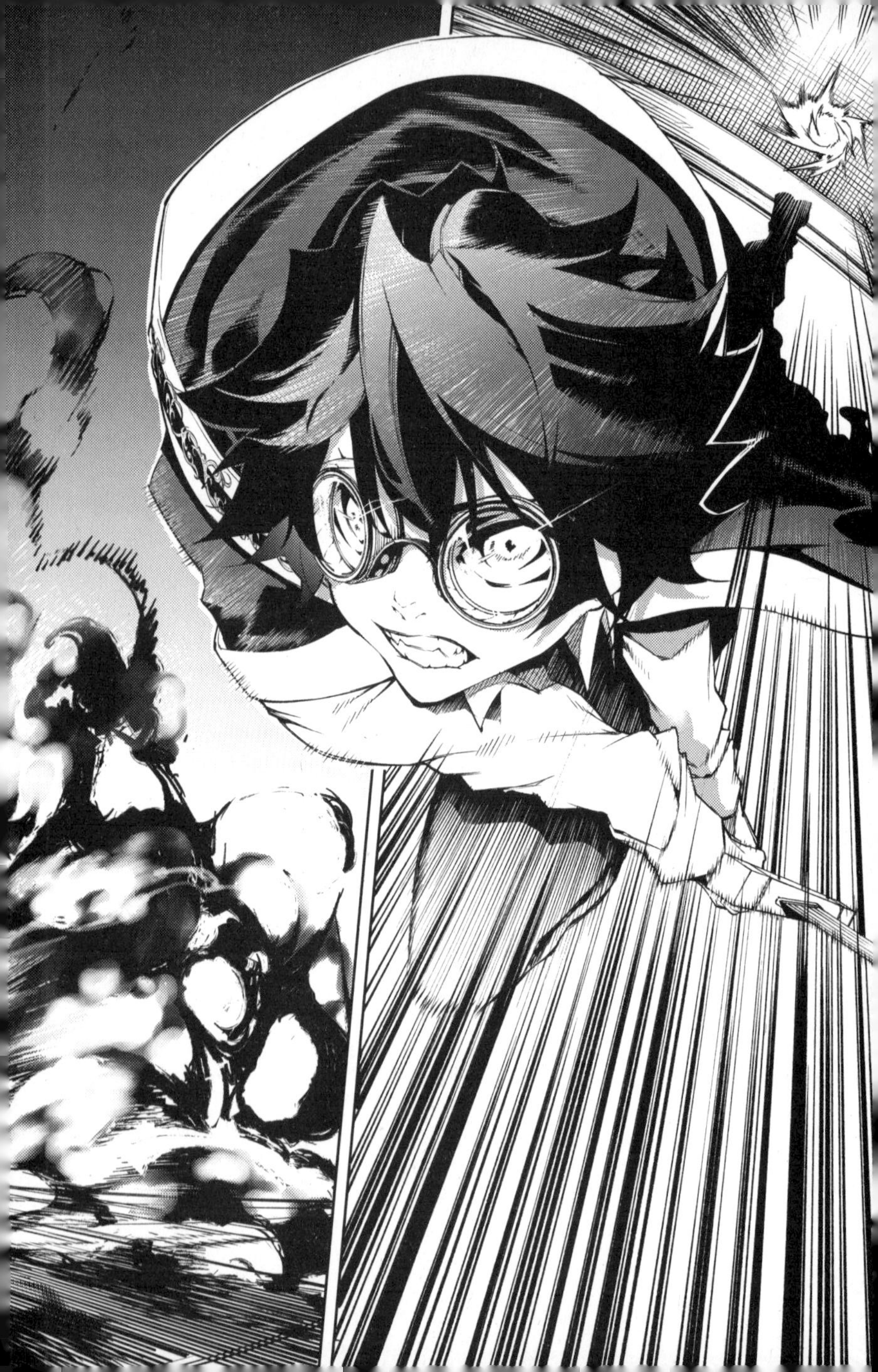

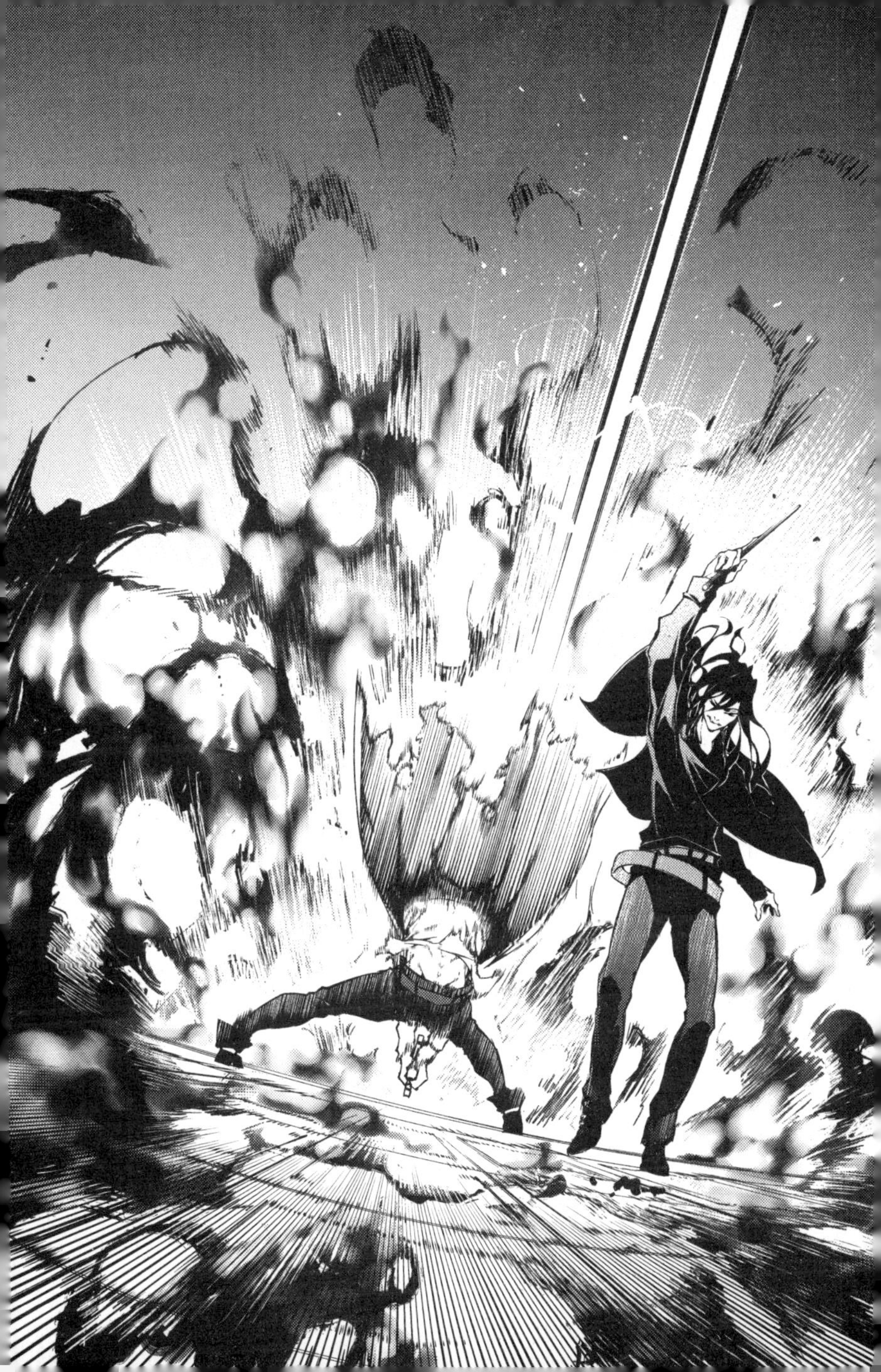

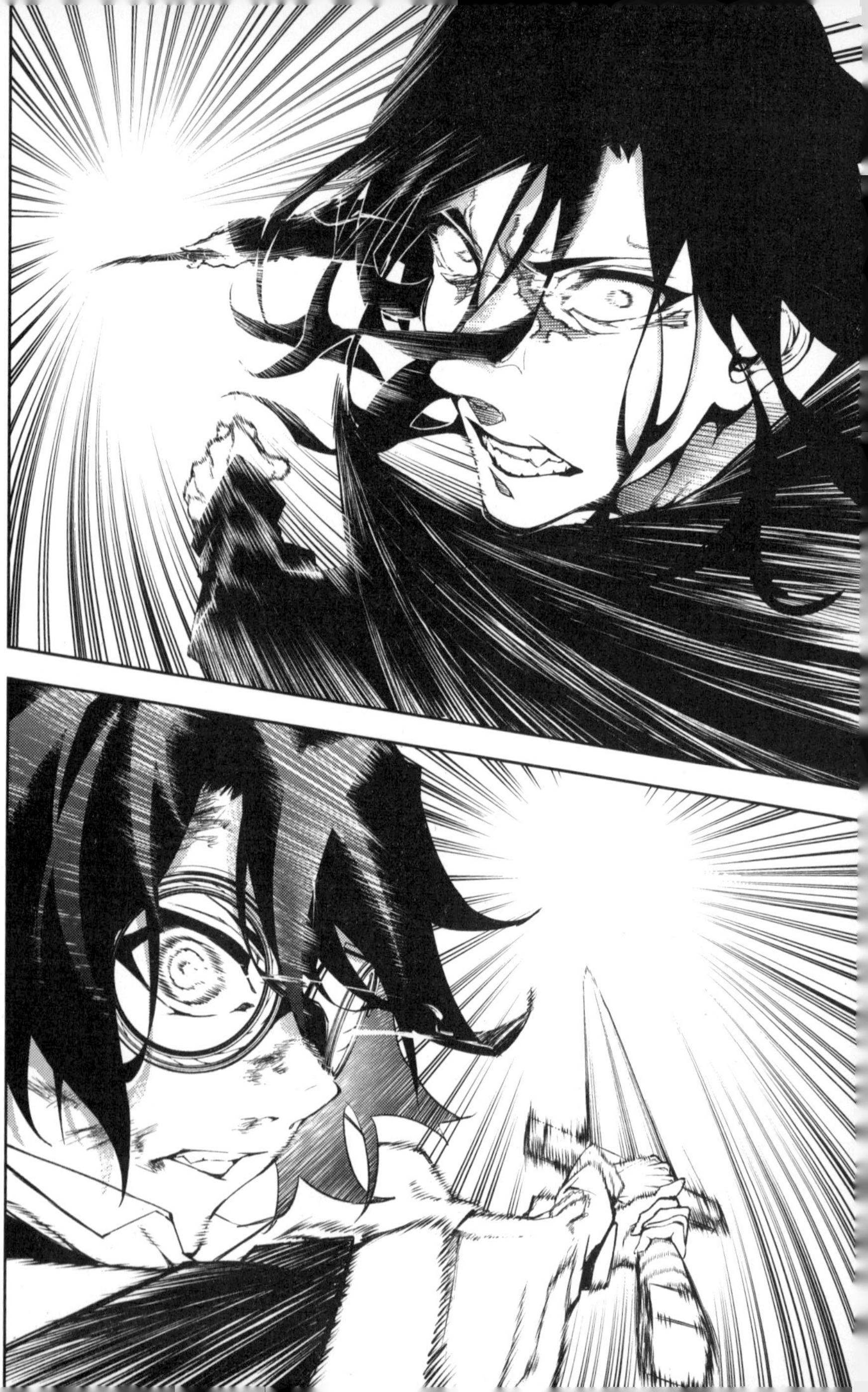

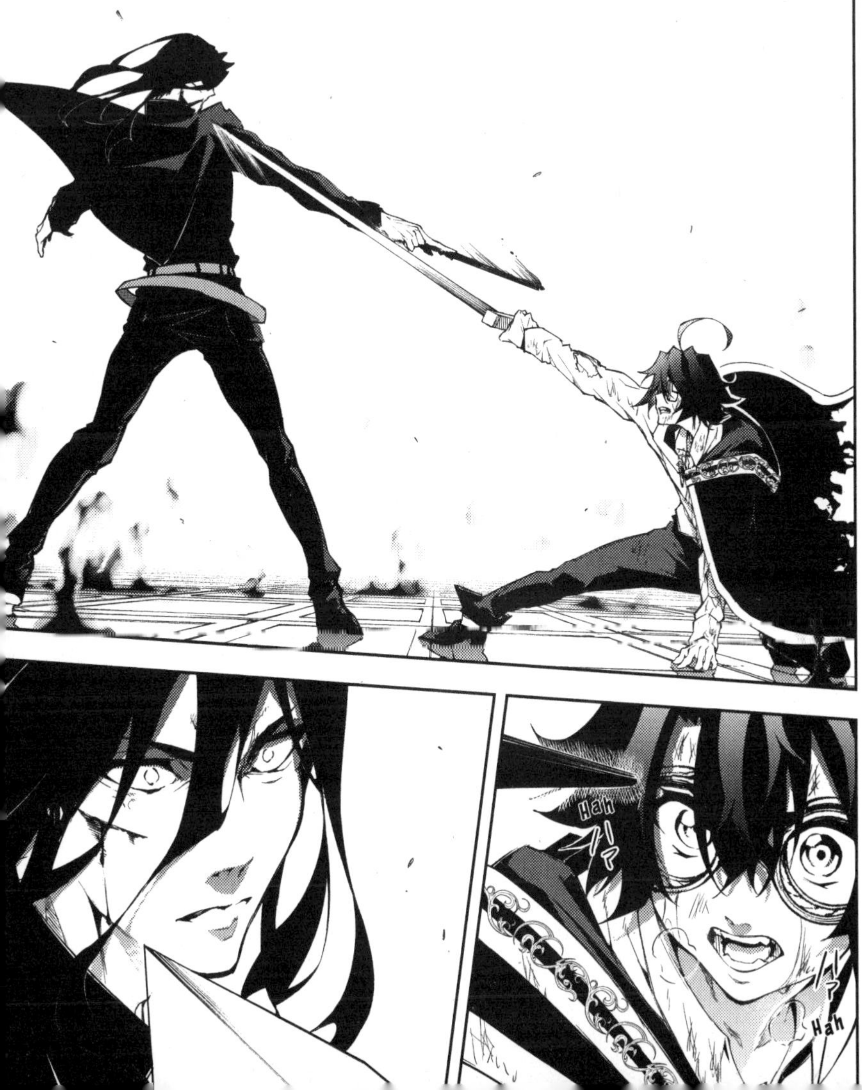
Hah
Hah

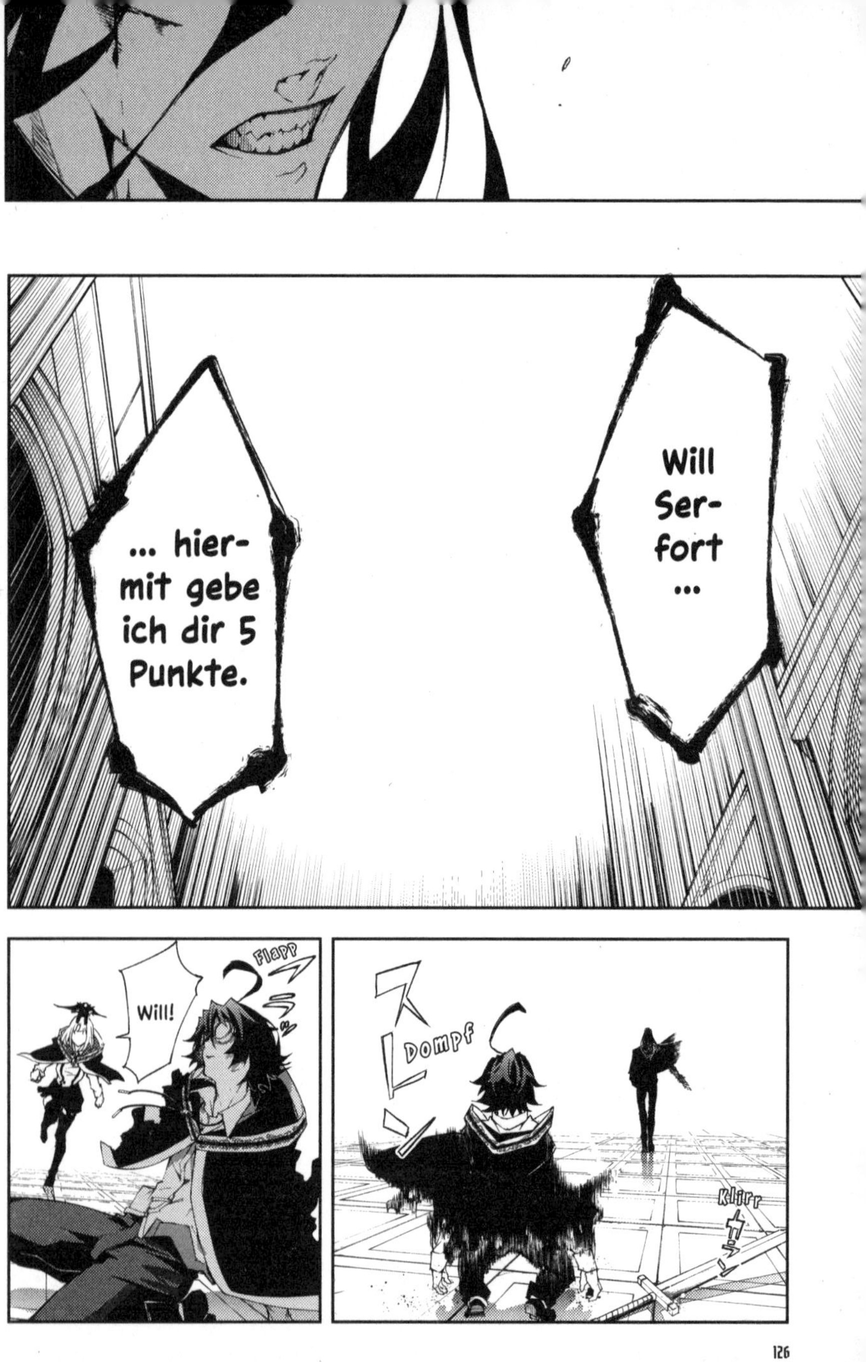
Will Serfort ...
... hiermit gebe ich dir 5 Punkte.
Dompf
Klirr
Flapp
Will!

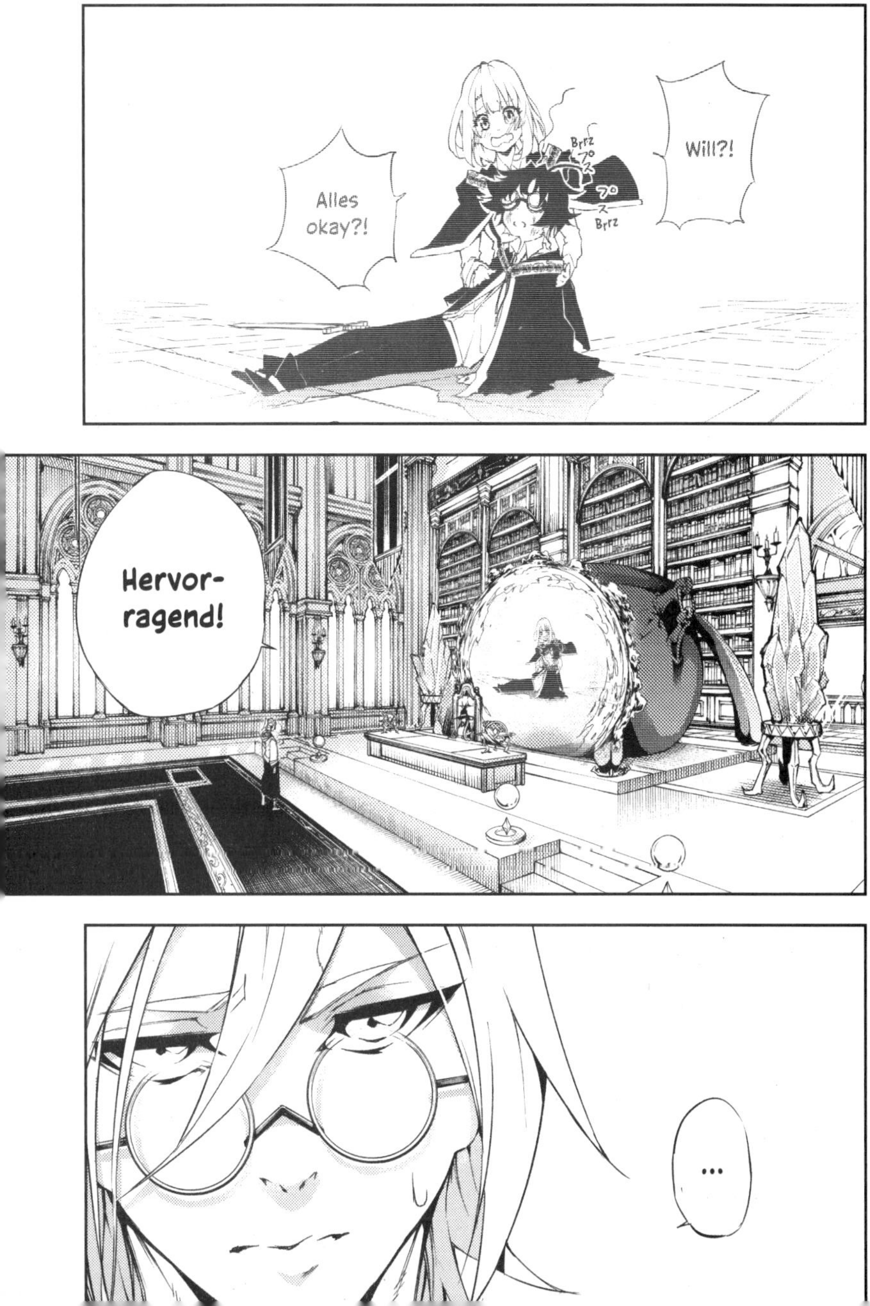
Will?!
Brrz
Brrz
Alles okay?!
Hervor-ragend!
...

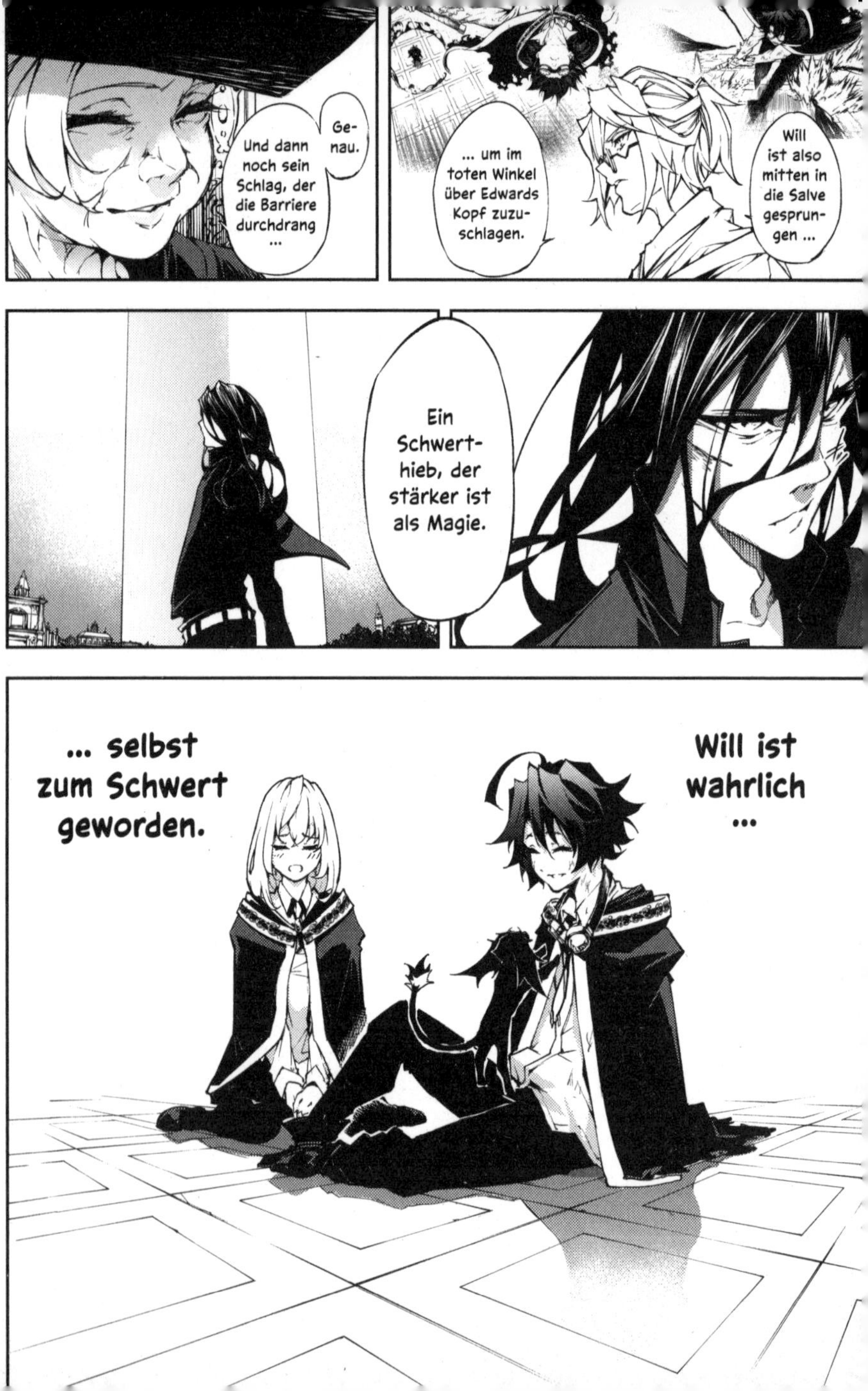

Will ist also mitten in die Salve gesprungen ...
... um im toten Winkel über Edwards Kopf zuzuschlagen.
Genau.
Und dann noch sein Schlag, der die Barriere durchdrang ...
Ein Schwerthieb, der stärker ist als Magie.
Will ist wahrlich ...
... selbst zum Schwert geworden.

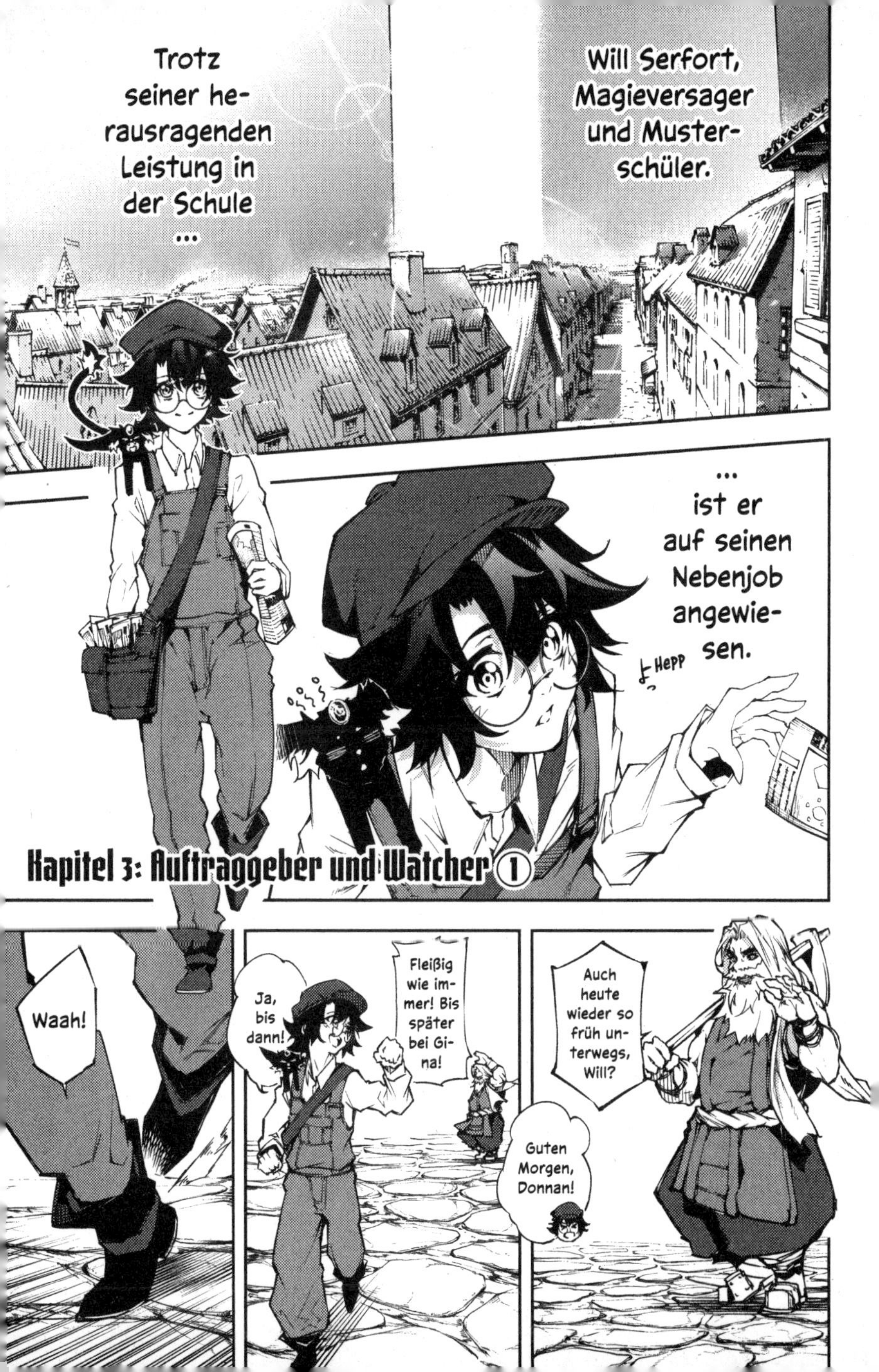
Trotz seiner herausragenden Leistung in der Schule ...
Will Serfort, Magieversager und Musterschüler.
... ist er auf seinen Nebenjob angewiesen.
HEPP
Kapitel 3: Auftraggeber und Watcher ①
Waah!
Ja, bis dann!
Fleißig wie immer! Bis später bei Gina!
Auch heute wieder so früh unterwegs, Will?
Guten Morgen, Donnan!

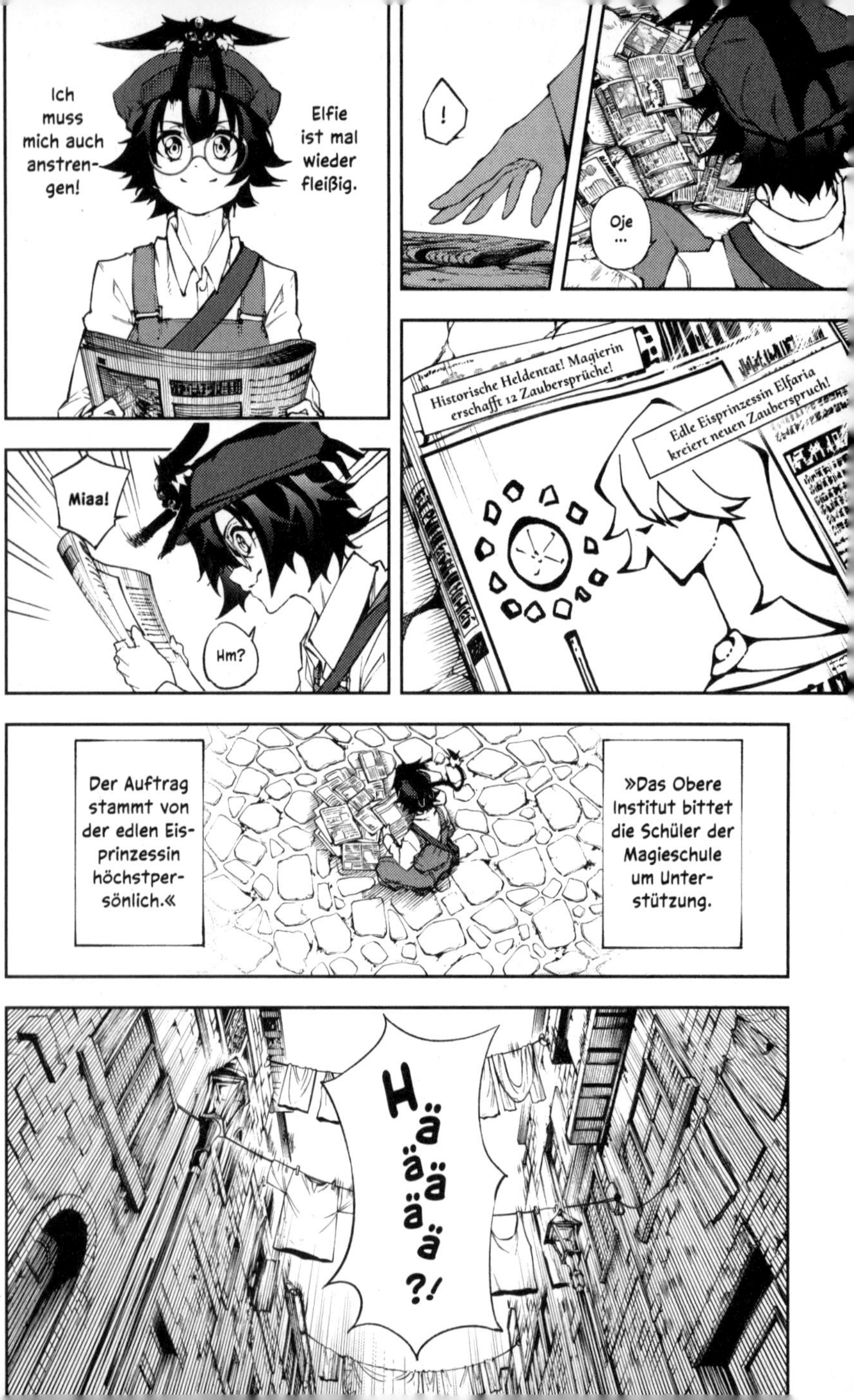
!
Oje ...
Elfie ist mal wieder fleißig.
Ich muss mich auch anstrengen!
Historische Heldentat! Magierin erschafft 12 Zaubersprüche!
Edle Eisprinzessin Elfaria kreiert neuen Zauberspruch!
Miaa!
Hm?
»Das Obere Institut bittet die Schüler der Magieschule um Unterstützung.
Der Auftrag stammt von der edlen Eisprinzessin höchstpersönlich.«
Häääää?!

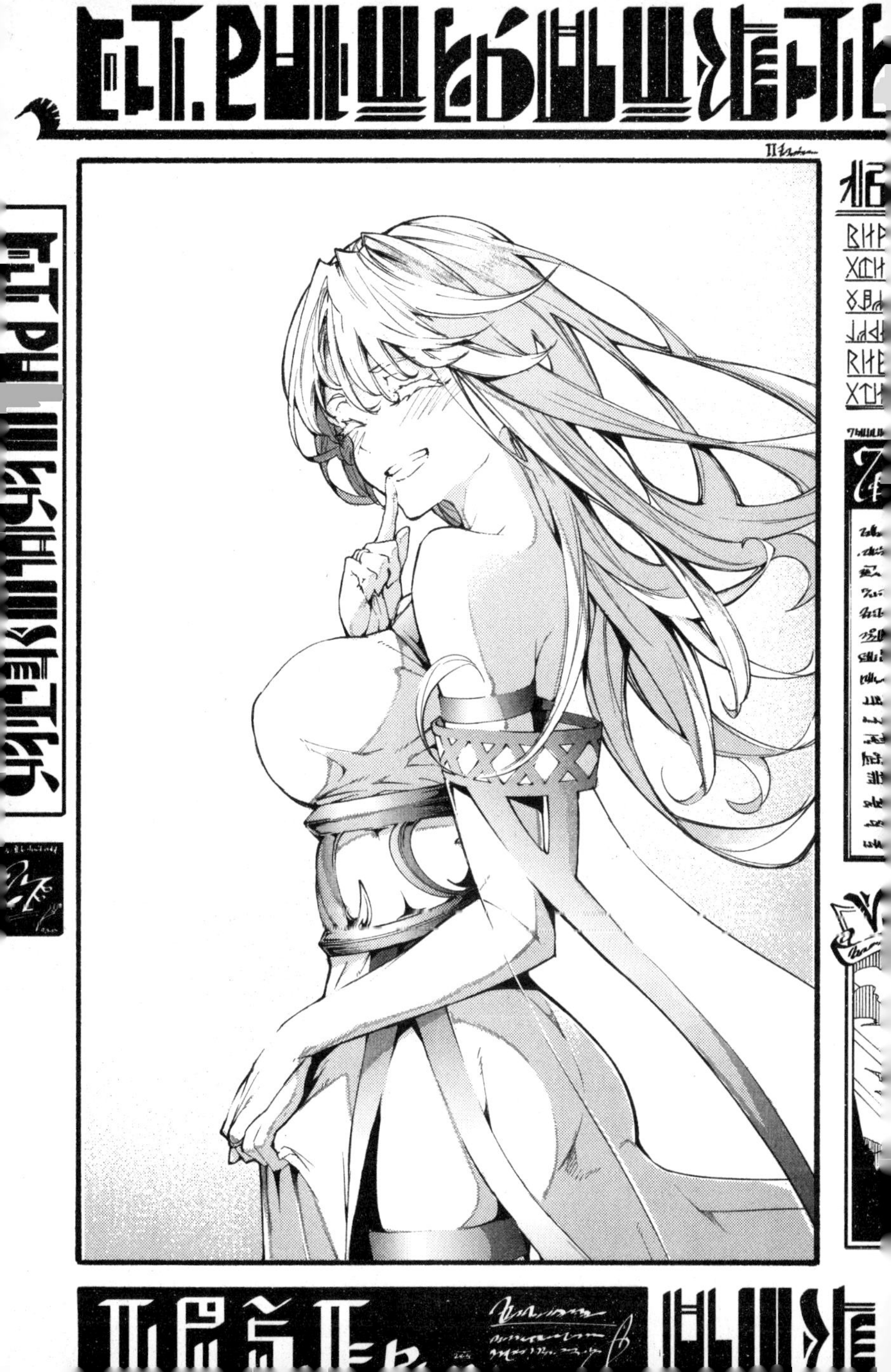

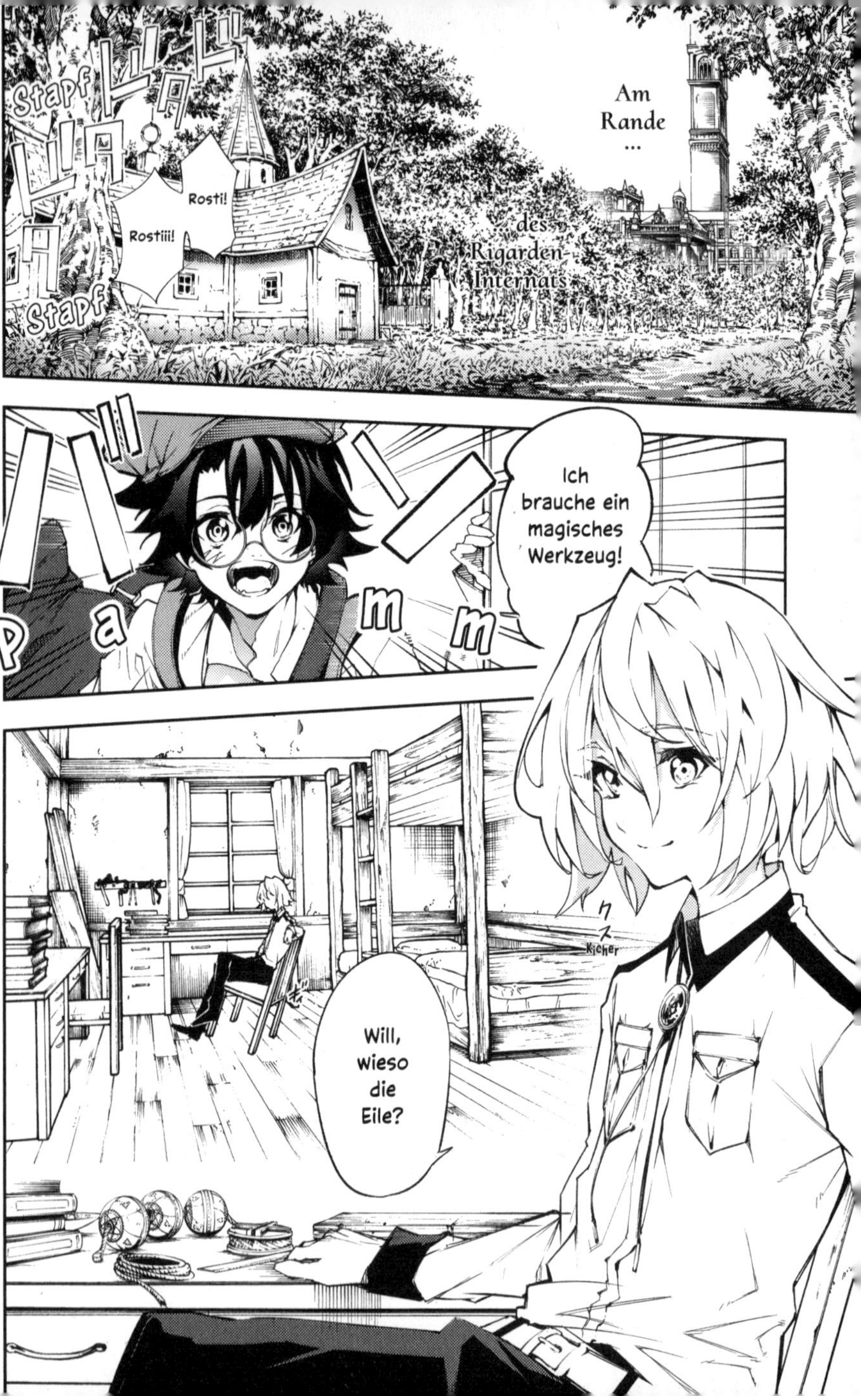
Am Rande …
des Rigarden-Internats
Rosti!
Rostiii!
Stapf
Stapf
Ich brauche ein magisches Werkzeug!
Pamm
Kicher
Will, wieso die Eile?

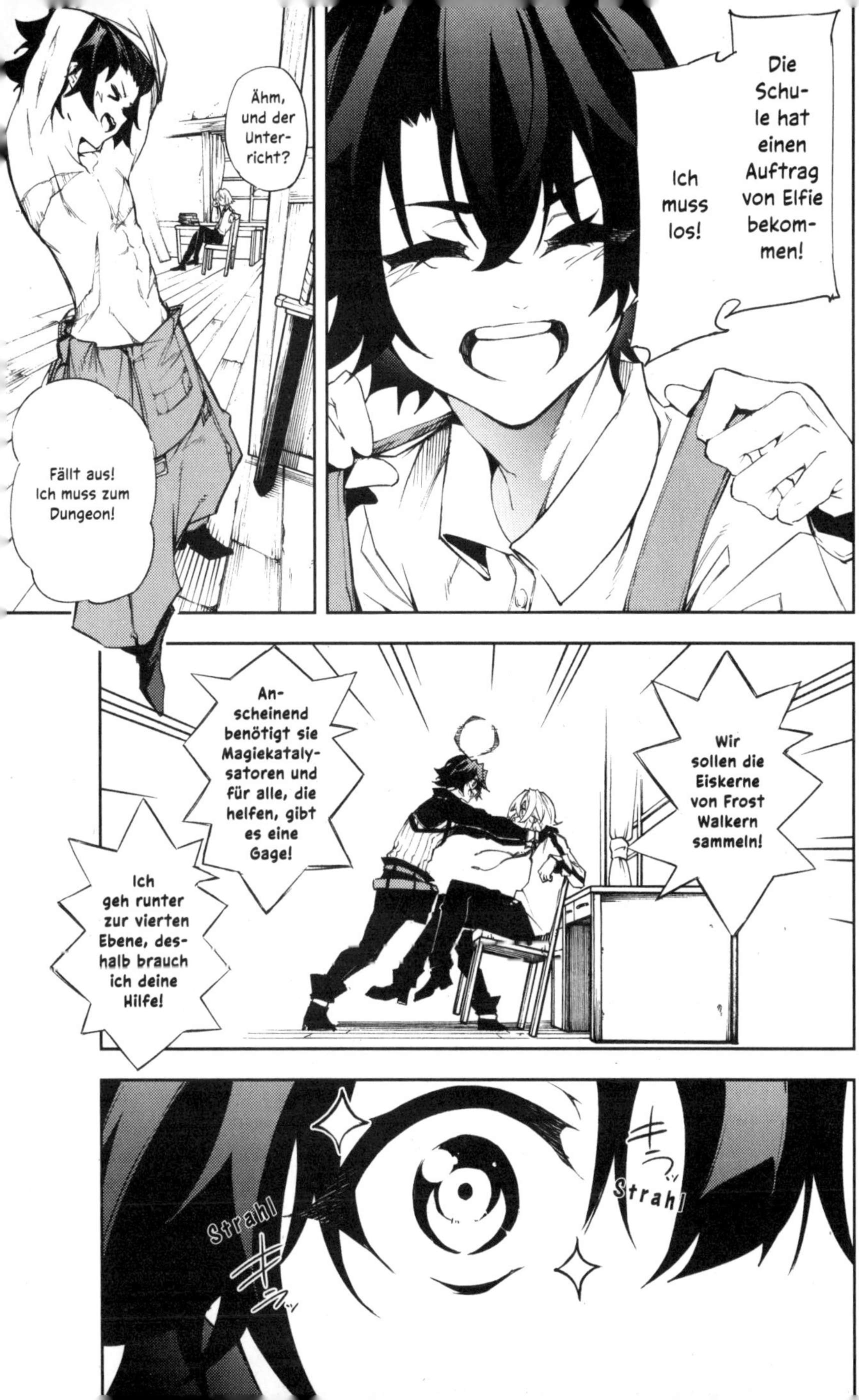
Die Schule hat einen Auftrag von Elfie bekommen!
Ich muss los!
Ähm, und der Unterricht?
Fällt aus! Ich muss zum Dungeon!
Wir sollen die Eiskerne von Frost Walkern sammeln!
Anscheinend benötigt sie Magiekatalysatoren und für alle, die helfen, gibt es eine Gage!
Ich geh runter zur vierten Ebene, deshalb brauch ich deine Hilfe!
Strahl
Strahl

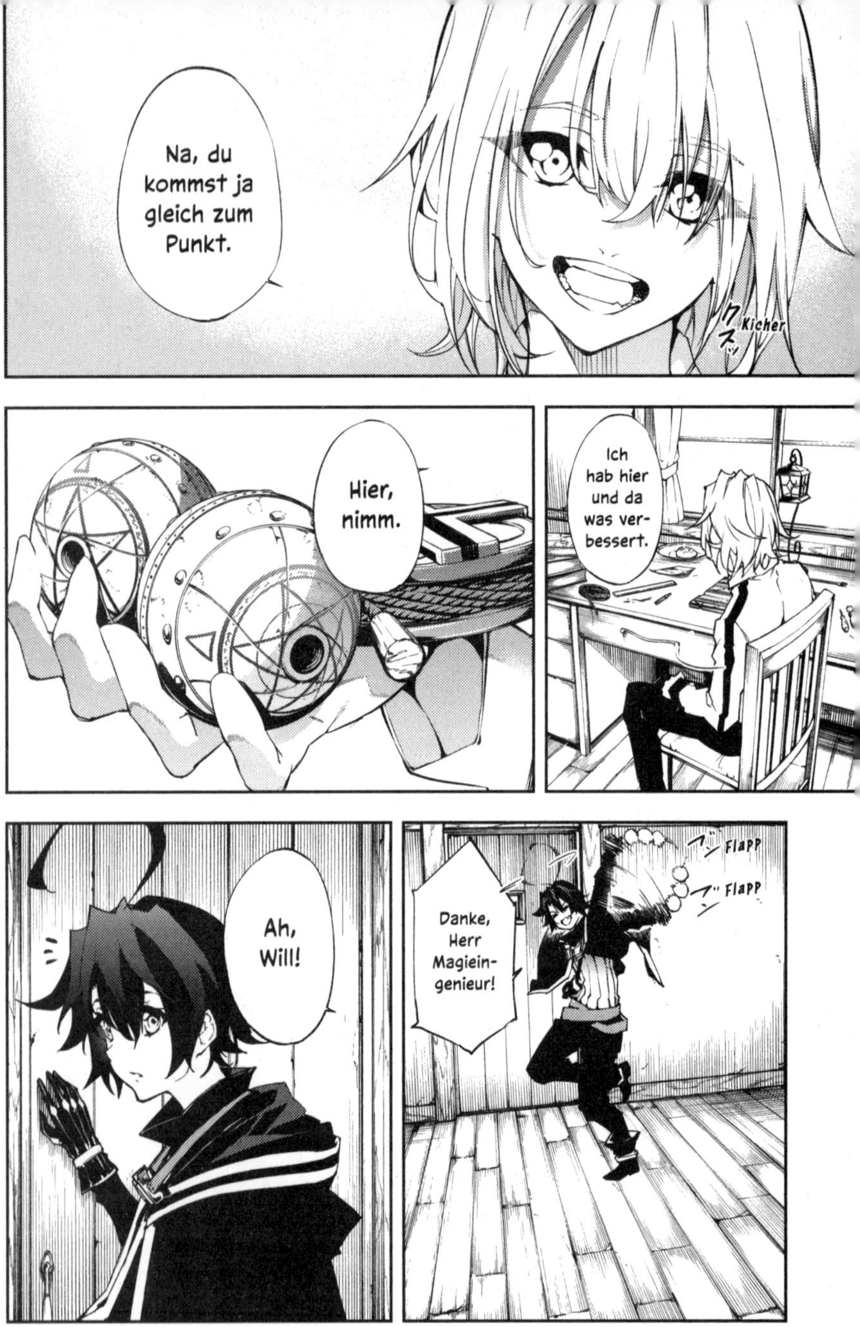

Na, du kommst ja gleich zum Punkt.
Kicher
Ich hab hier und da was verbessert.
Hier, nimm.
Flapp
Flapp
Danke, Herr Magieingenieur!
Ah, Will!

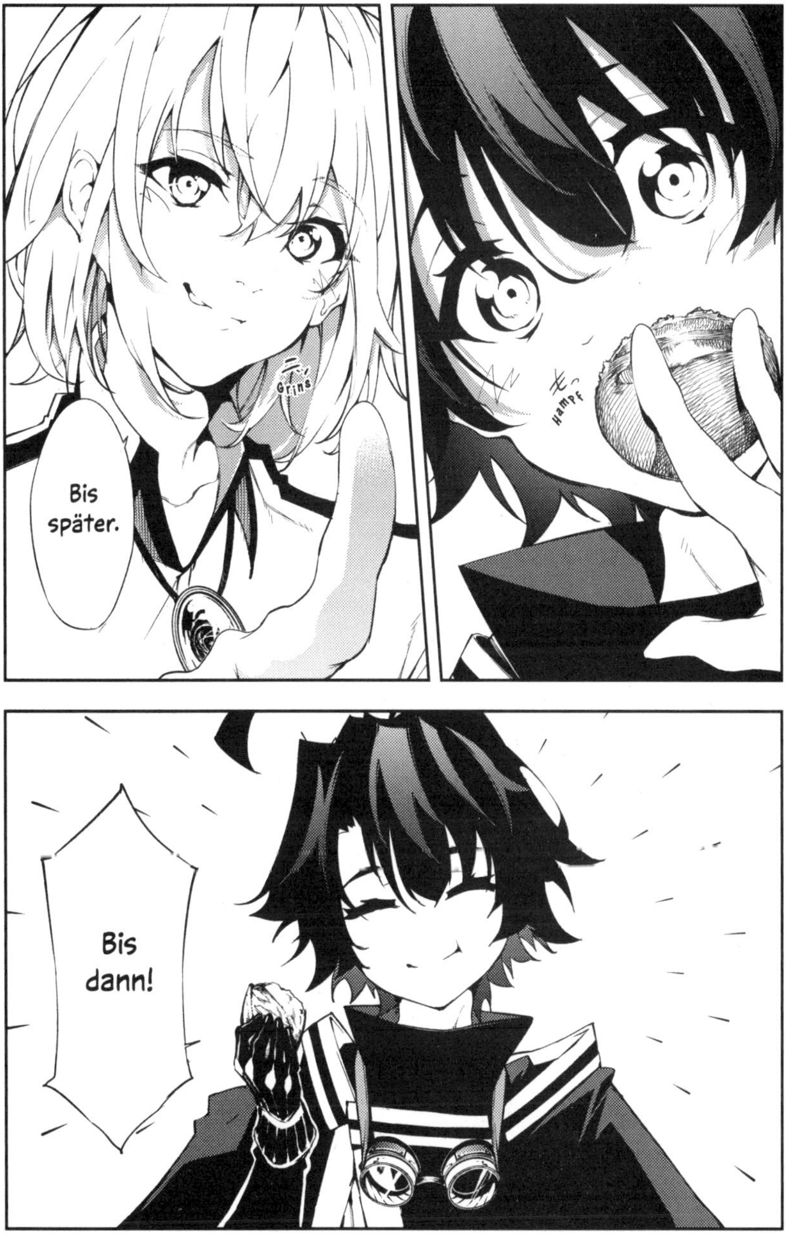
Hampf
Grins
Bis später.
Bis dann!

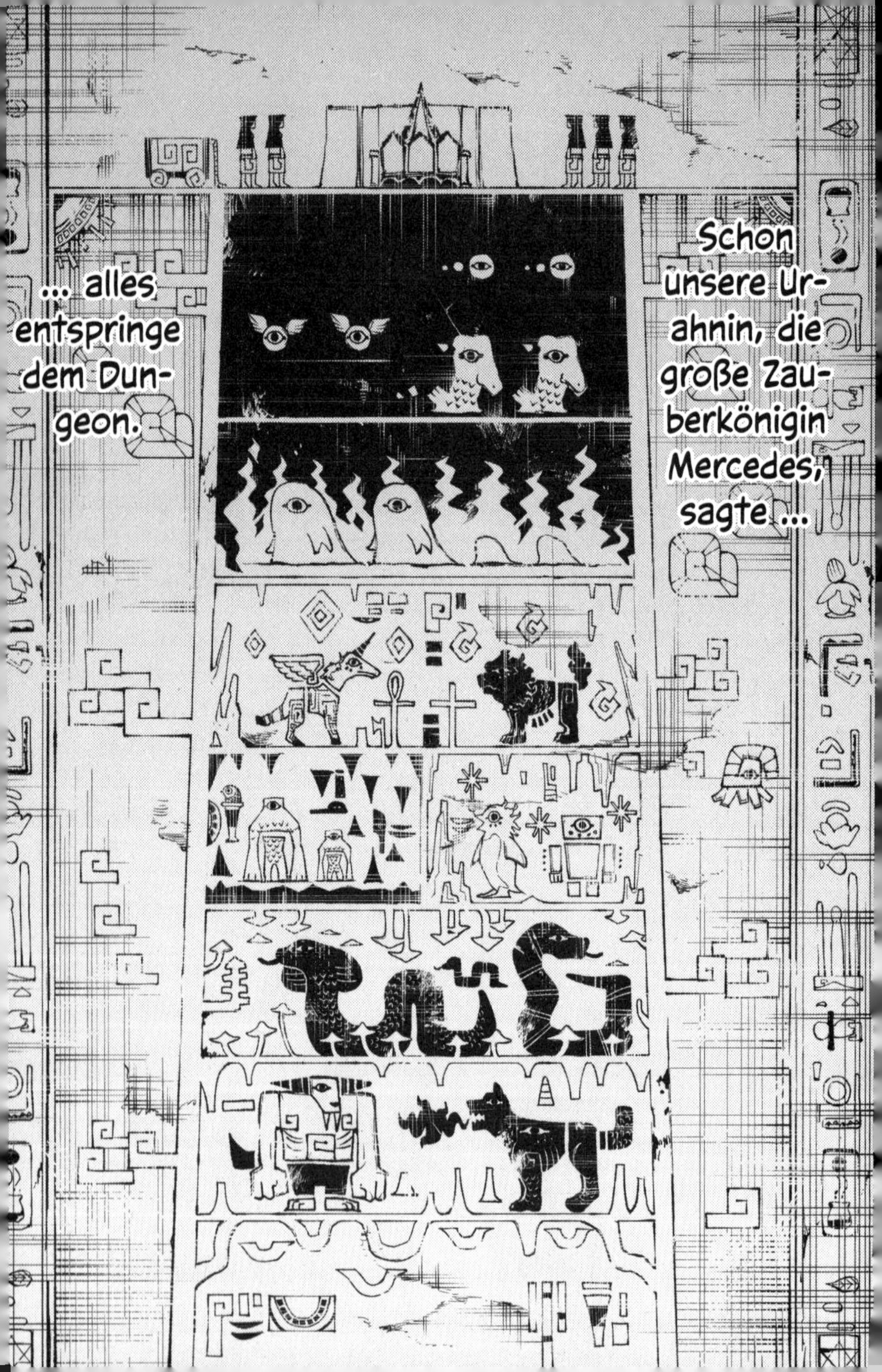
Schon unsere Ur-ahnin, die große Zau-berkönigin Mercedes, sagte ...
... alles entspringe dem Dun-geon.

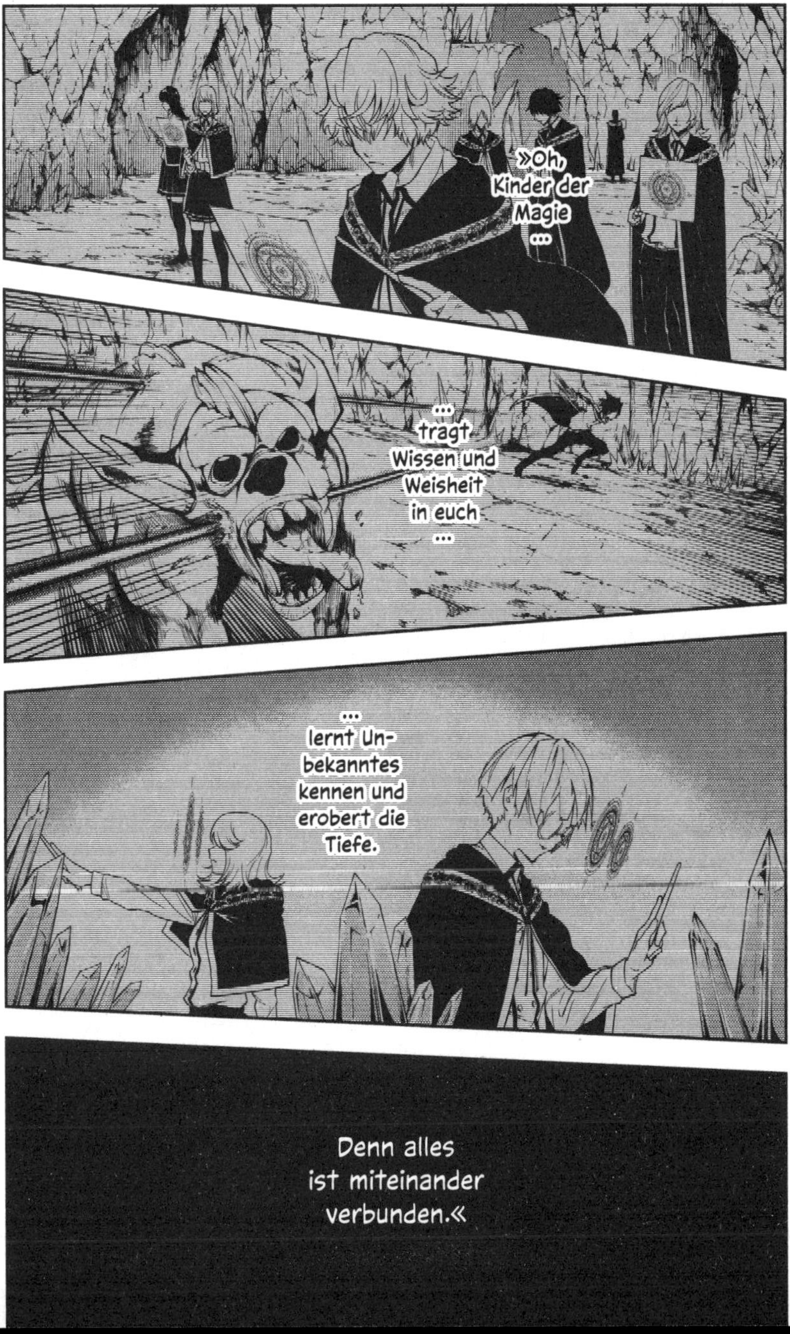
»Oh, Kinder der Magie …
… tragt Wissen und Weisheit in euch …
… lernt Unbekanntes kennen und erobert die Tiefe.
Denn alles ist miteinander verbunden.«

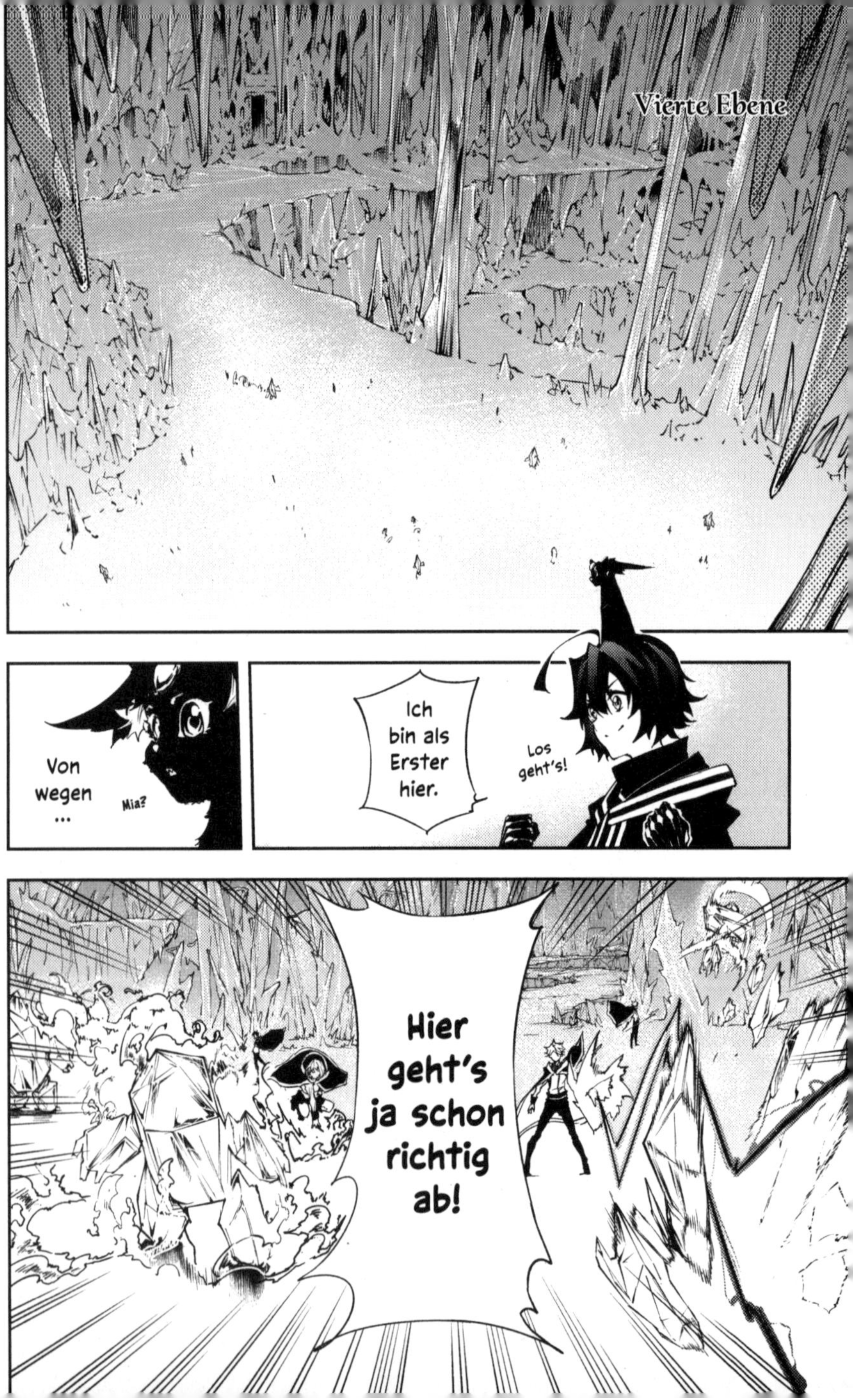
Vierte Ebene
Los geht's!
Ich bin als Erster hier.
Mia?
Von wegen ...
Hier geht's ja schon richtig ab!

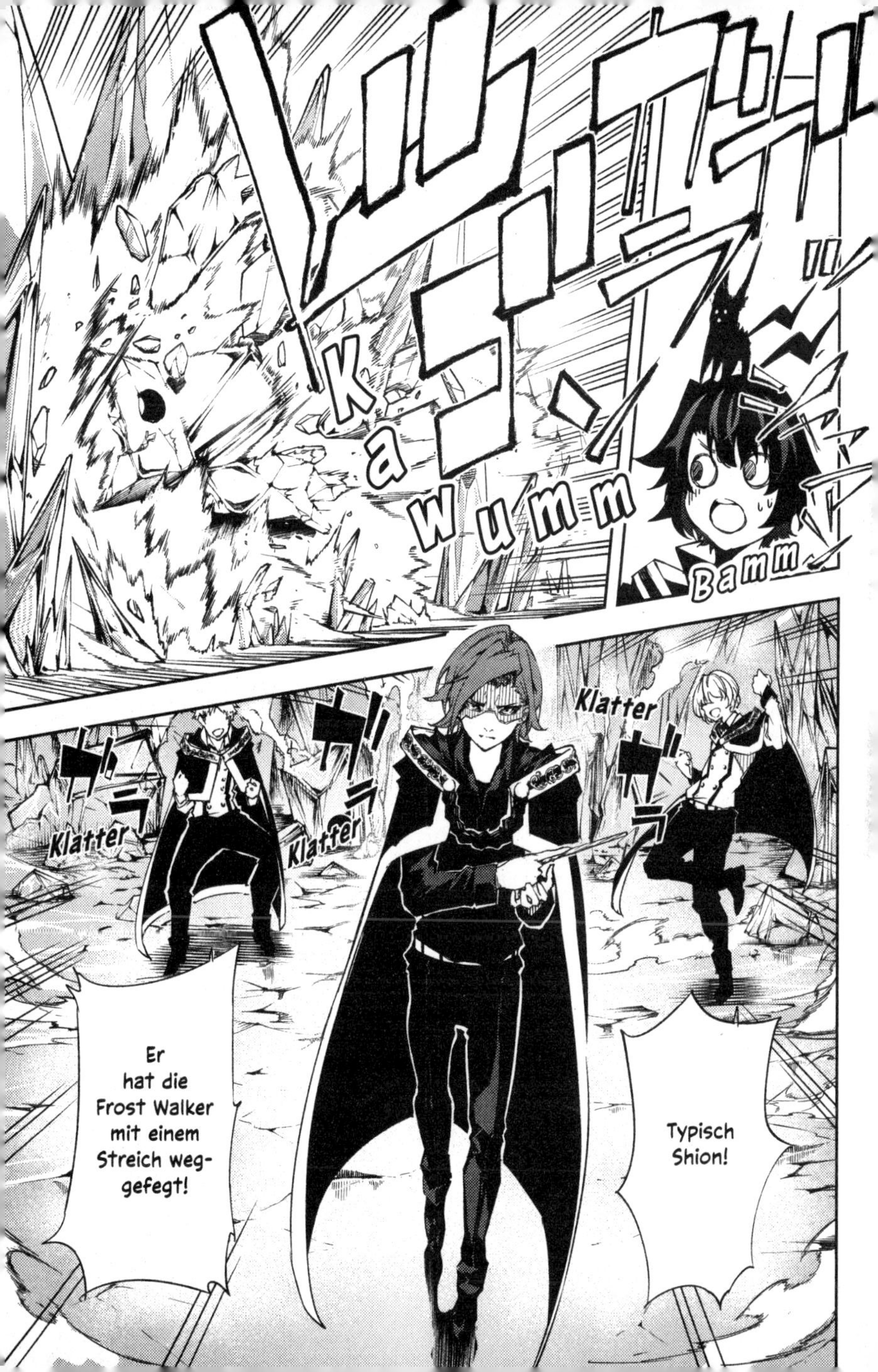
Ka
wumm
Bamm
Klatter
Klatter
Klatter
Typisch Shion!
Er hat die Frost Walker mit einem Streich weg-gefegt!

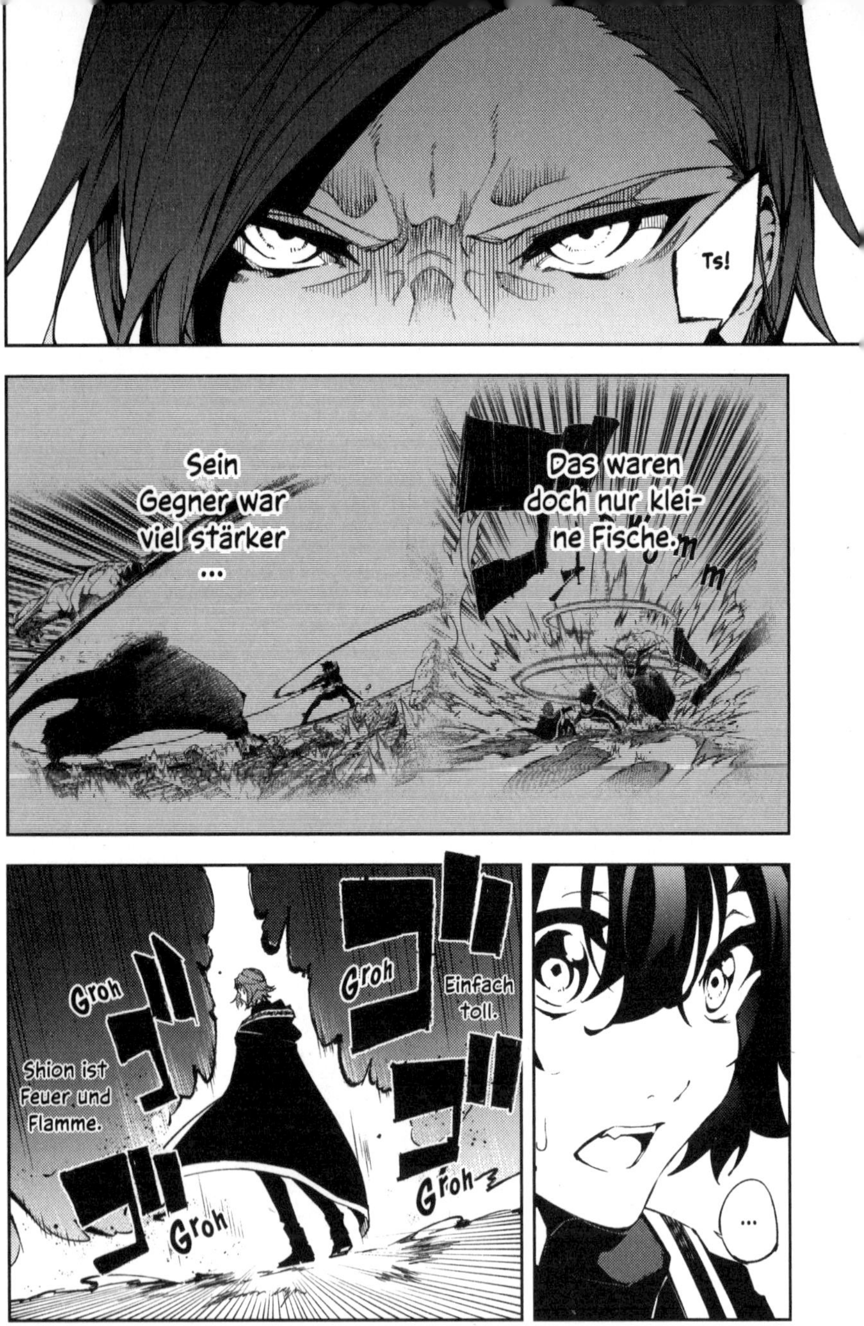
Ts!
Das waren doch nur kleine Fische.
Sein Gegner war viel stärker ...
Einfach toll.
Groh
Groh
Shion ist Feuer und Flamme.
Groh
Groh
...

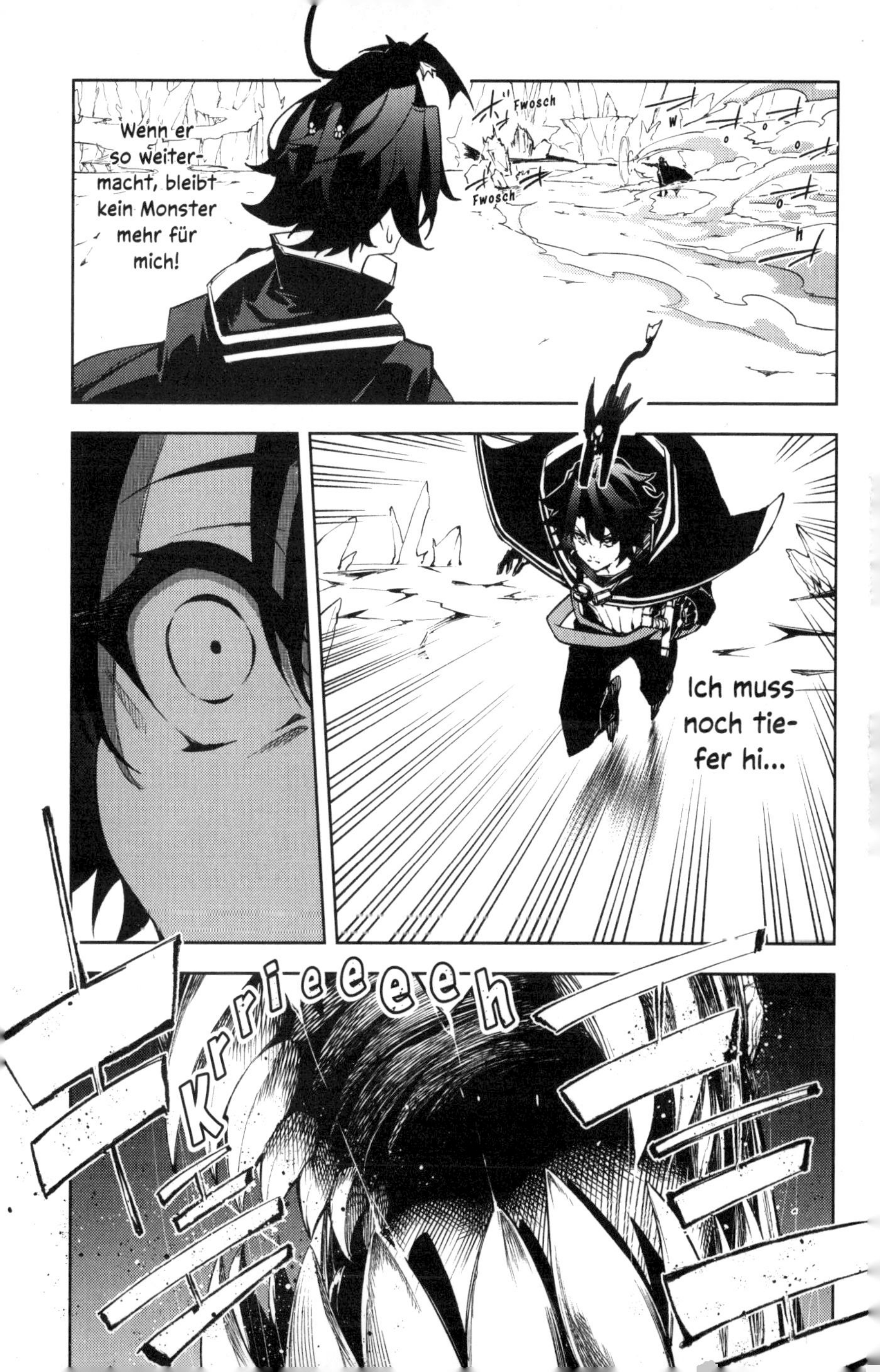
Wenn er so weiter-macht, bleibt kein Monster mehr für mich!
Fwosch
Fwosch
Wooooh
Ich muss noch tie-fer hi...
Krrieeeeh

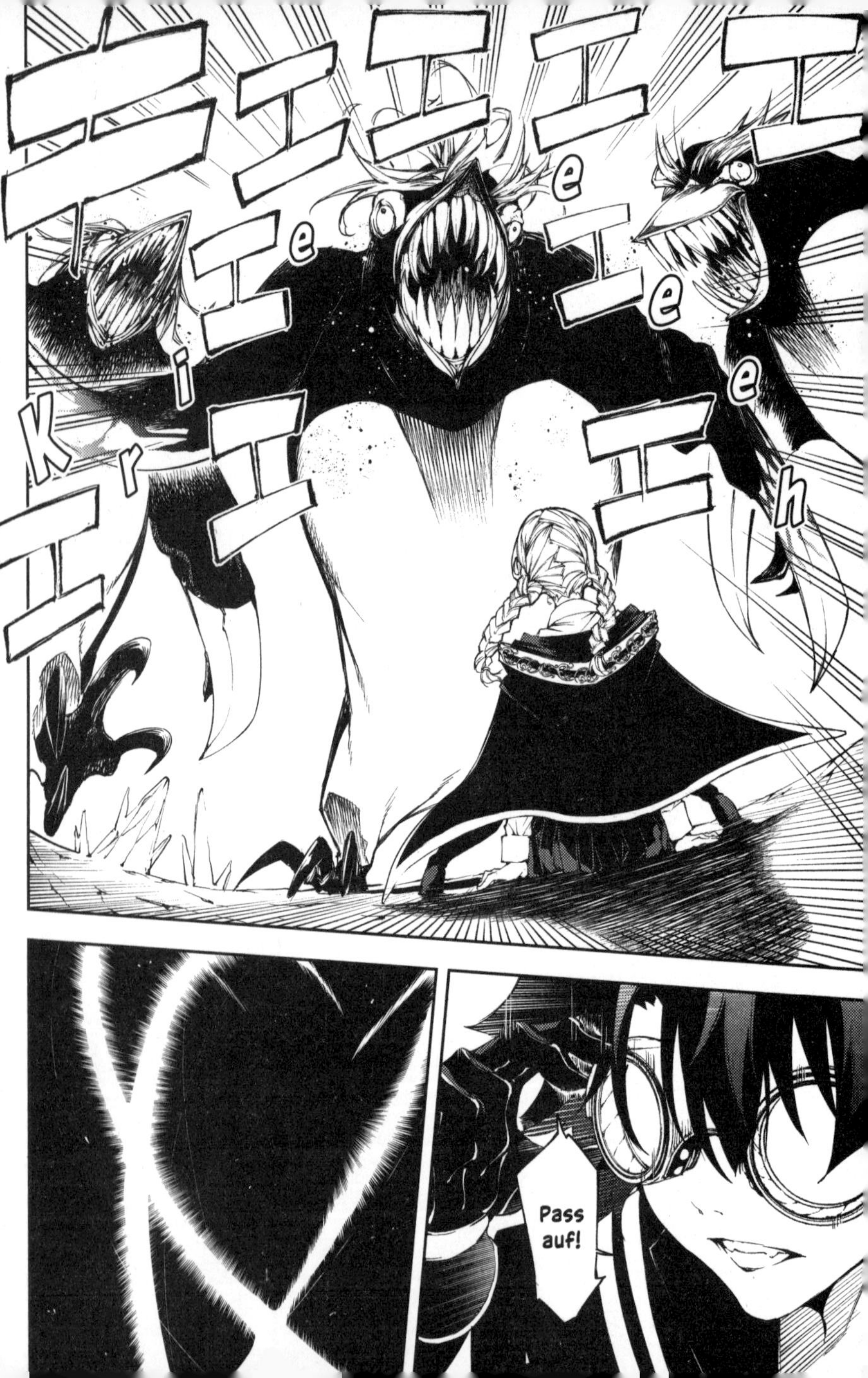
Krieeeeeh
Pass auf!

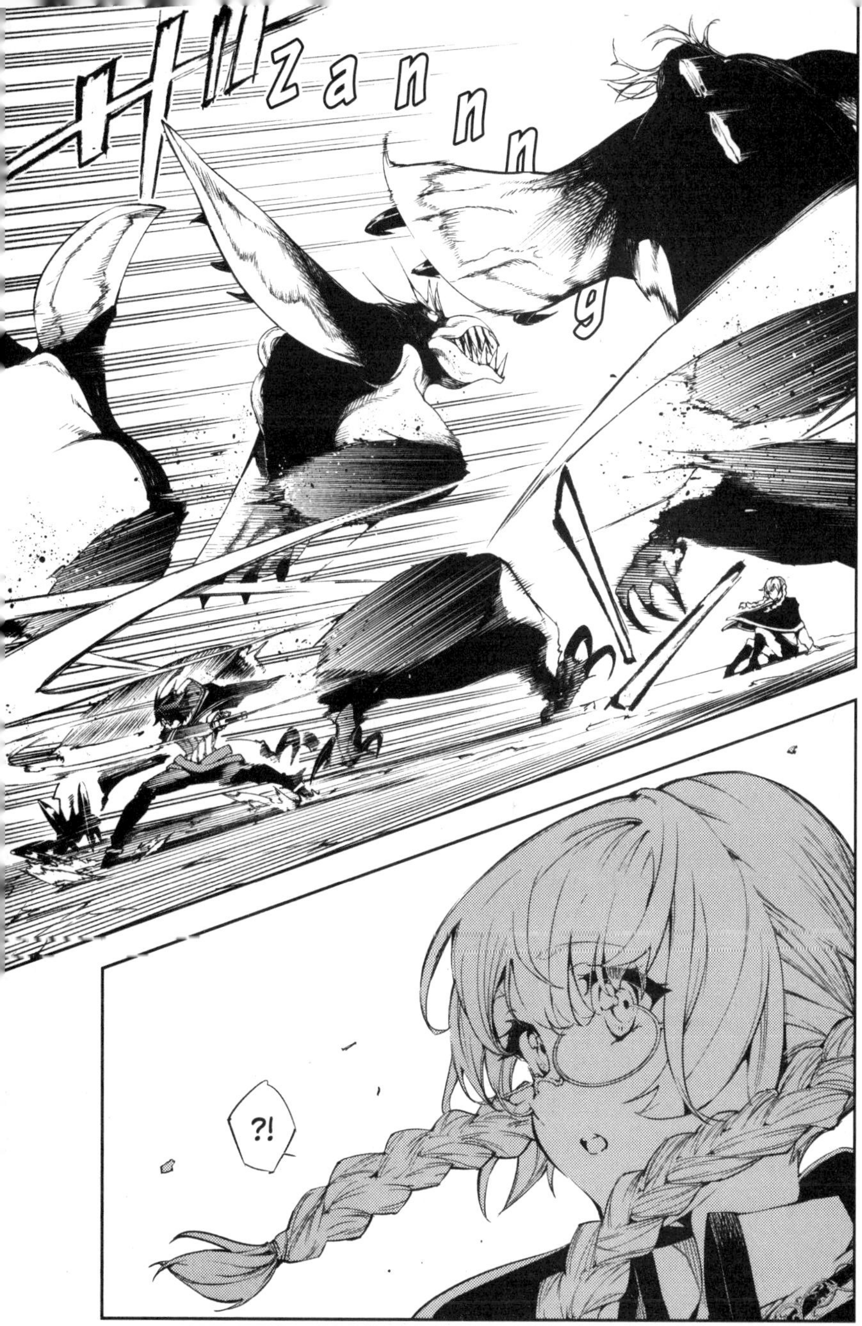
Zannng
?!

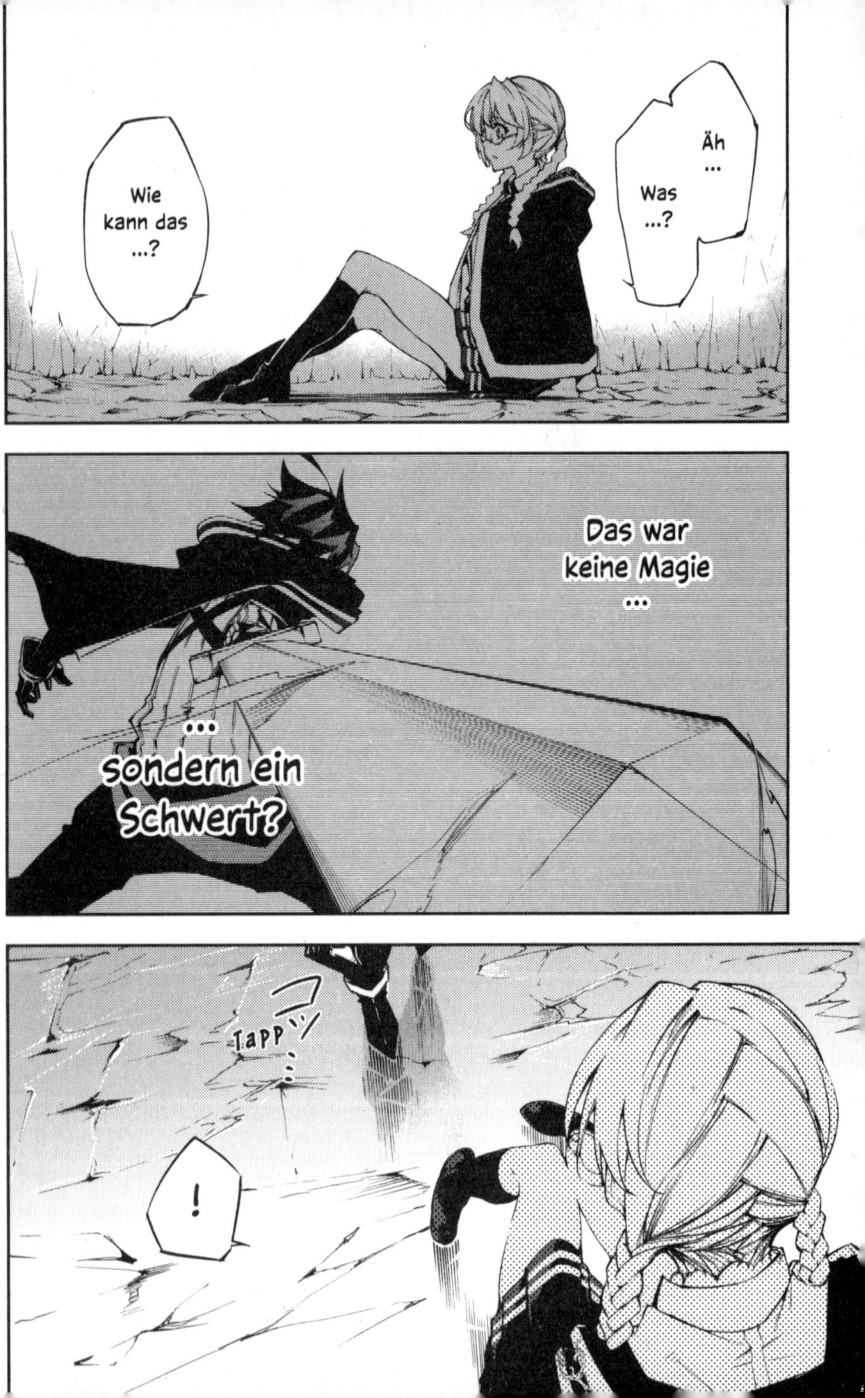

Äh ... Was ...?
Wie kann das ...?
Das war keine Magie ...
... sondern ein Schwert?
Tapp
!

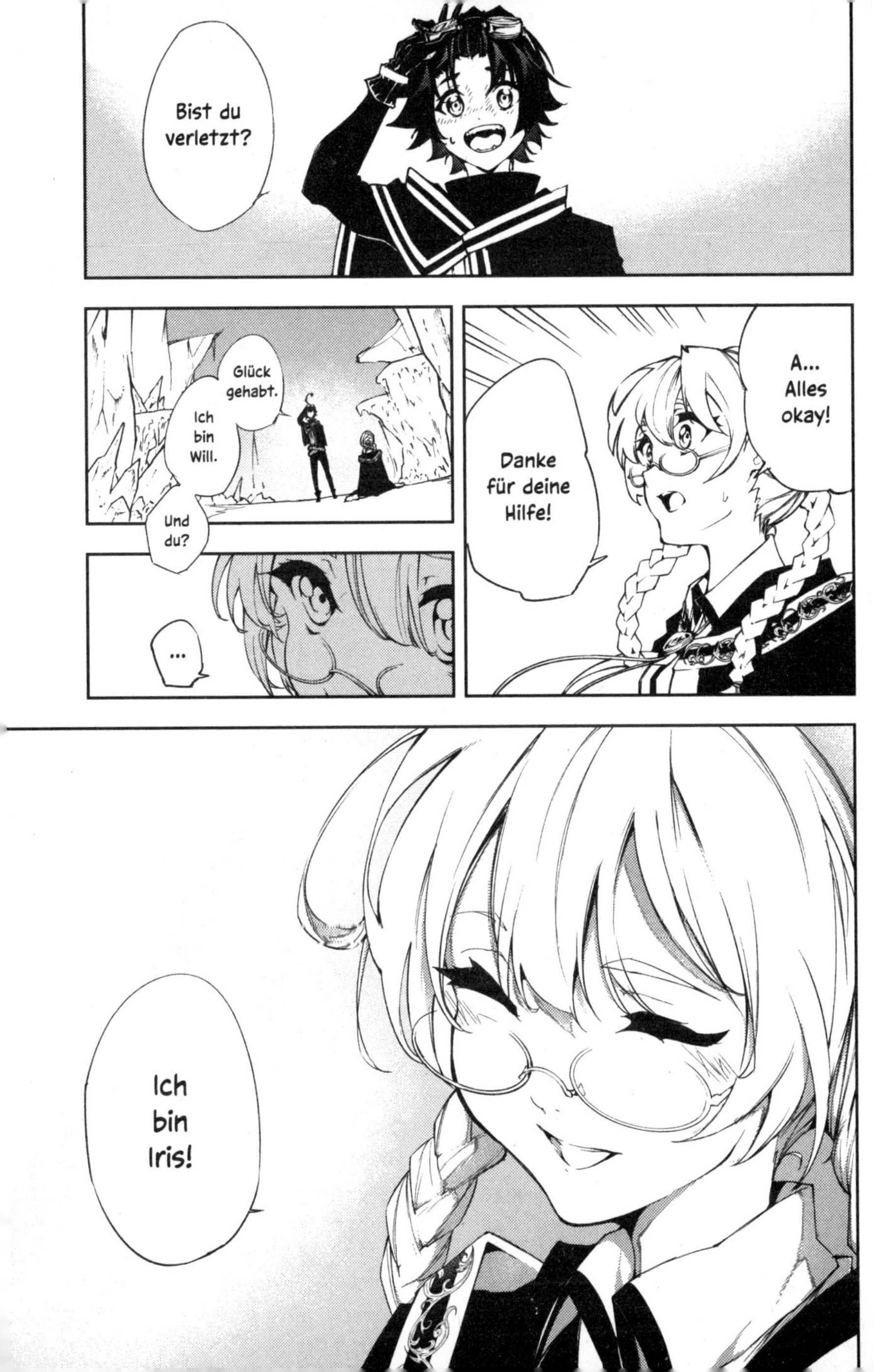
Bist du verletzt?
A... Alles okay!
Danke für deine Hilfe!
Glück gehabt.
Ich bin Will.
Und du?
...
Ich bin Iris!

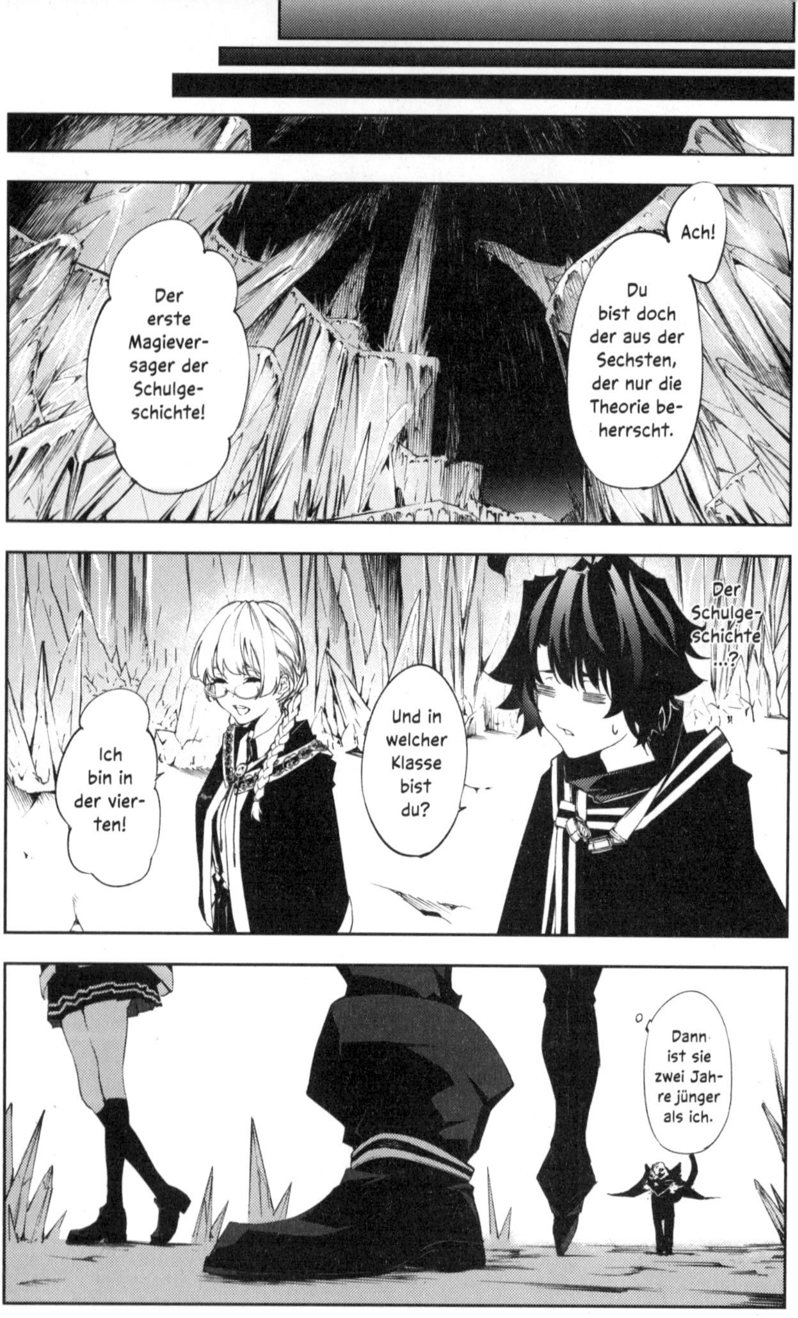
Ach!
Du bist doch der aus der Sechsten, der nur die Theorie beherrscht.
Der erste Magieversager der Schulgeschichte!
Der Schulgeschichte ...?
Und in welcher Klasse bist du?
Ich bin in der vierten!
Dann ist sie zwei Jahre jünger als ich.

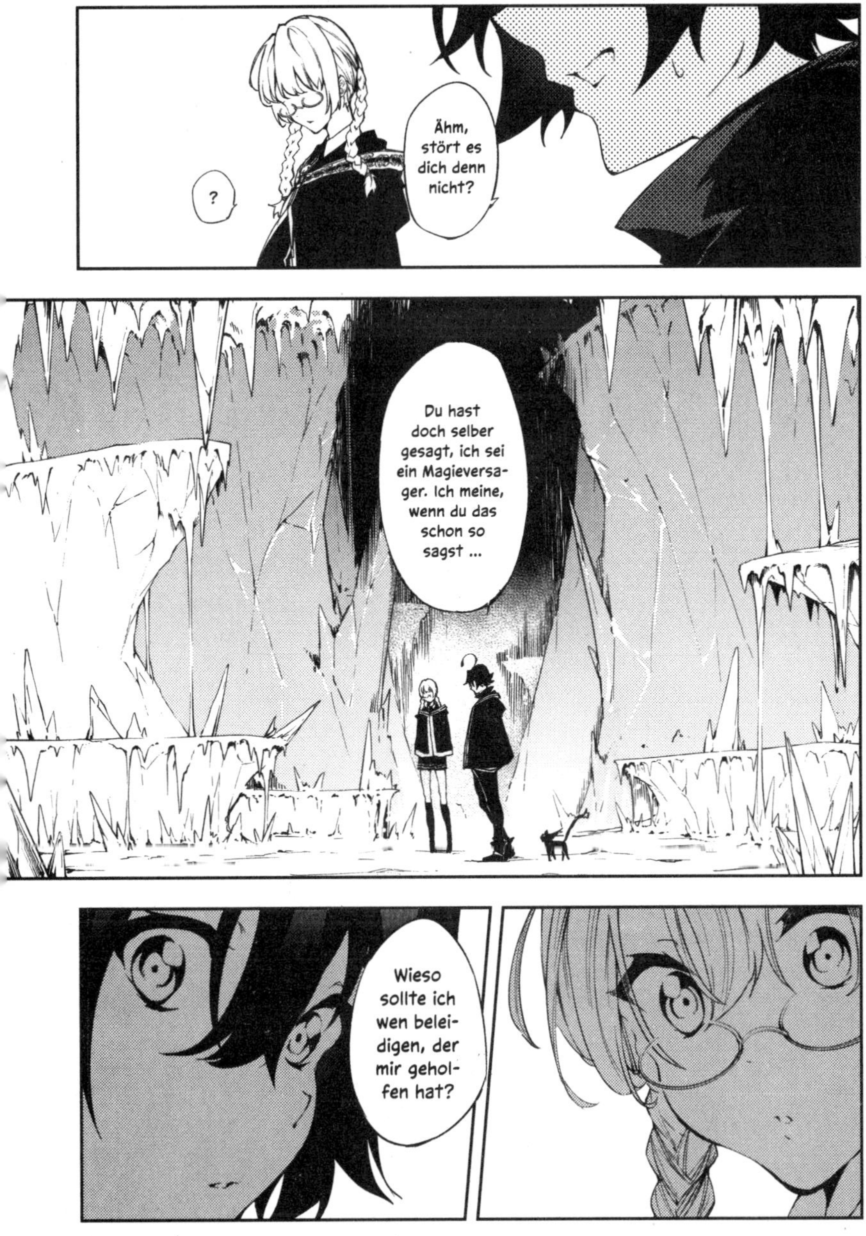
Ähm, stört es dich denn nicht?
?
Du hast doch selber gesagt, ich sei ein Magieversager. Ich meine, wenn du das schon so sagst ...
Wieso sollte ich wen beleidigen, der mir geholfen hat?

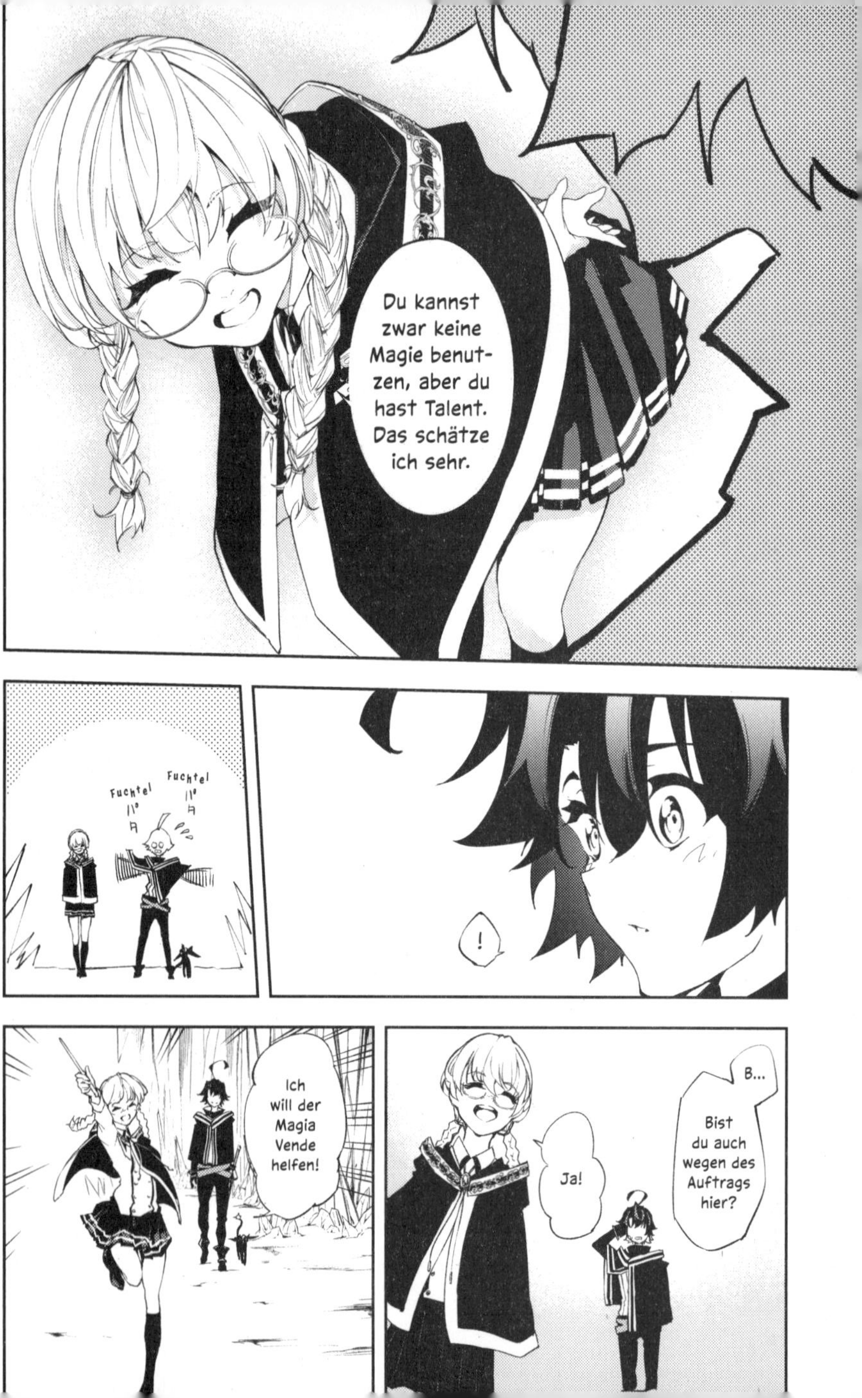

Du kannst zwar keine Magie benutzen, aber du hast Talent. Das schätze ich sehr.
!
Fuchtel
Fuchtel
B...
Bist du auch wegen des Auftrags hier?
Ja!
Ich will der Magia Vende helfen!

Sie bauscht nichts auf.

Ich will auch den Himmel stützen!

Wir haben den echten Himmel noch nie gesehen.

Auch heute ist das ...

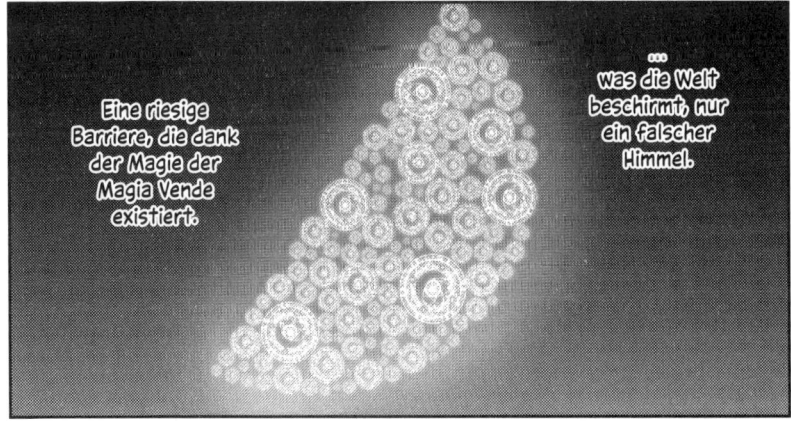

Eine riesige Barriere, die dank der Magie der Magia Vende existiert.

... was die Welt beschirmt, nur ein falscher Himmel.

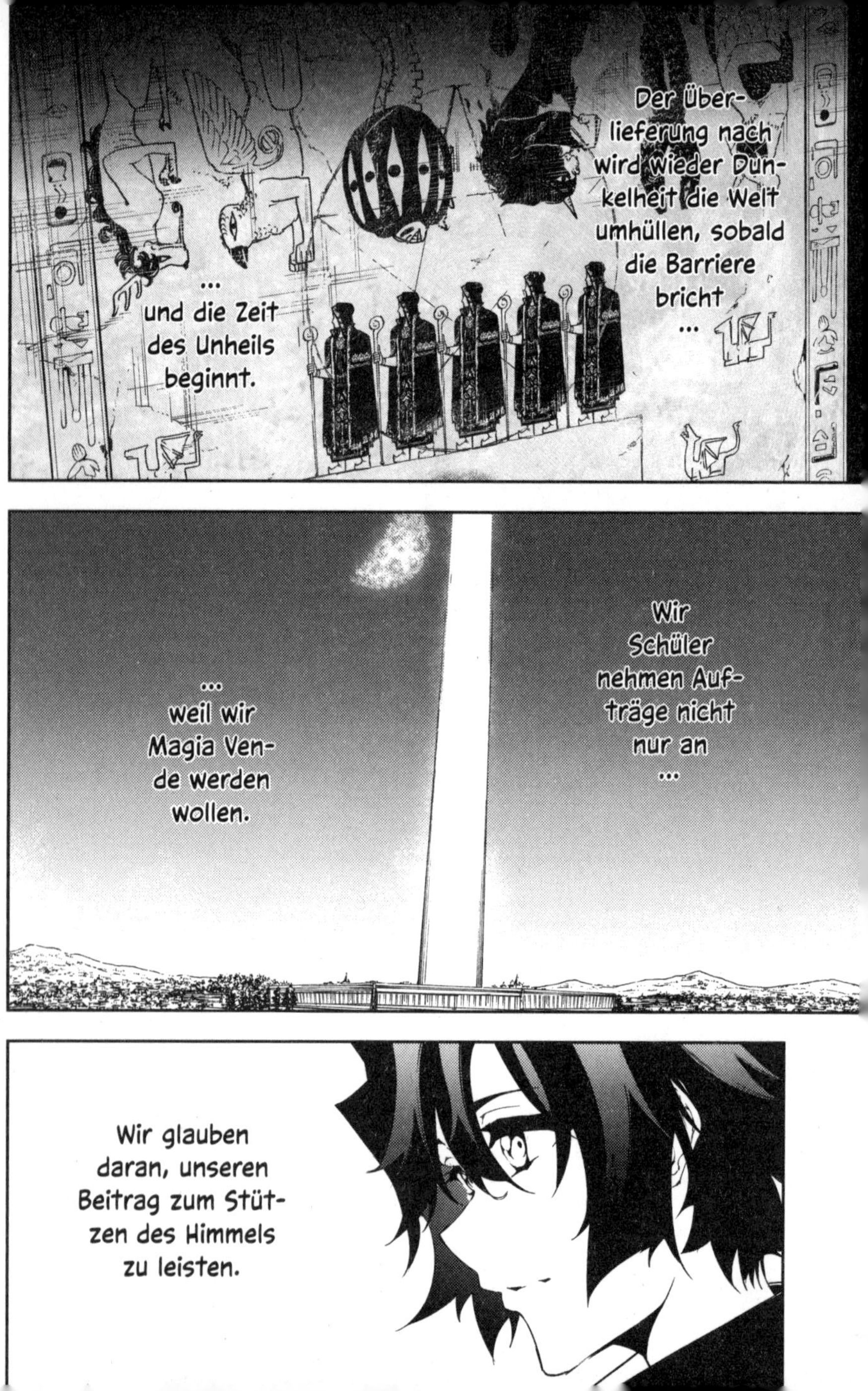
Der Überlieferung nach wird wieder Dunkelheit die Welt umhüllen, sobald die Barriere bricht ...
... und die Zeit des Unheils beginnt.
Wir Schüler nehmen Aufträge nicht nur an ...
... weil wir Magia Vende werden wollen.
Wir glauben daran, unseren Beitrag zum Stützen des Himmels zu leisten.

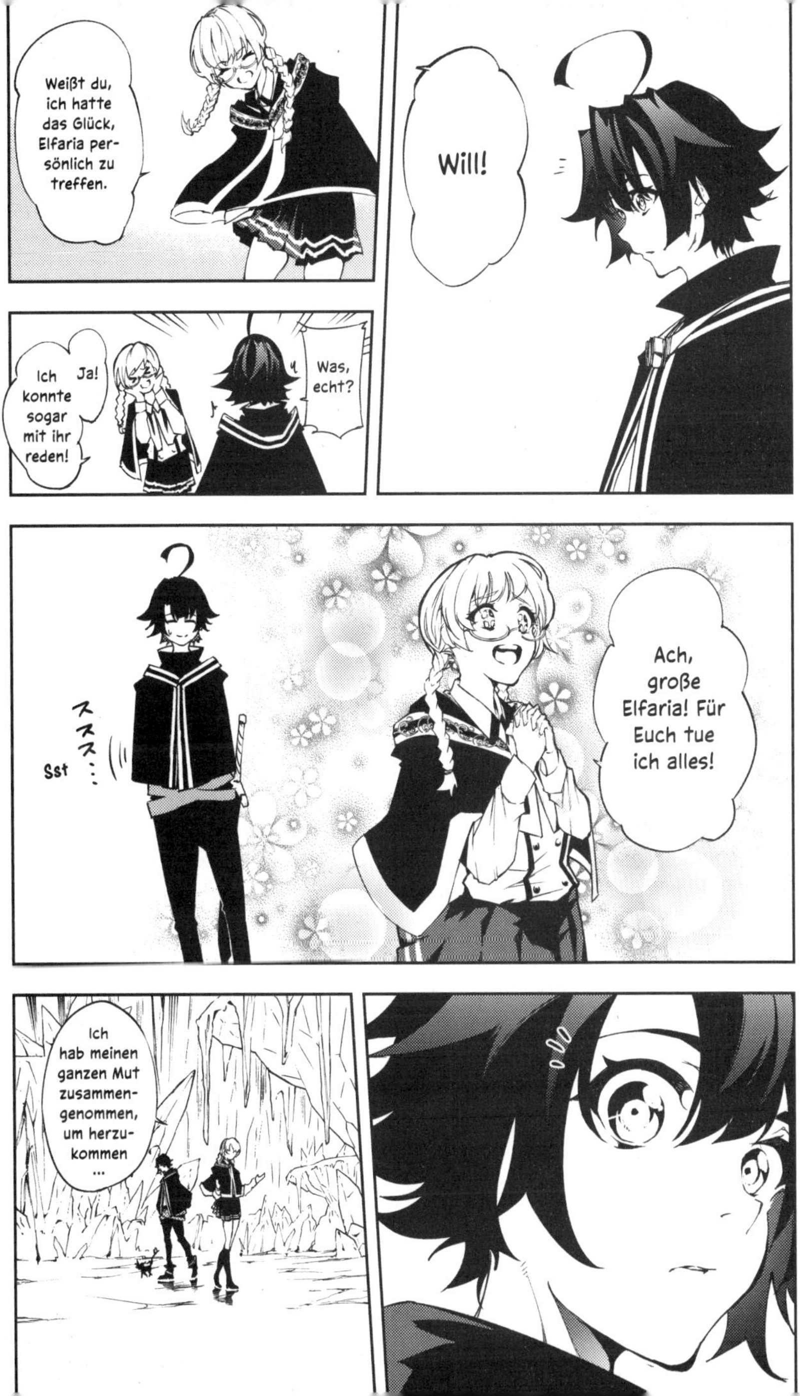
Will!
Weißt du, ich hatte das Glück, Elfaria persönlich zu treffen.
Was, echt?
Ja! Ich konnte sogar mit ihr reden!
Ach, große Elfaria! Für Euch tue ich alles!
ススス…
Sst
Ich hab meinen ganzen Mut zusammengenommen, um herzukommen ...

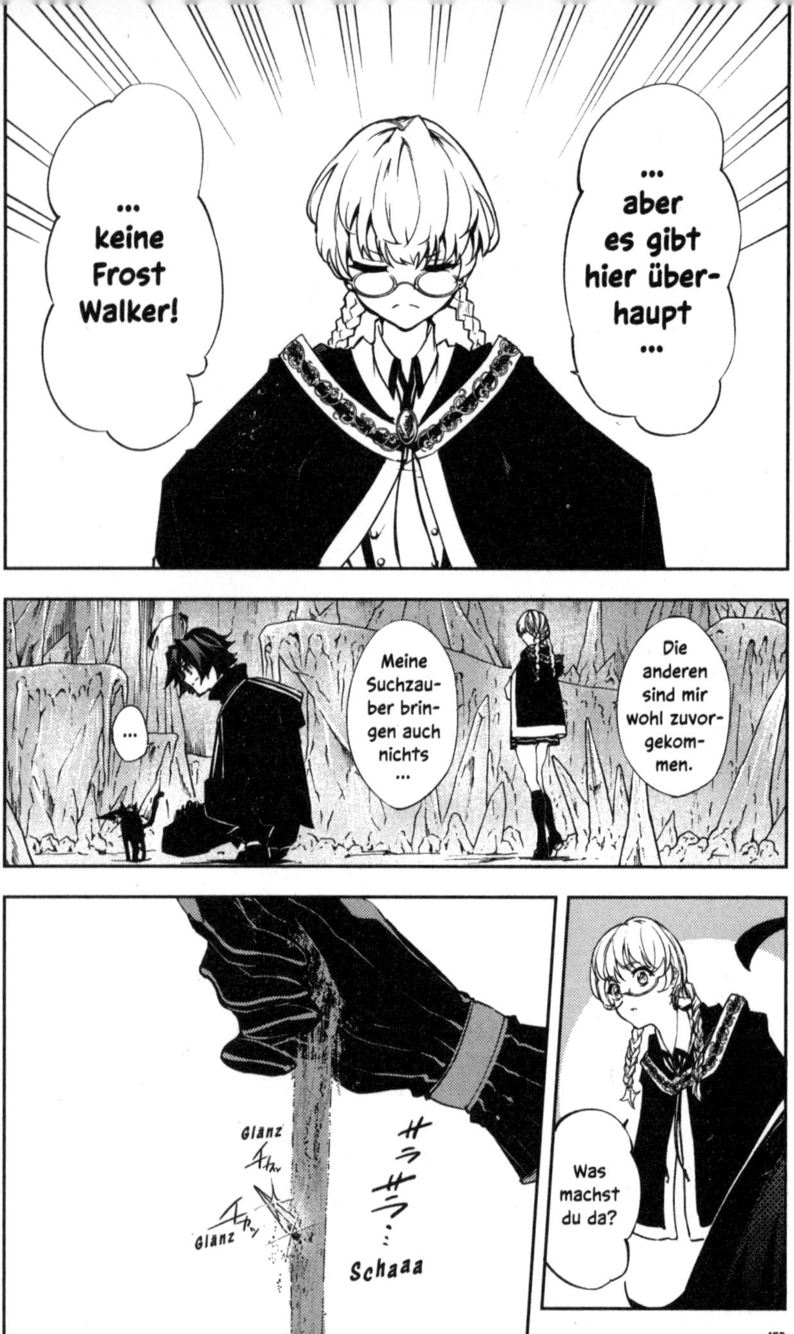
... aber es gibt hier überhaupt ...
... keine Frost Walker!
Die anderen sind mir wohl zuvorgekommen.
Meine Suchzauber bringen auch nichts ...
...
Was machst du da?
Schaaa
Glanz
Glanz

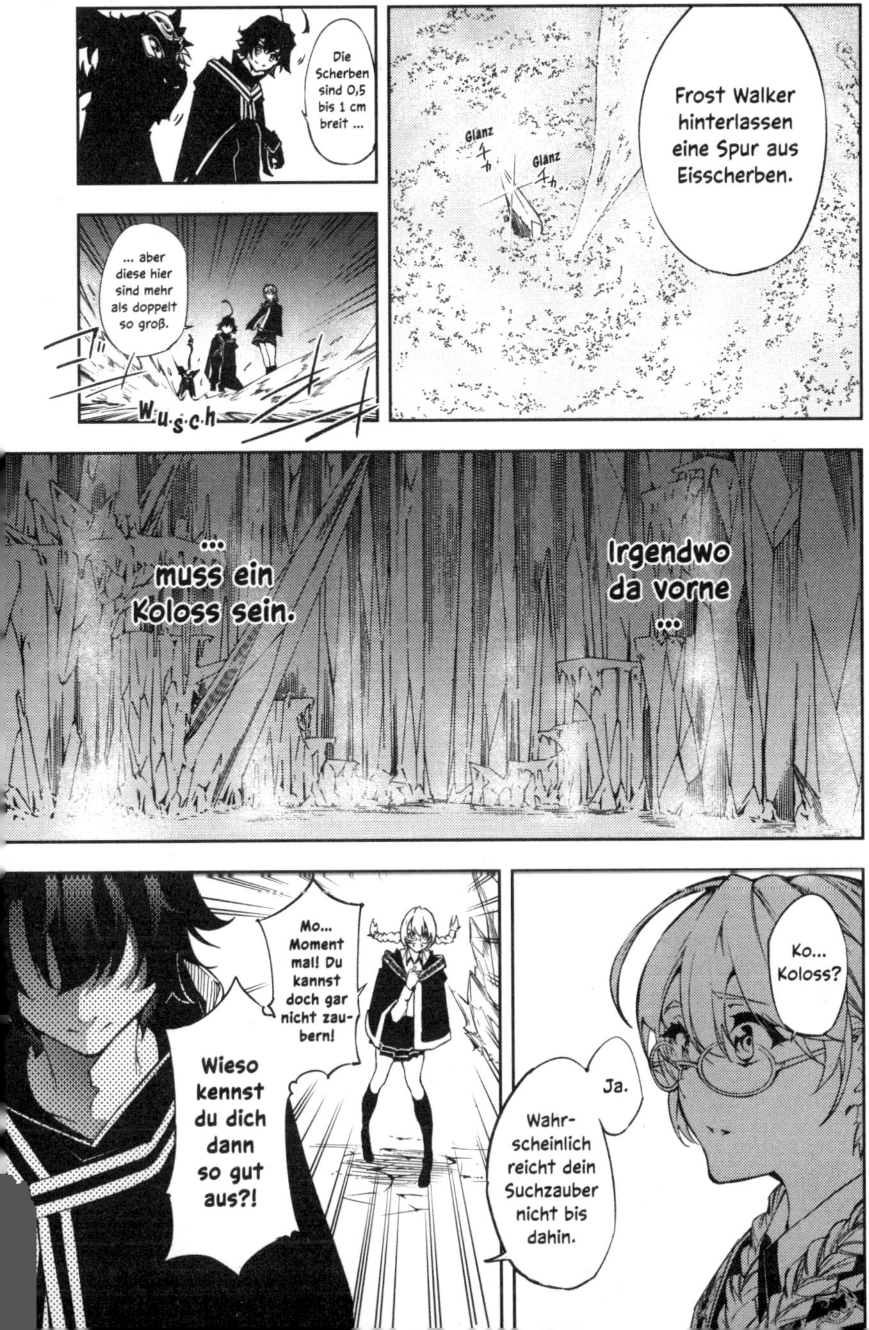
Frost Walker hinterlassen eine Spur aus Eisscherben.
Glänz
Glänz
Die Scherben sind 0,5 bis 1 cm breit ...
... aber diese hier sind mehr als doppelt so groß.
Wusch
Irgendwo da vorne ...
... muss ein Koloss sein.
Ko... Koloss?
Ja.
Wahrscheinlich reicht dein Suchzauber nicht bis dahin.
Mo... Moment mal! Du kannst doch gar nicht zaubern!
Wieso kennst du dich dann so gut aus?!

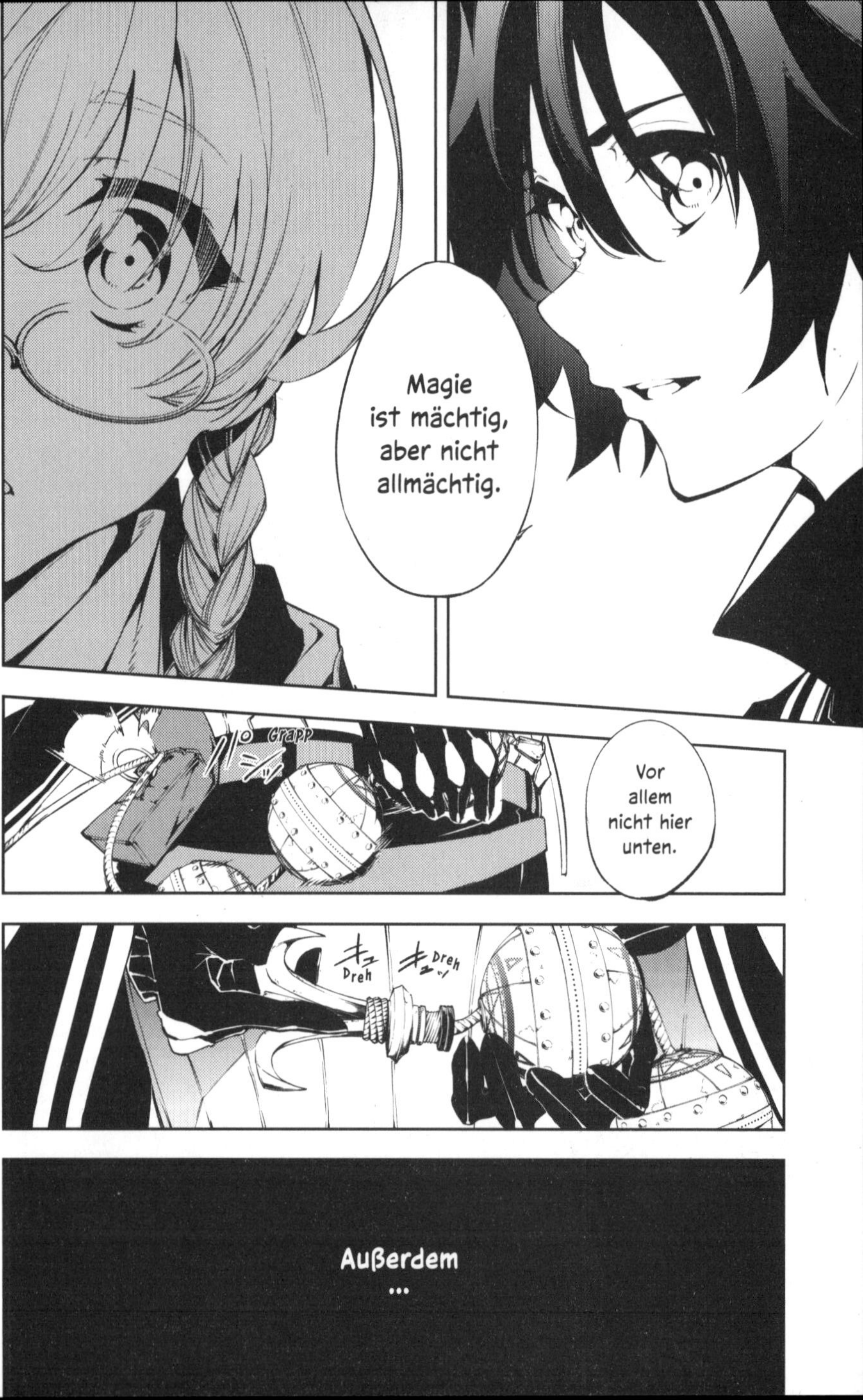
Magie ist mächtig, aber nicht allmächtig.
Grapp
Vor allem nicht hier unten.
Dreh
Dreh
Außerdem …

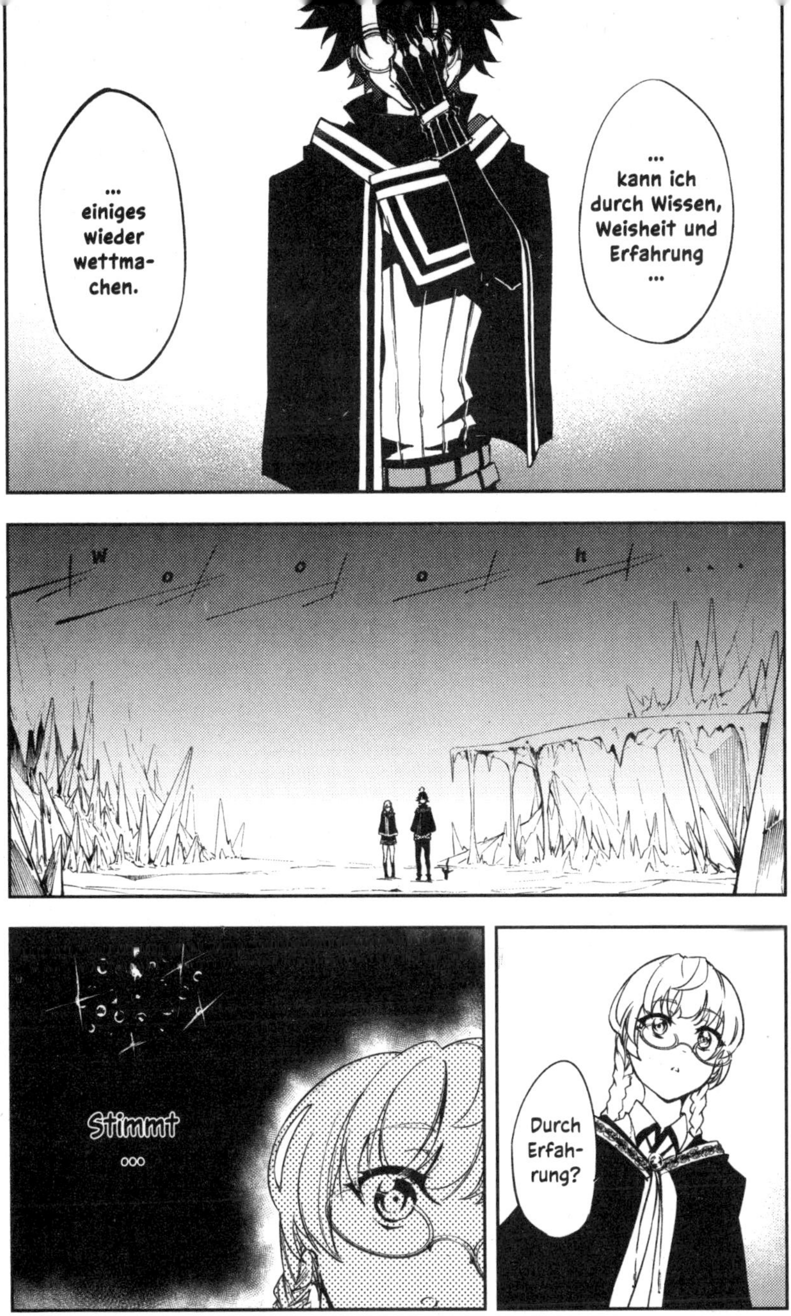
... kann ich durch Wissen, Weisheit und Erfahrung ...
... einiges wieder wettma-chen.
Wooooh...
Durch Erfah-rung?
Stimmt ...

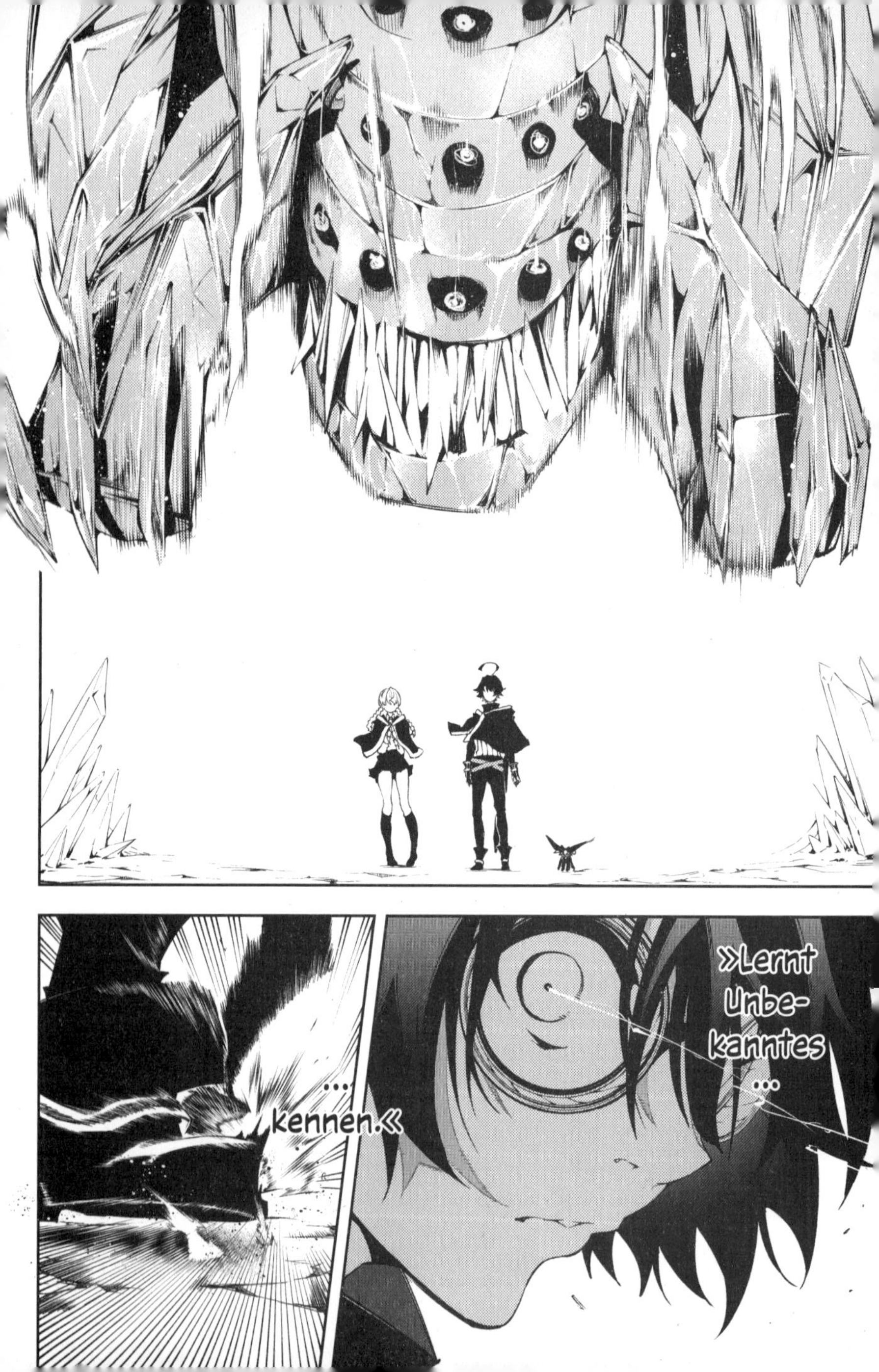
»Lernt Unbe-kanntes …
… kennen.«

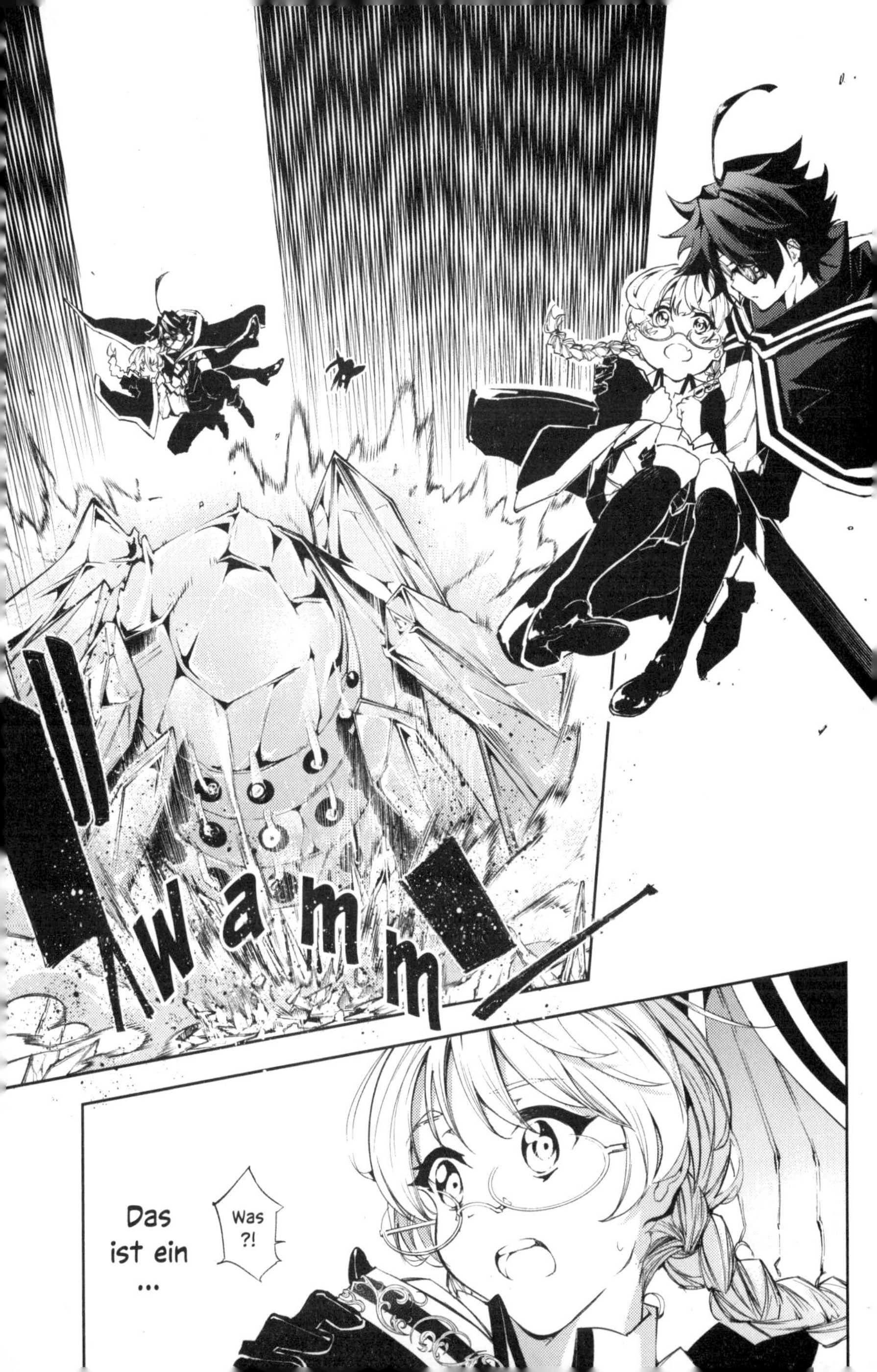
wamm
Was ?!
Das ist ein ...

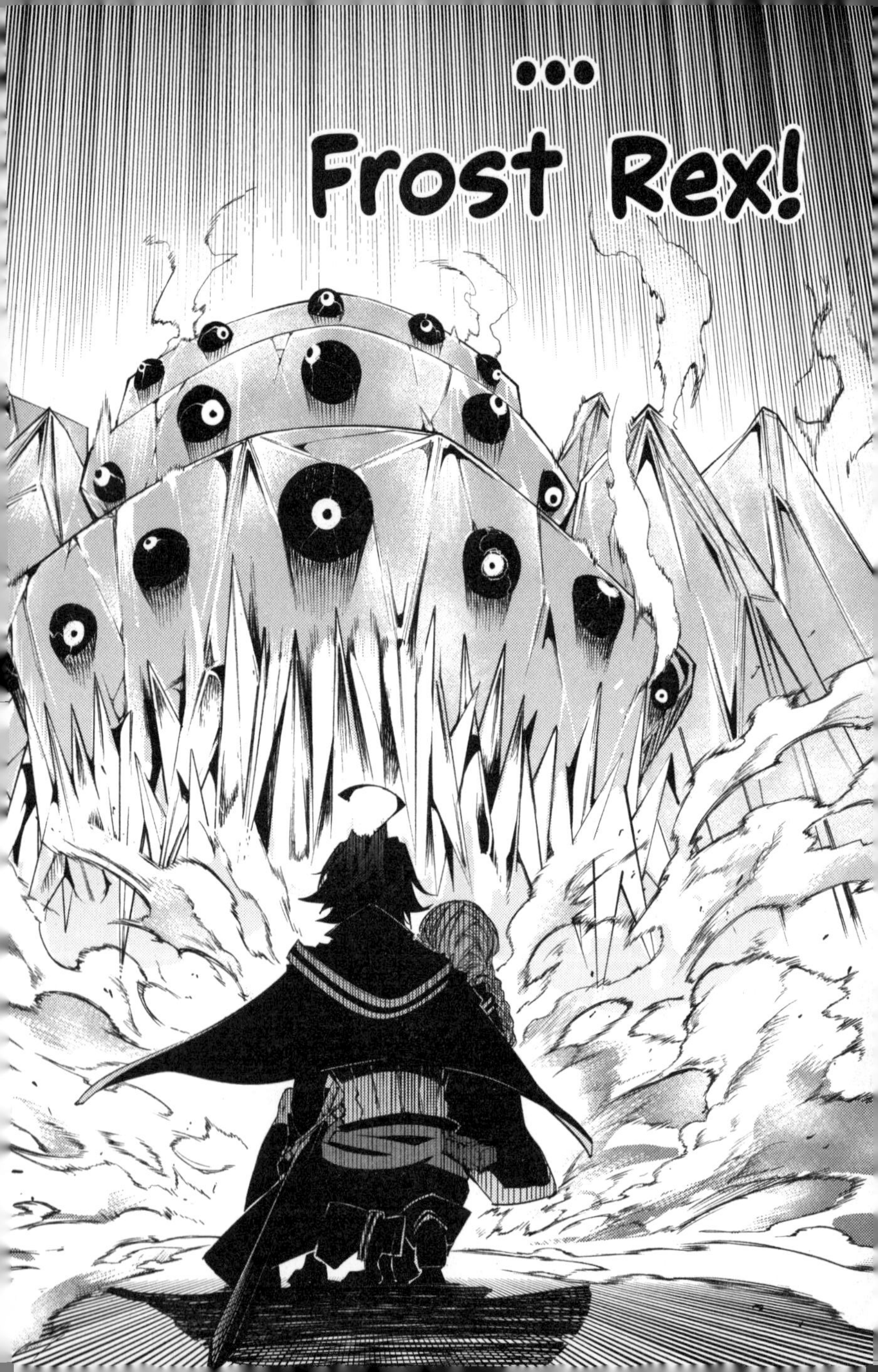
...
Frost Rex!

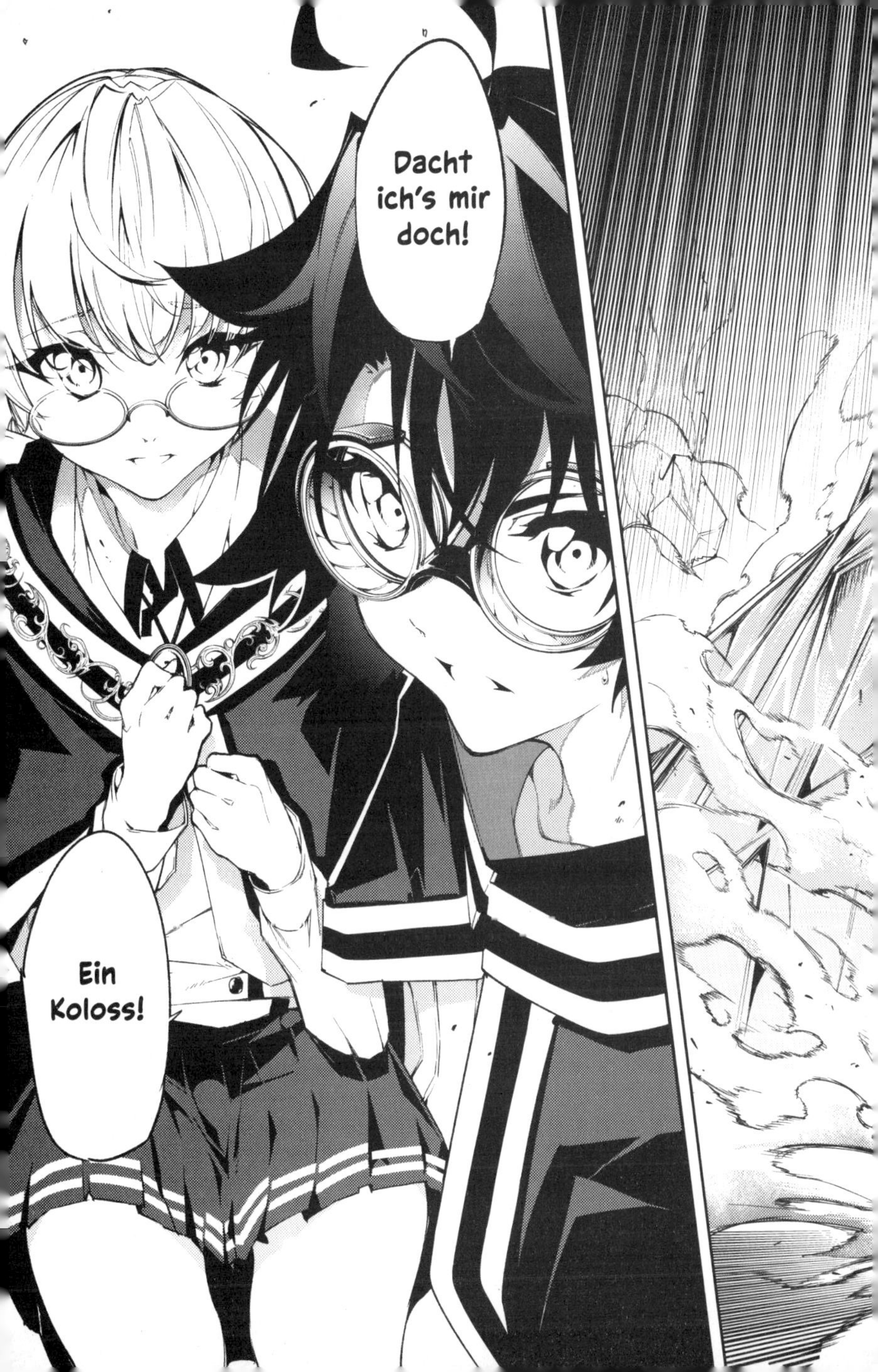
Dacht ich's mir doch!
Ein Koloss!

Wistoria
Zauberstab Schwert

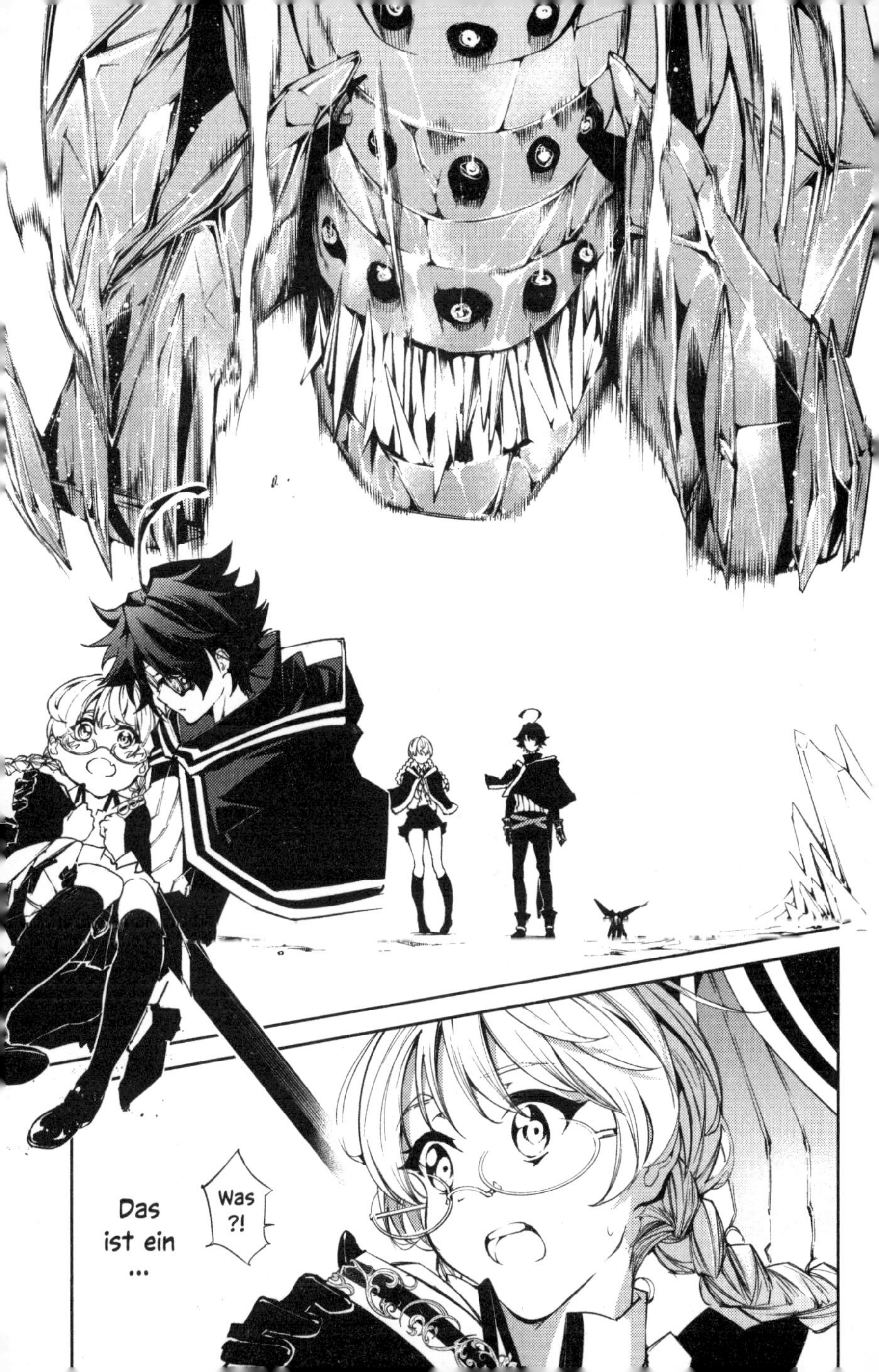

Was ?!
Das ist ein ...

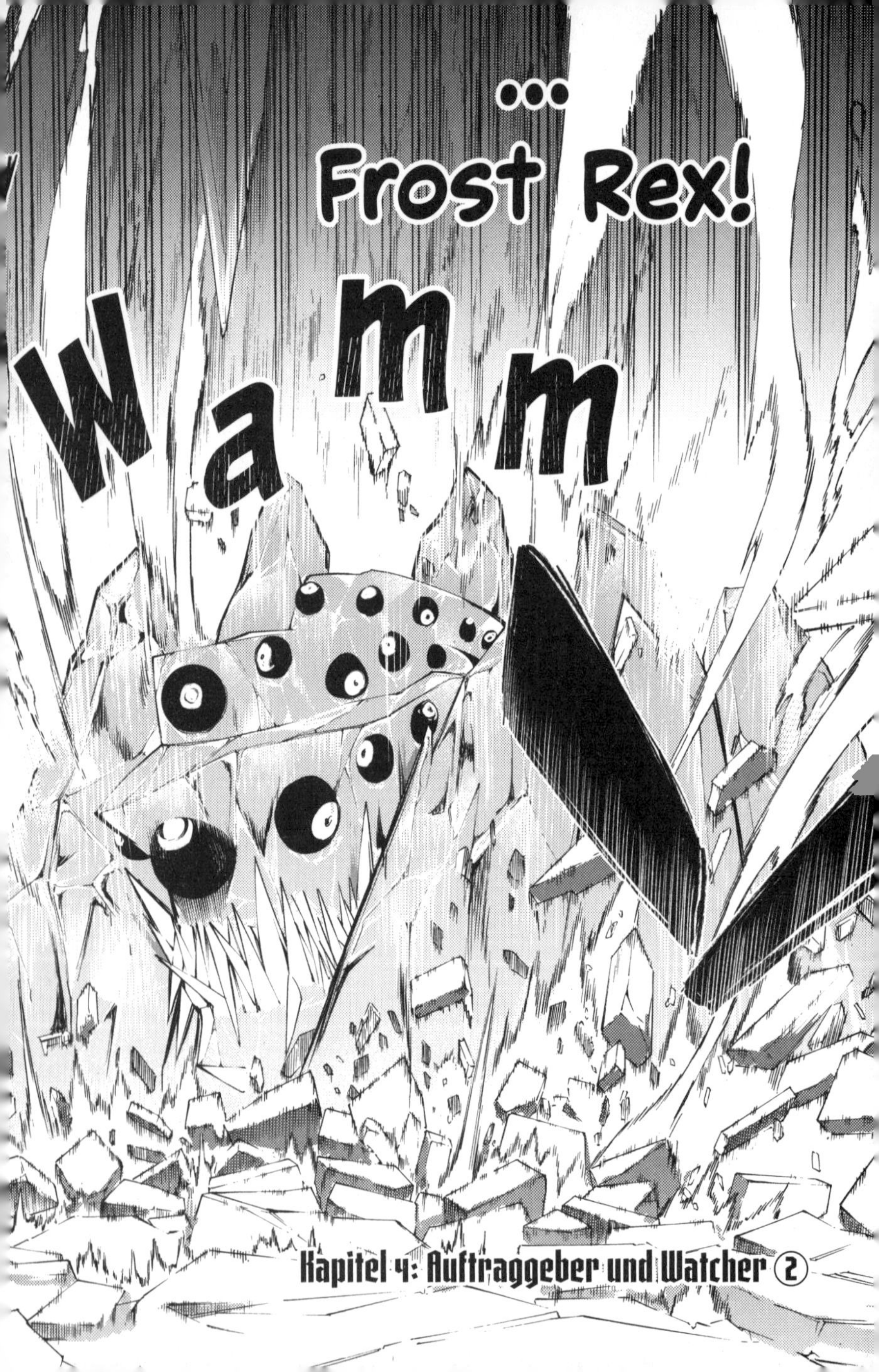
... Frost Rex!
Wamm
Kapitel 4: Auftraggeber und Watcher ②

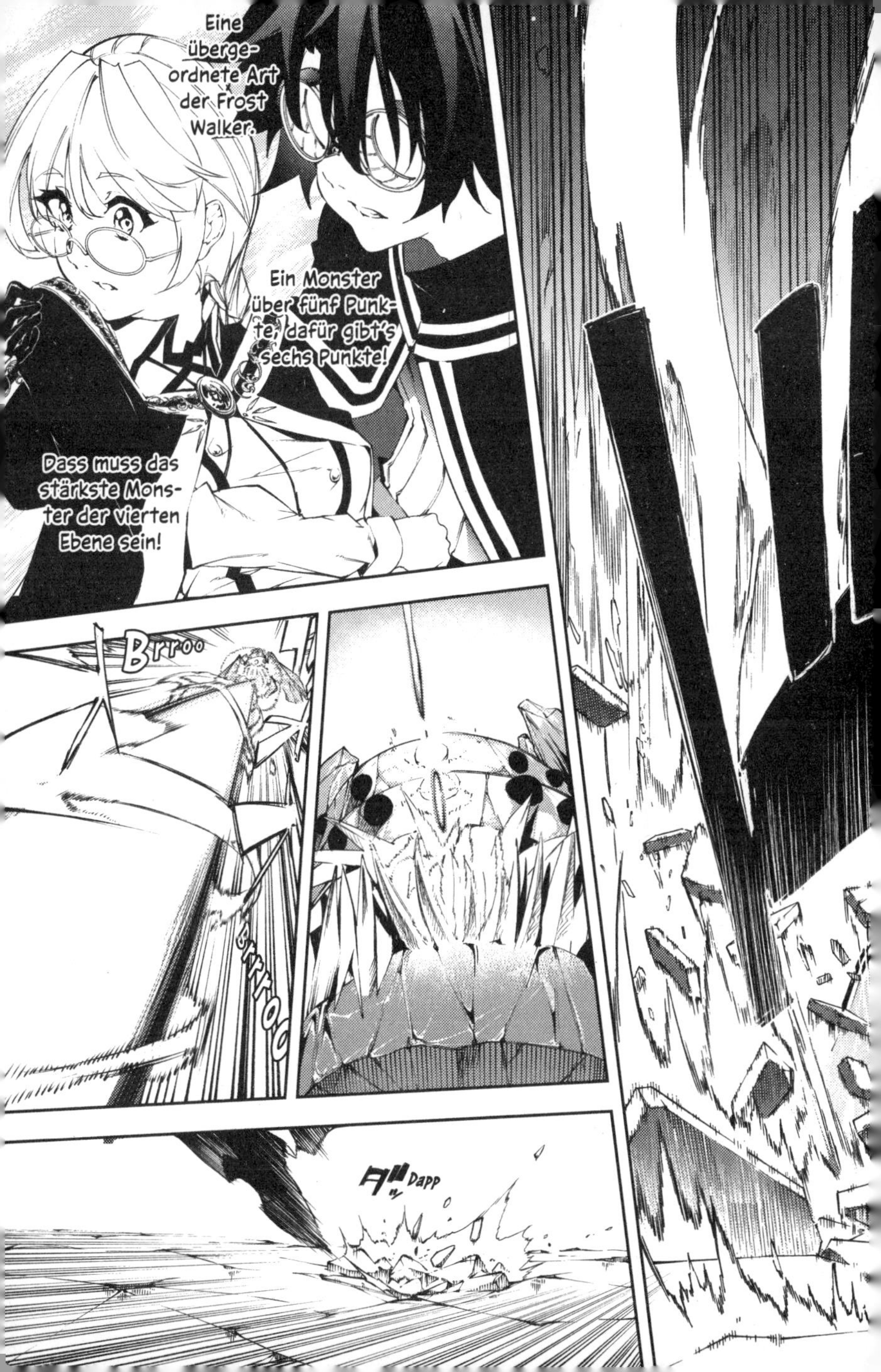
Eine überge- ordnete Art der Frost Walker.
Ein Monster über fünf Punk- te, dafür gibt's sechs Punkte!
Dass muss das stärkste Mons- ter der vierten Ebene sein!
Brroo
Brrroo
Dapp

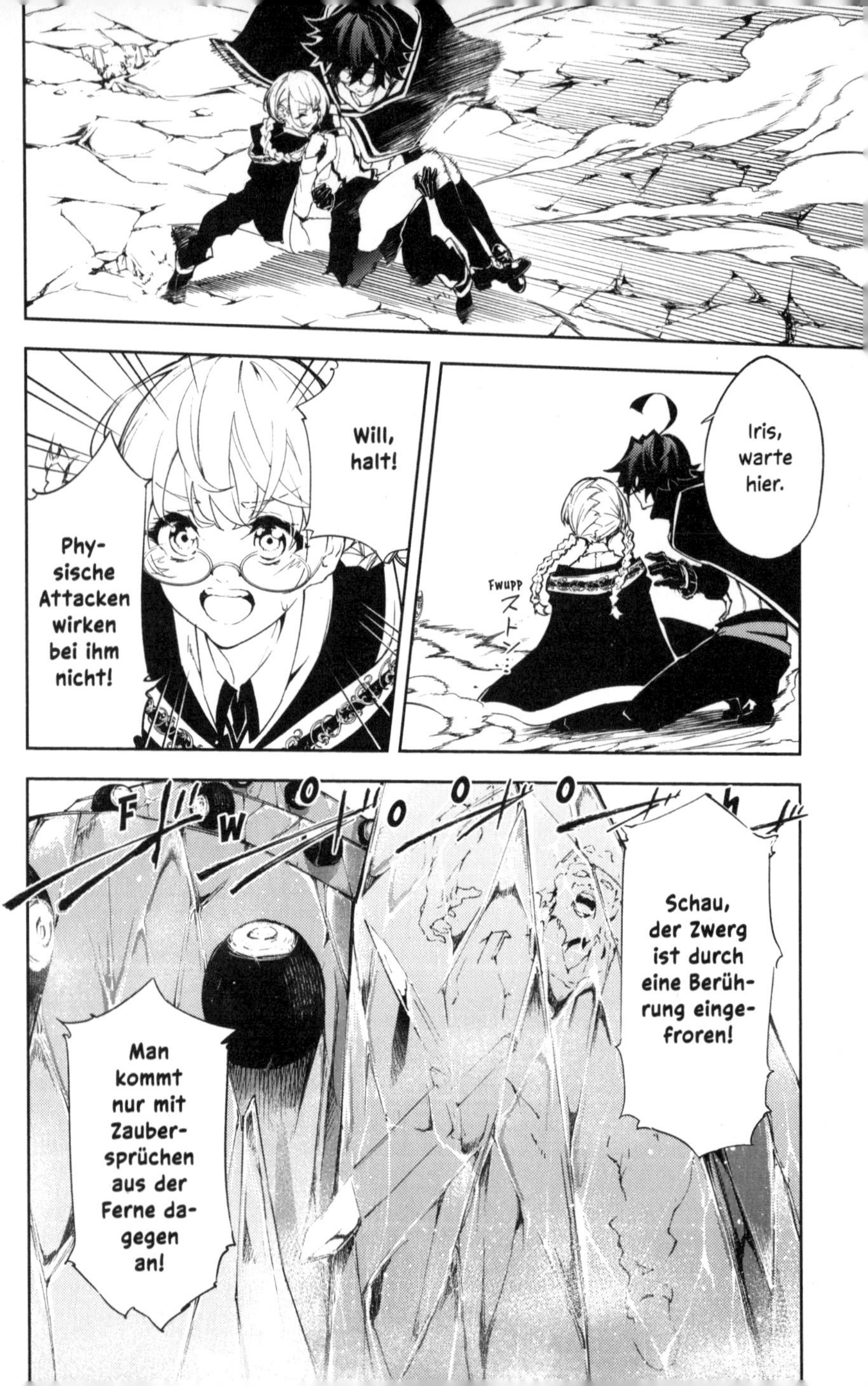
Iris, warte hier.
Fwupp
Will, halt!
Physische Attacken wirken bei ihm nicht!
Schau, der Zwerg ist durch eine Berührung eingefroren!
Man kommt nur mit Zaubersprüchen aus der Ferne dagegen an!

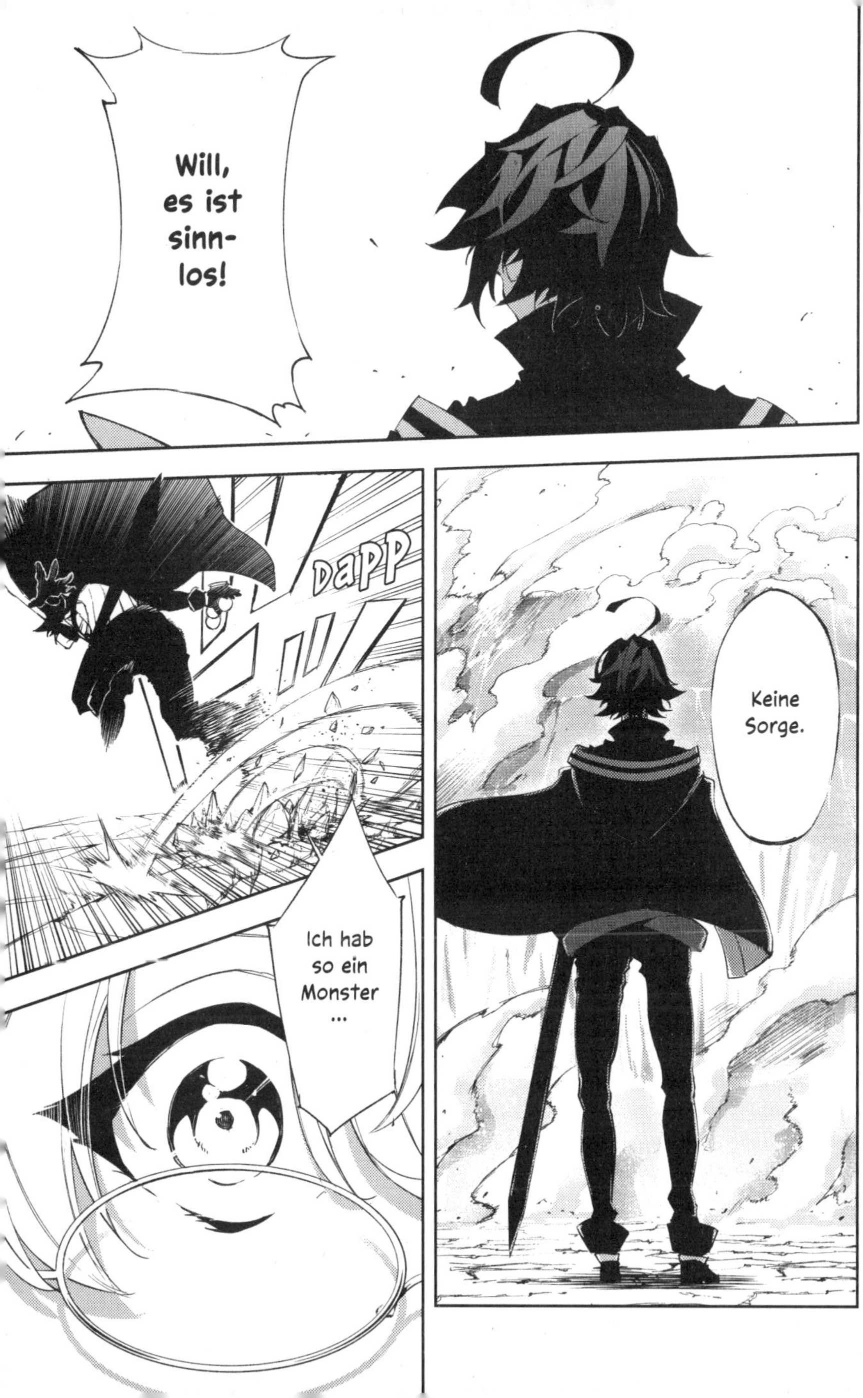
Will, es ist sinn-los!
Keine Sorge.
DAPP
Ich hab so ein Monster ...

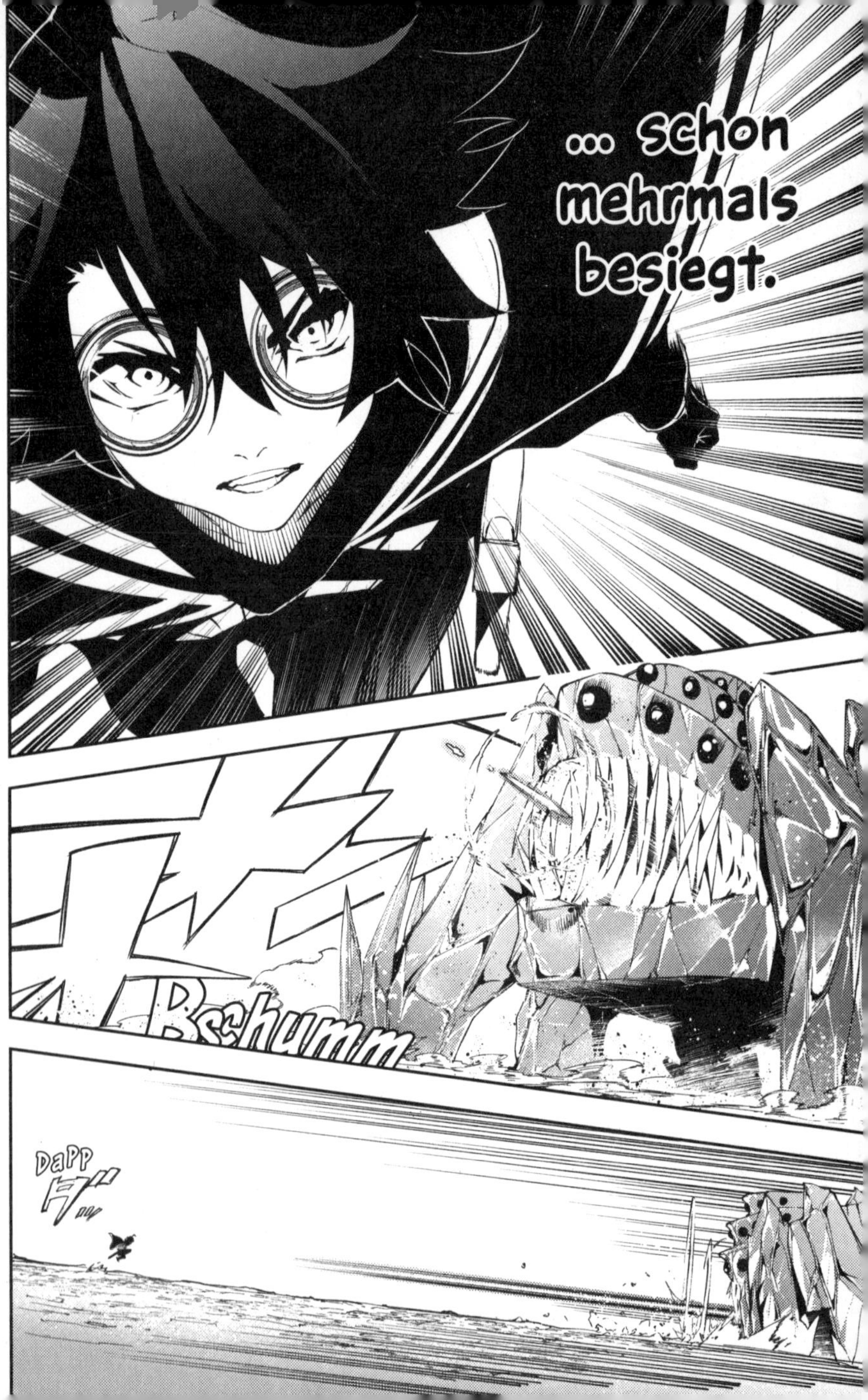
... schon mehrmals besiegt.
Bschumm
Dapp

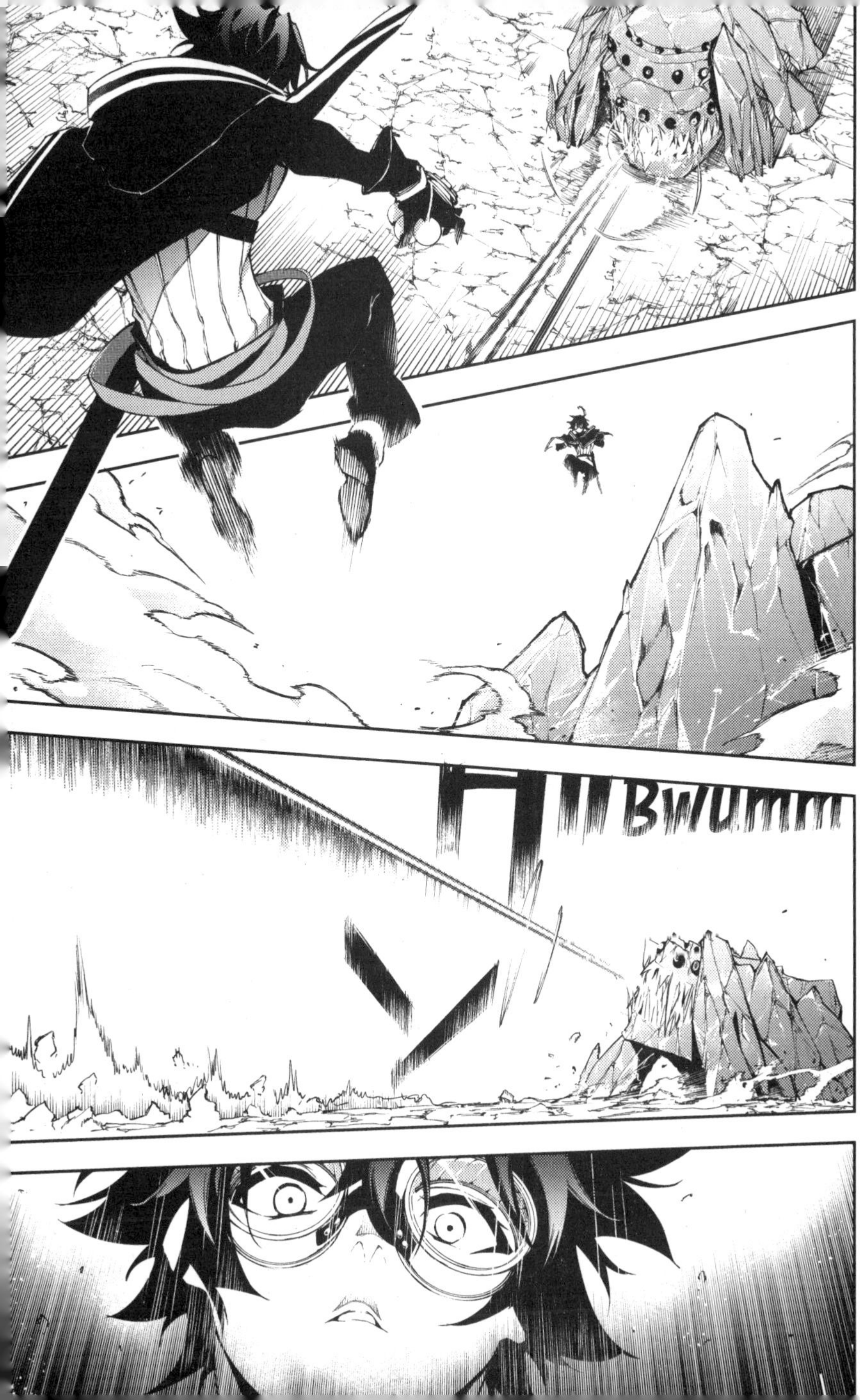
Bwummm

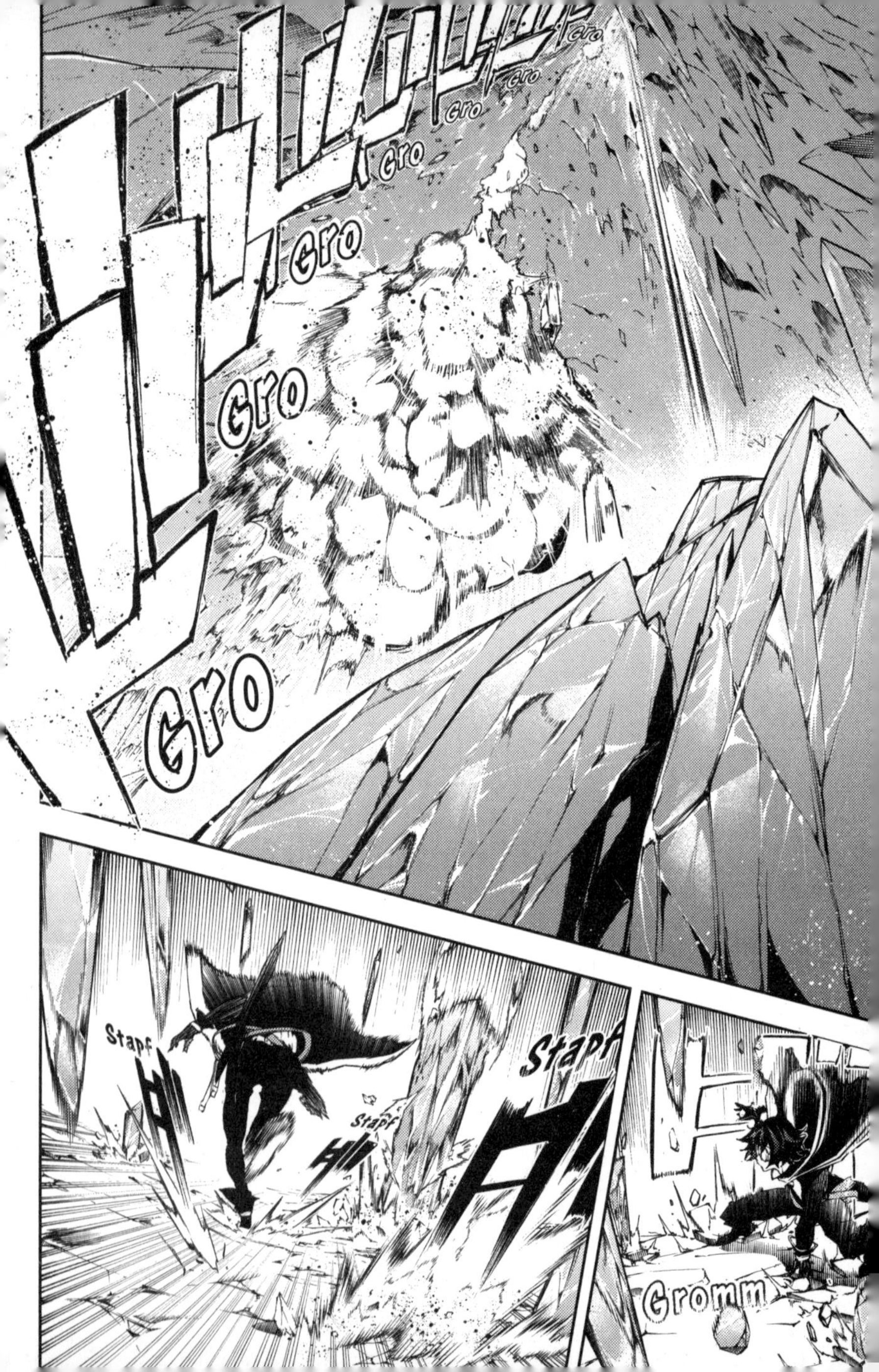

Gro
Gro
Gro
Gro
Gro
Gro
Gro
Gromm
Stapf
Stapf
Stapf

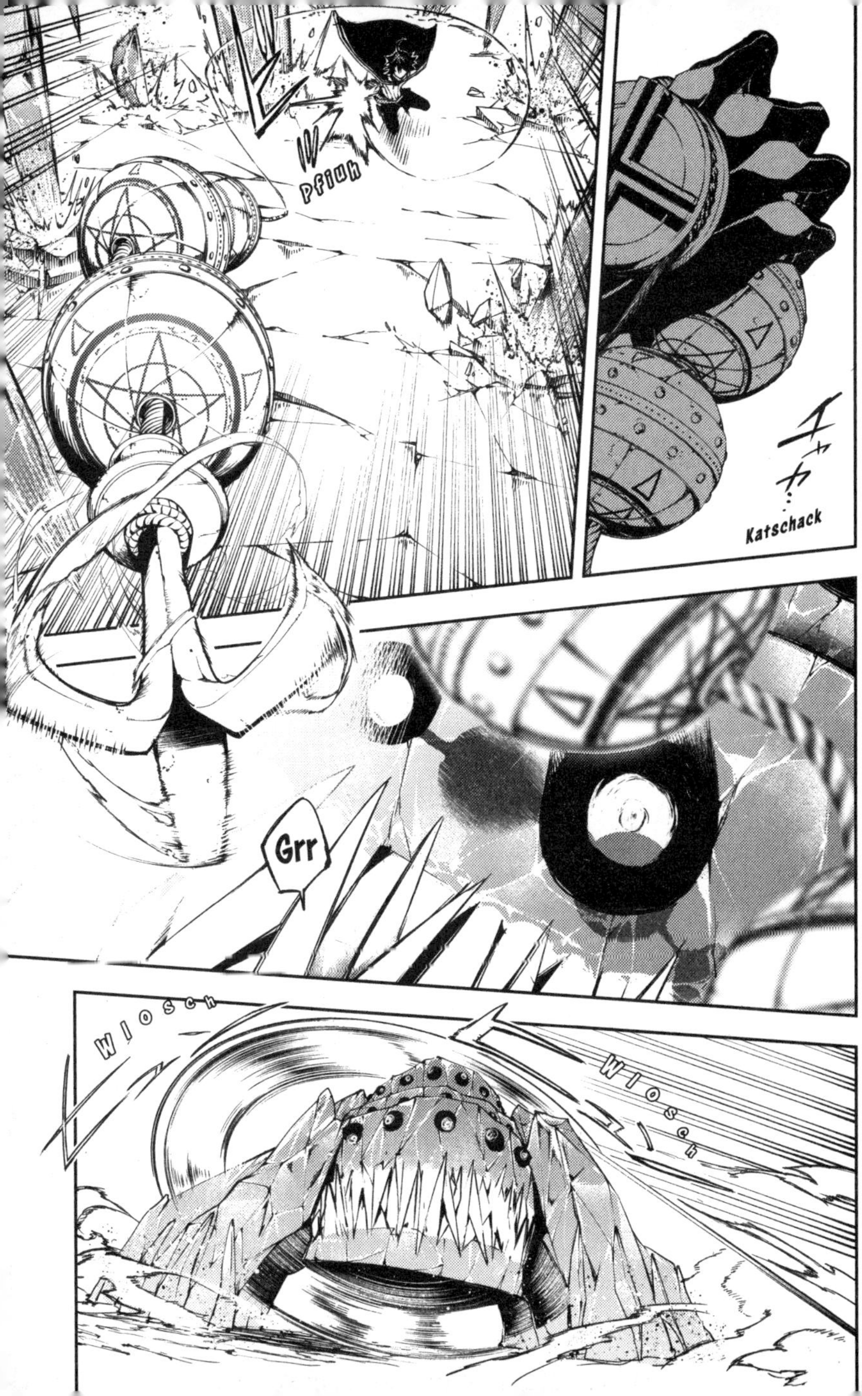
Katschack
Pfiuh
Grr
Wiosch
Wiosch

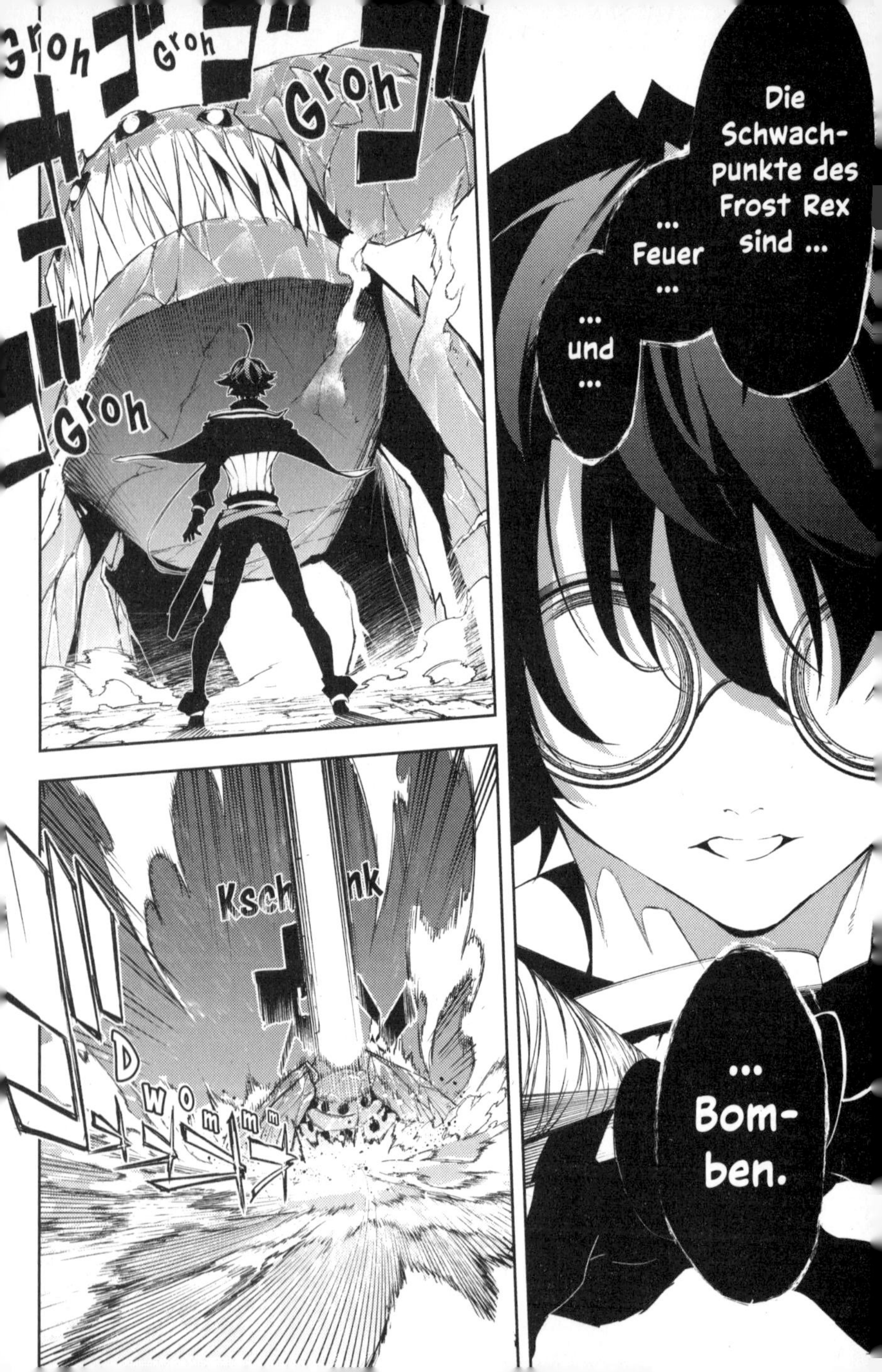
Die Schwach-punkte des Frost Rex sind ...
... Feuer ...
... und ...
... Bom-ben.
Groh Groh
Groh
Groh
Dwommm

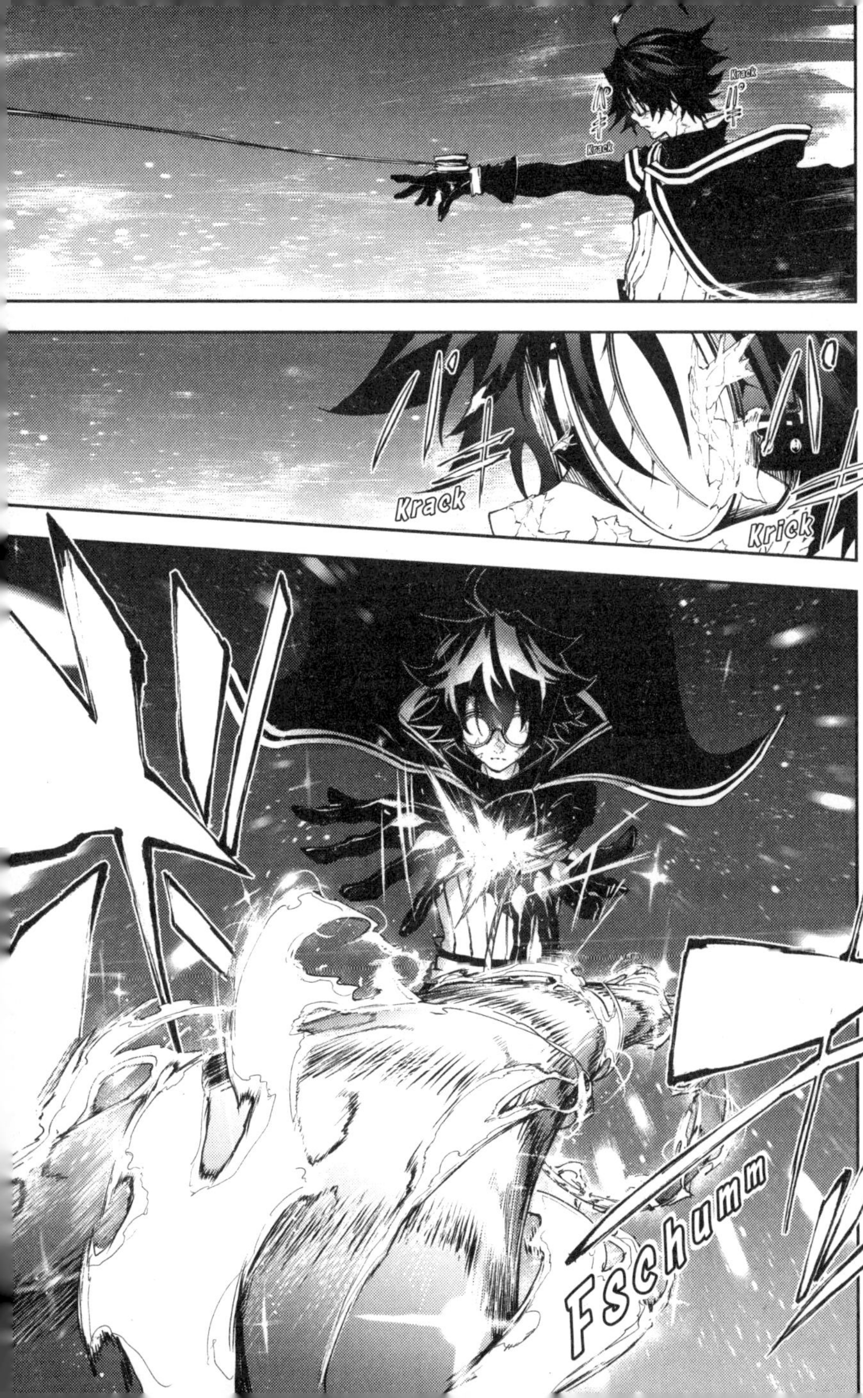
Krack
パキ
パキ
Krack
パキ
Krick
パキ
Krack
Fschumm

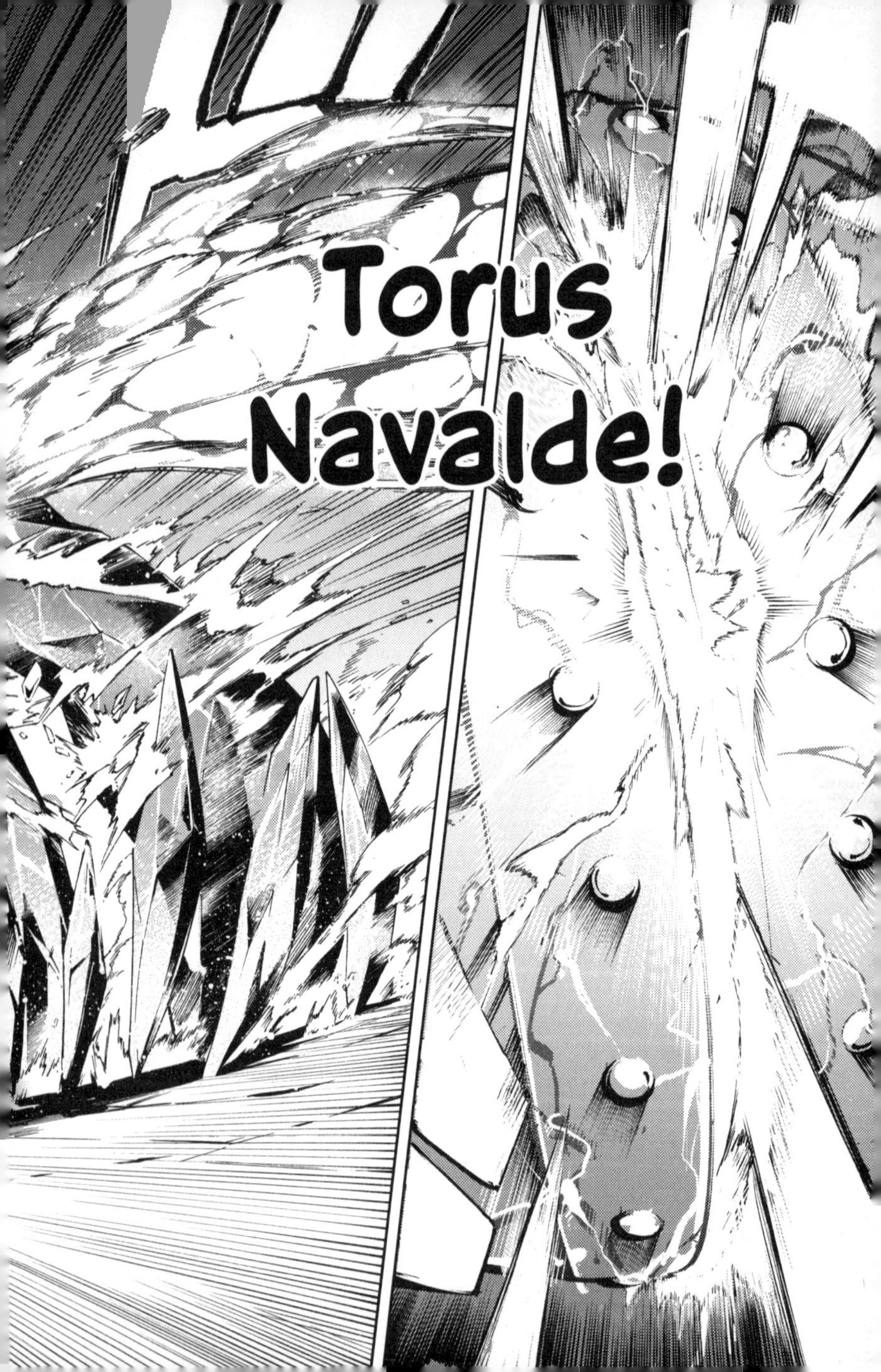
Torus Navalde!

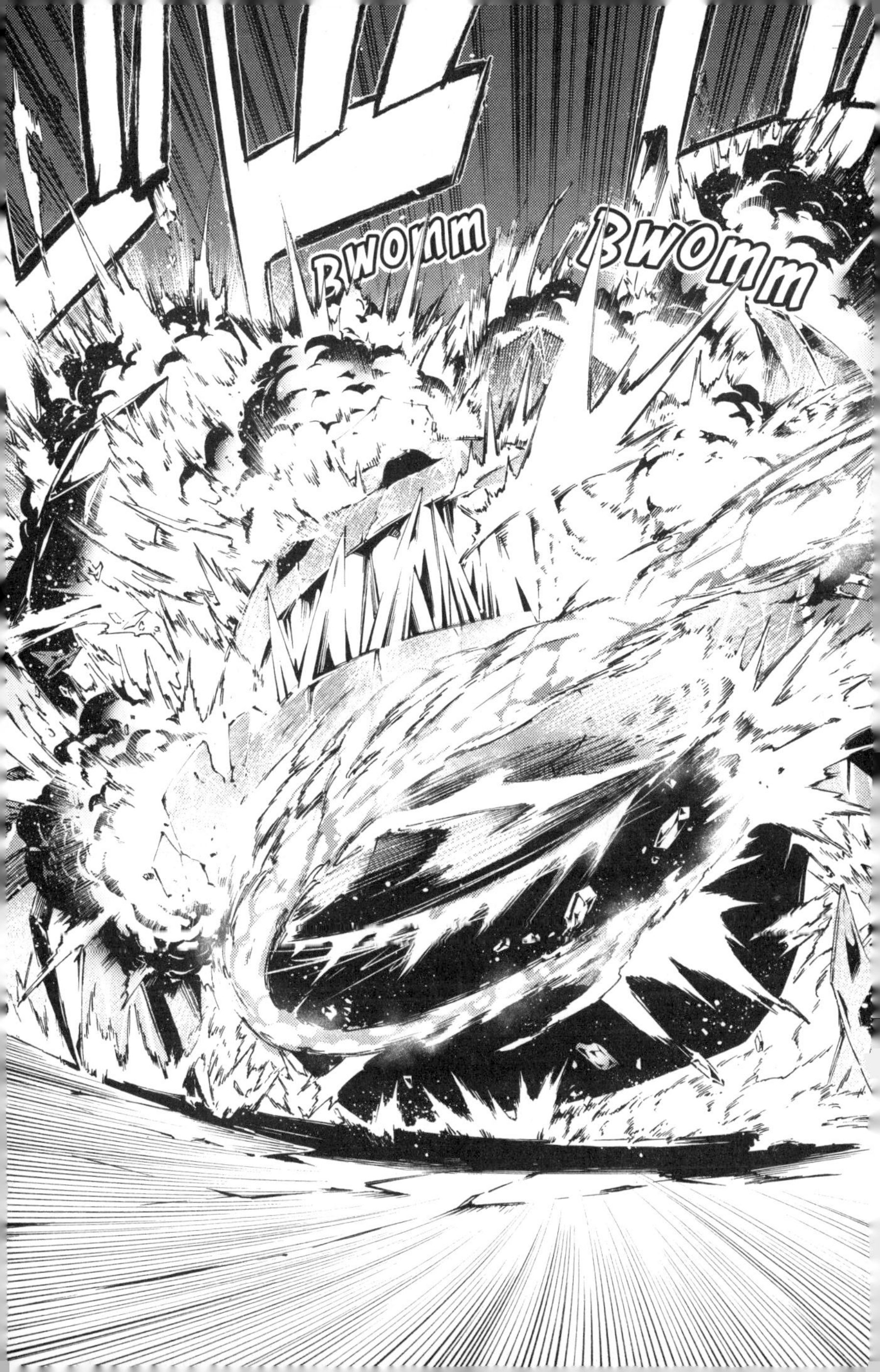
BWOMM
BWOMM

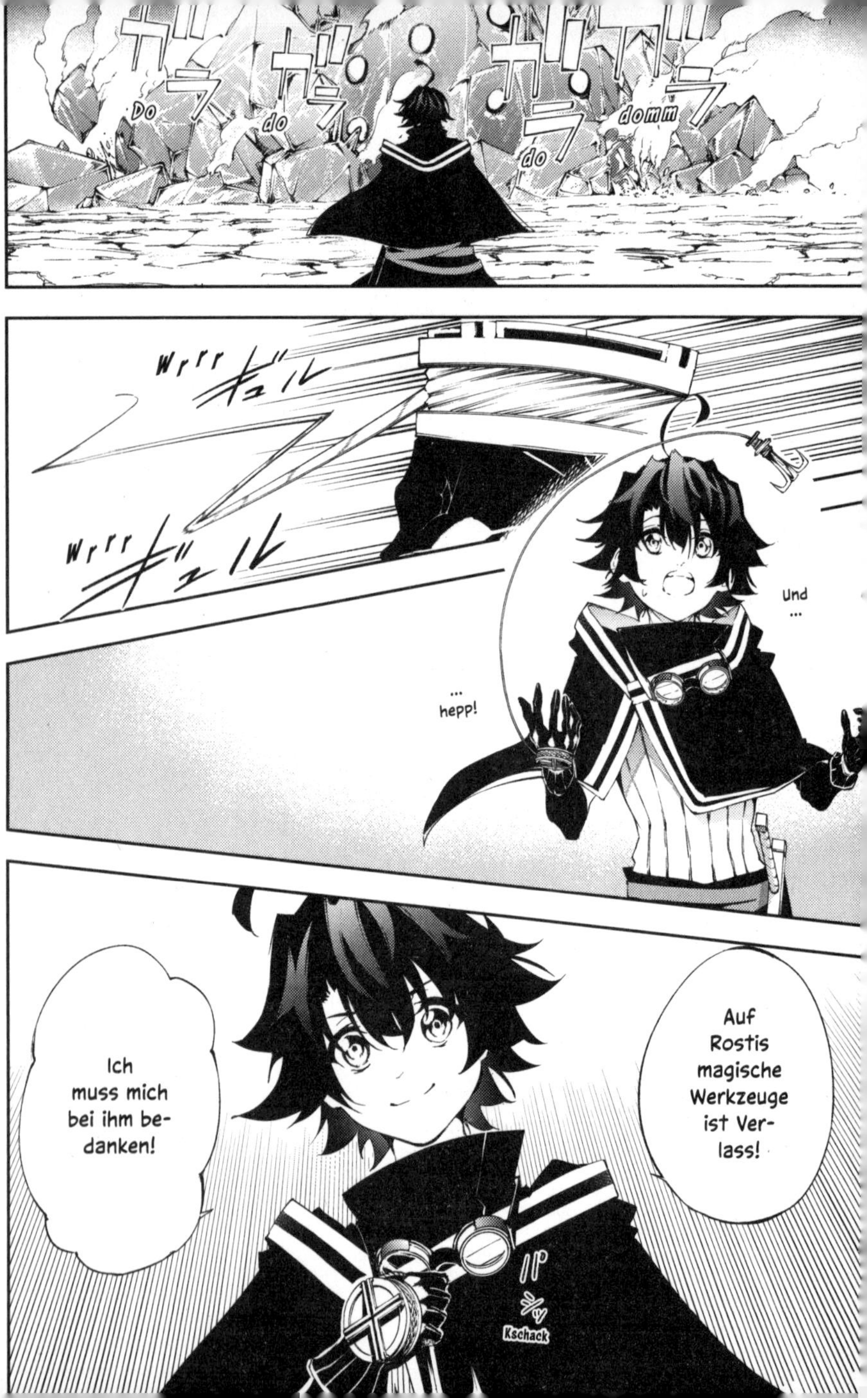
domm
do
do
Do
Wrrr
Wrrr
Und ...
... hepp!
Auf Rostis magische Werkzeuge ist Ver-lass!
Ich muss mich bei ihm be-danken!
Kschack

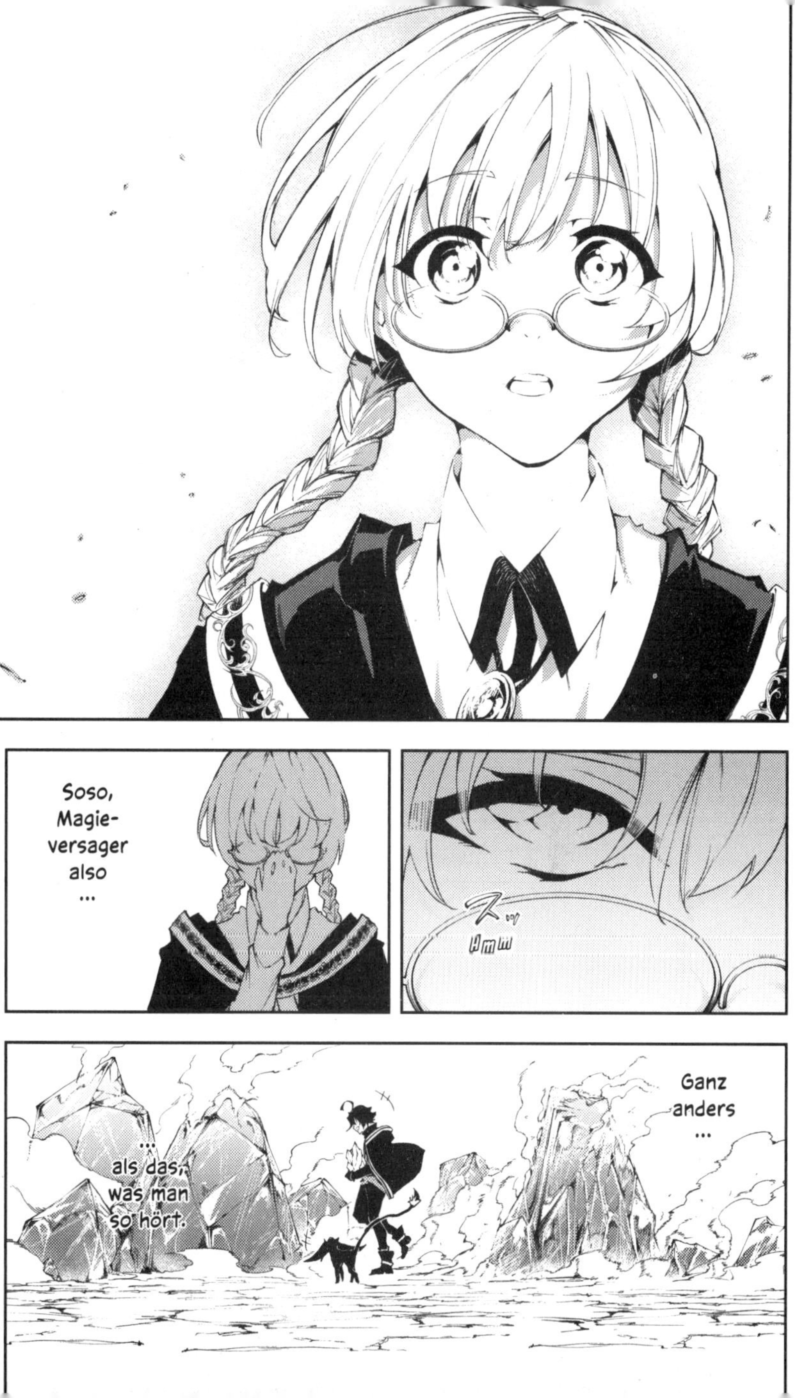

ス
Hmm
Soso, Magie-versager also ...
Ganz anders ...
... als das, was man so hört.

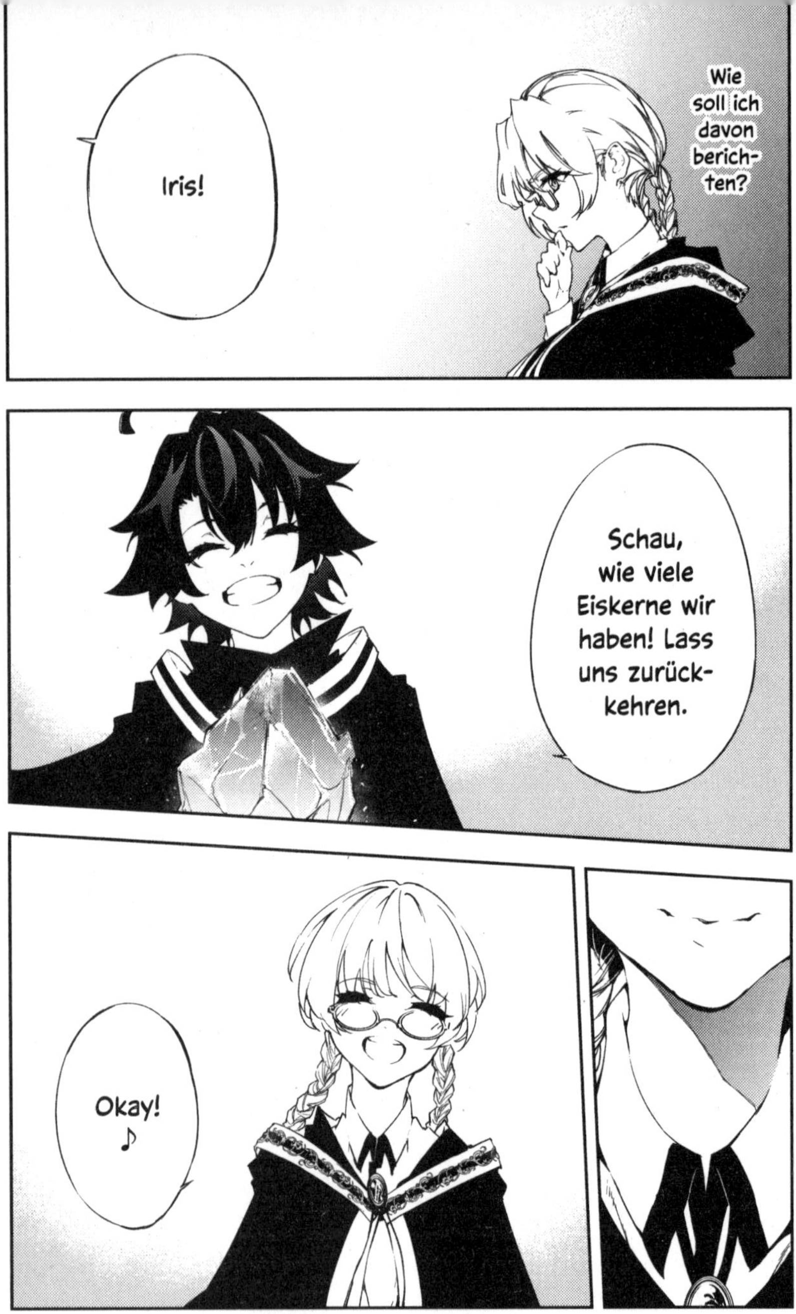
Wie soll ich davon berichten?
Iris!
Schau, wie viele Eiskerne wir haben! Lass uns zurückkehren.
Okay! ♪

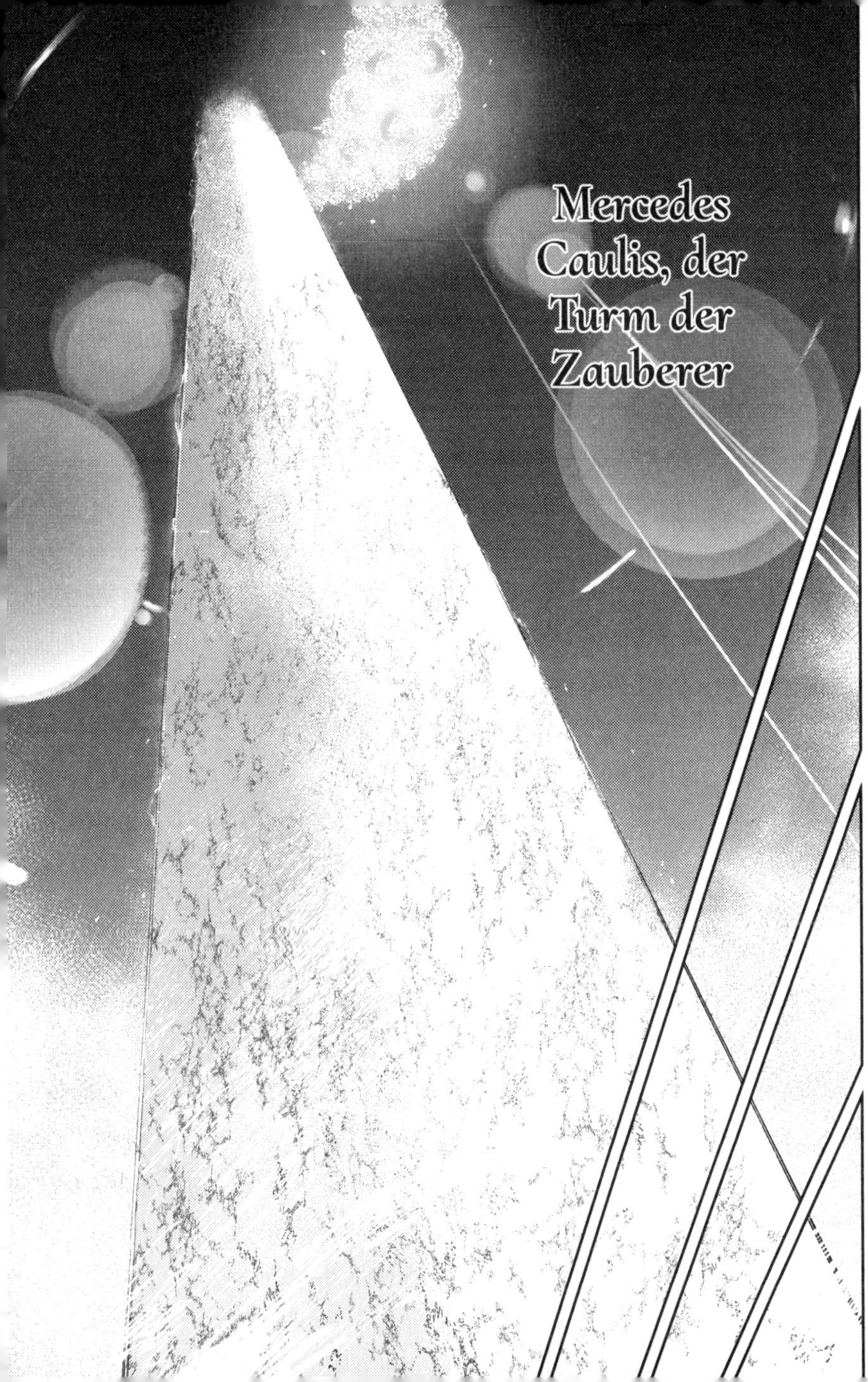
Mercedes
Caulis, der
Turm der
Zauberer

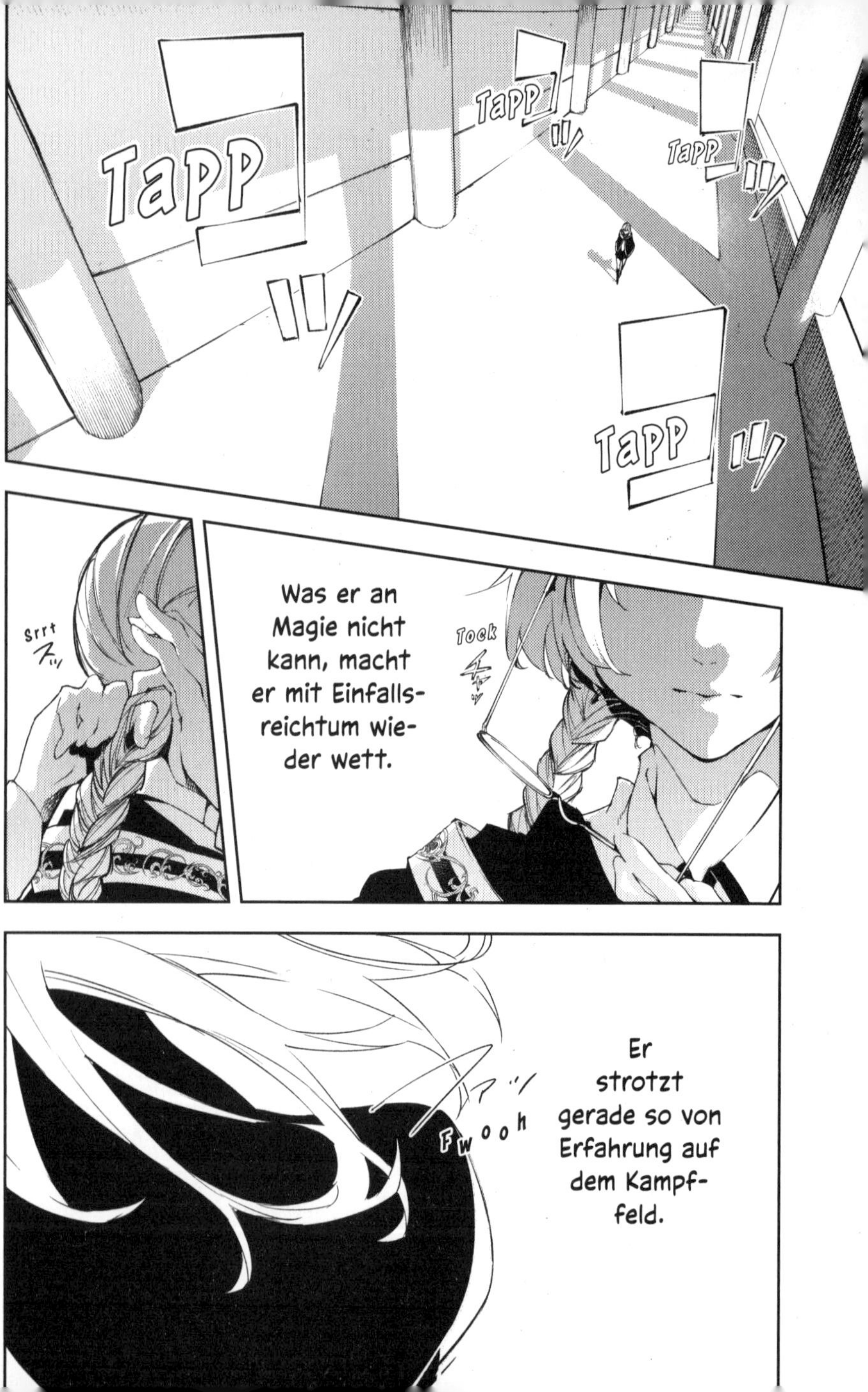
Tapp
Tapp
Tapp
Tapp
Was er an Magie nicht kann, macht er mit Einfallsreichtum wieder wett.
Tock
Srrt
Er strotzt gerade so von Erfahrung auf dem Kampffeld.
Fwooh

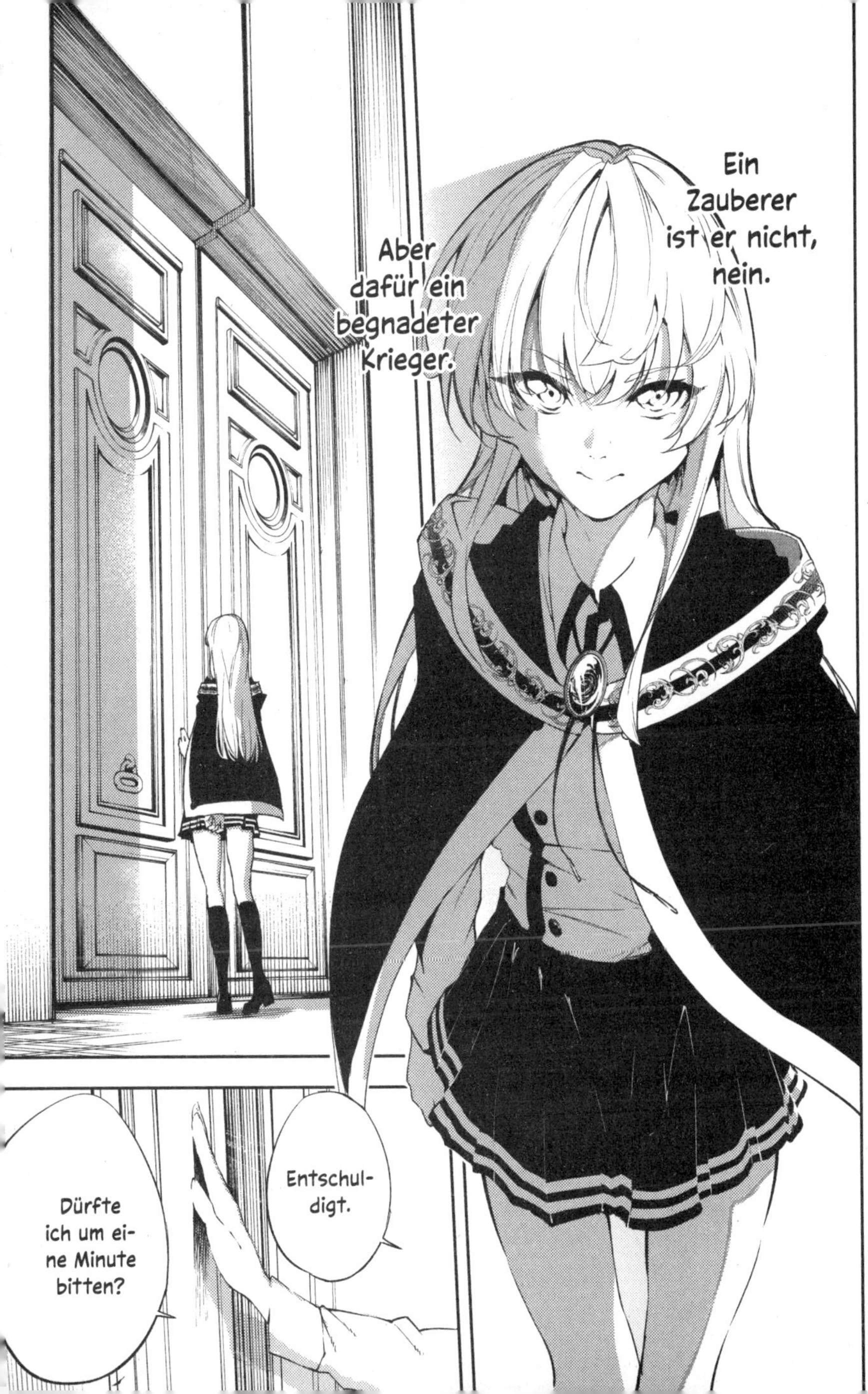
Ein Zauberer ist er nicht, nein.
Aber dafür ein begnadeter Krieger.
Entschul-digt.
Dürfte ich um ei-ne Minute bitten?

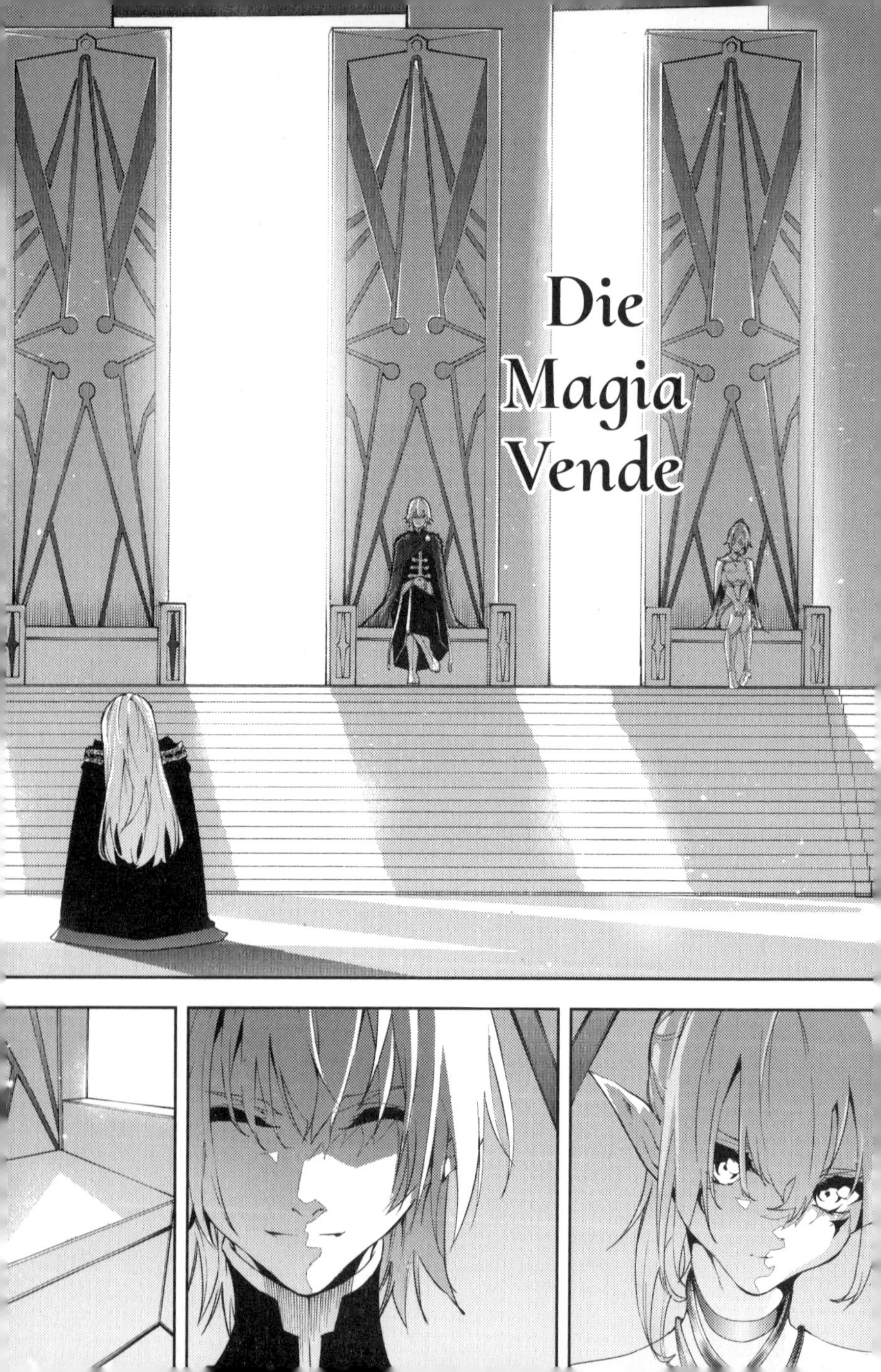
Die
Magia
Vende

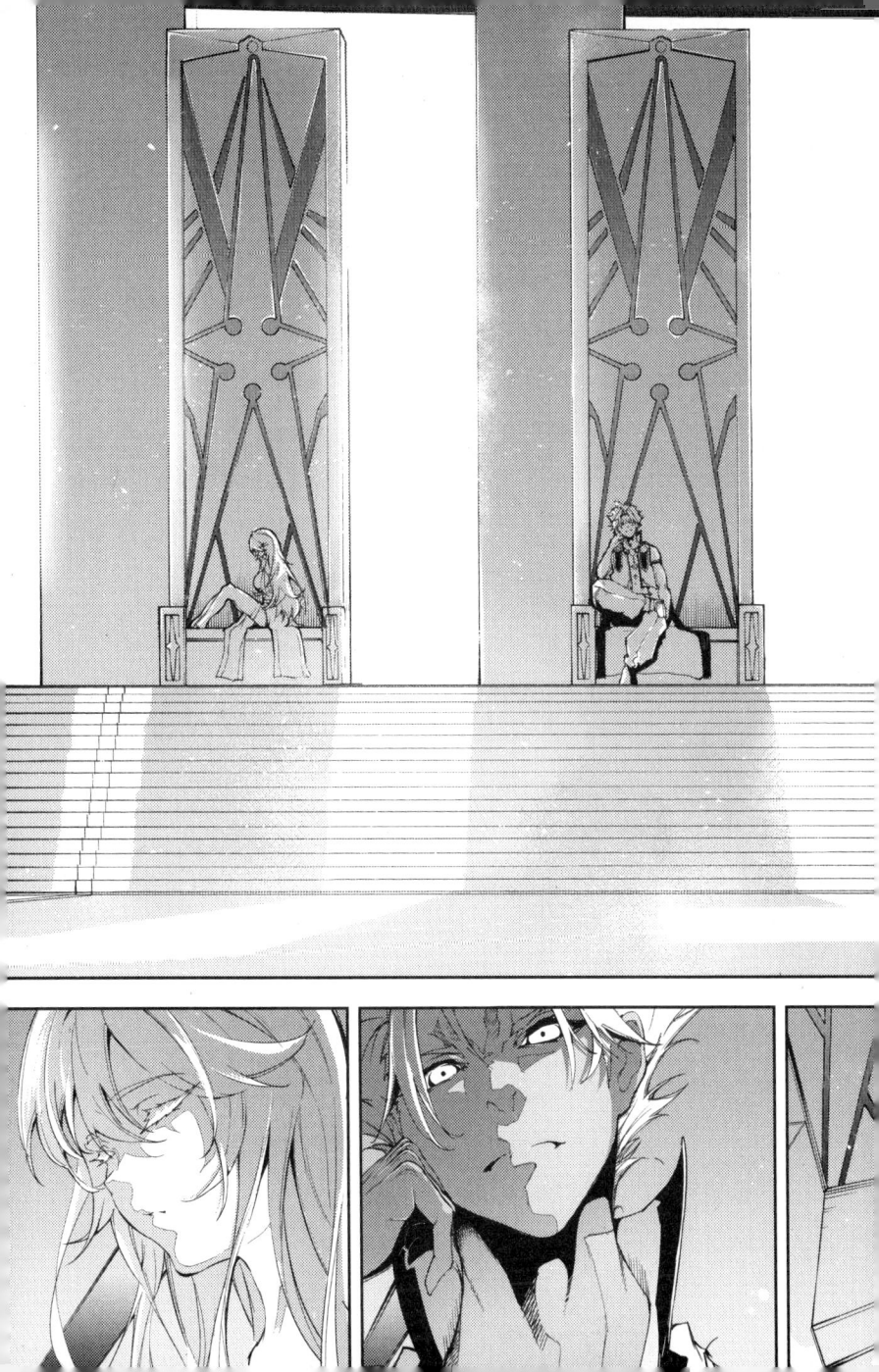

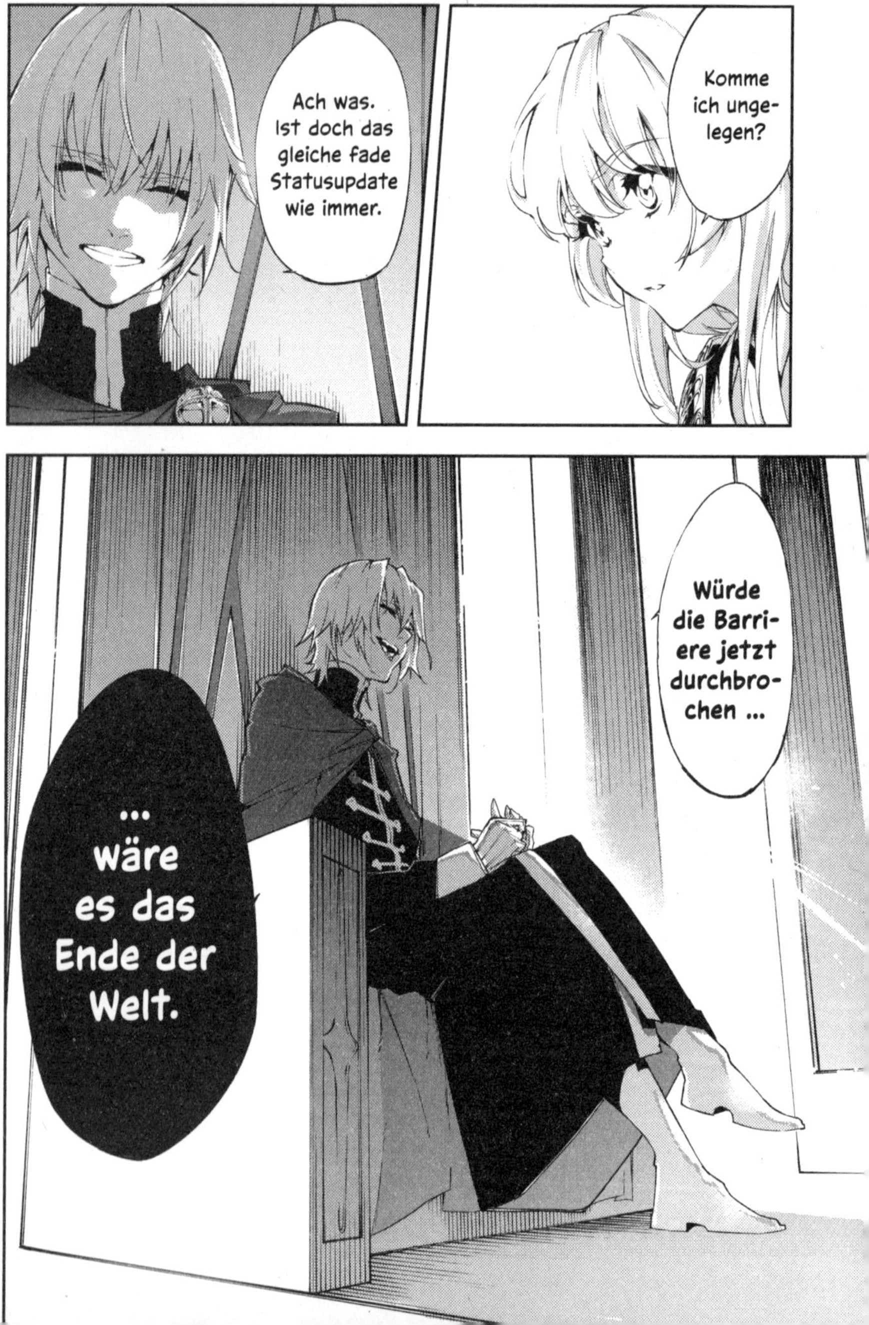
Komme ich ungelegen?
Ach was. Ist doch das gleiche fade Statusupdate wie immer.
Würde die Barriere jetzt durchbrochen ...
... wäre es das Ende der Welt.

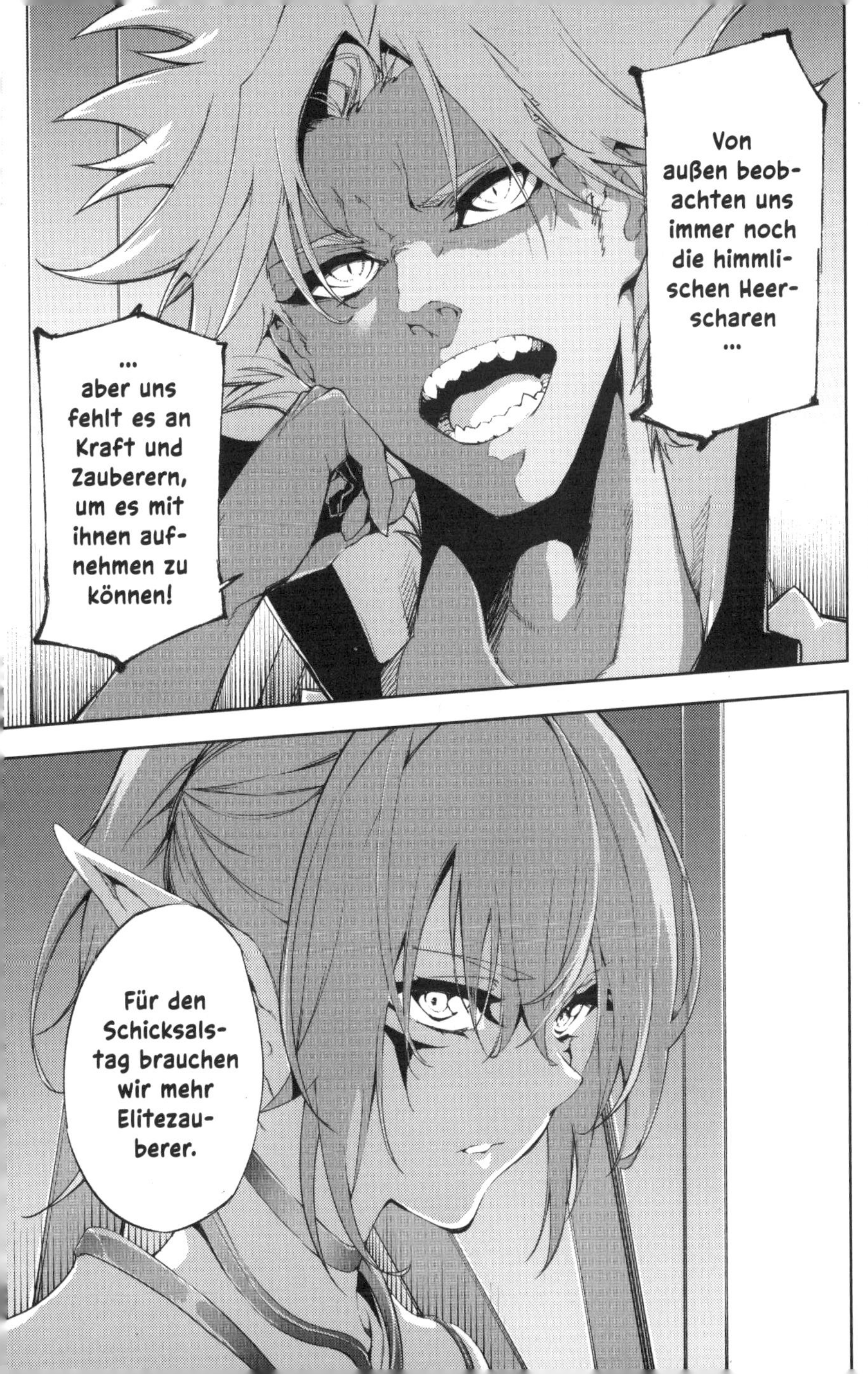
Von außen beobachten uns immer noch die himmlischen Heerscharen ...
... aber uns fehlt es an Kraft und Zauberern, um es mit ihnen aufnehmen zu können!
Für den Schicksalstag brauchen wir mehr Elitezauberer.

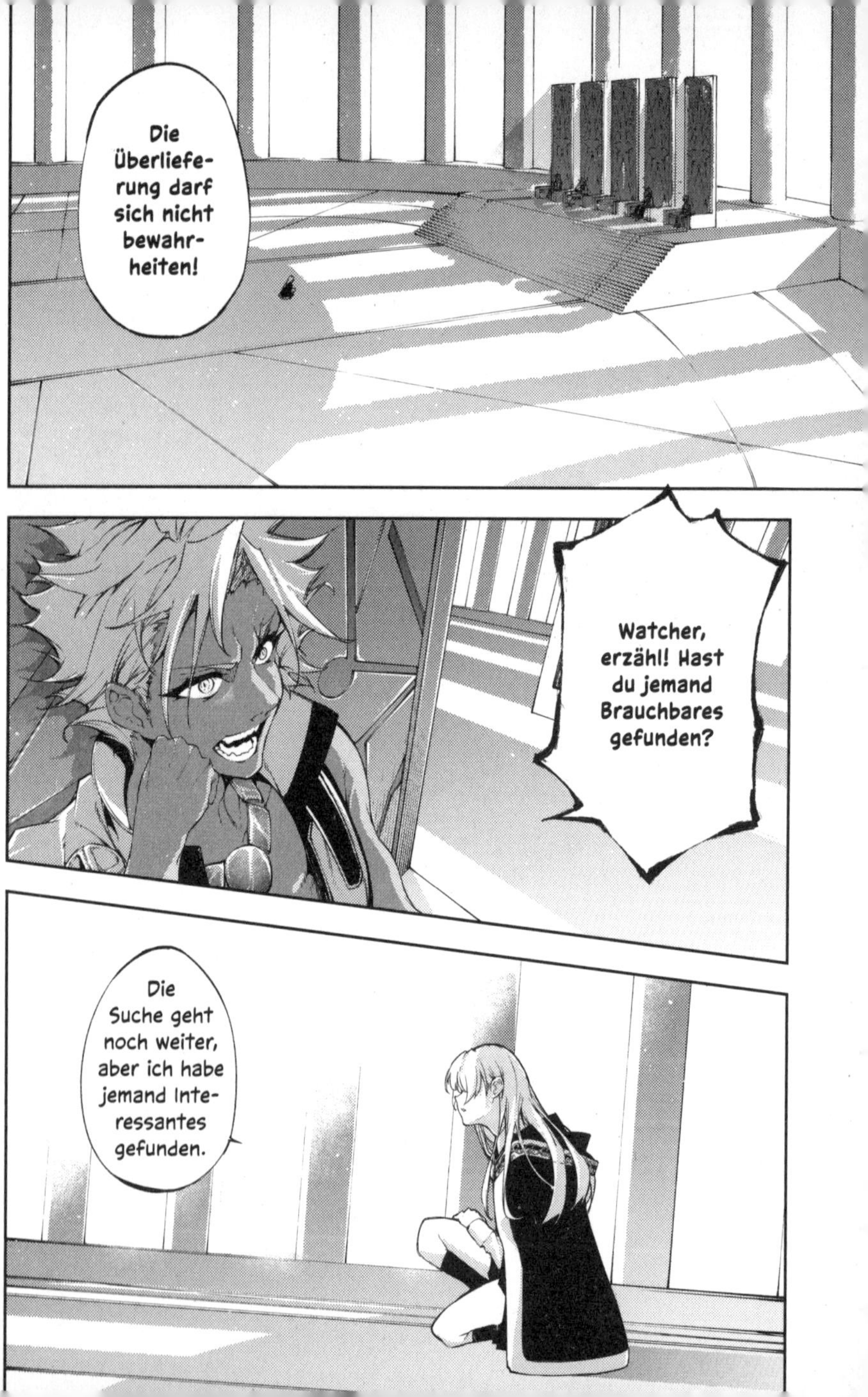
Die Überliefe-rung darf sich nicht bewahr-heiten!
Watcher, erzähl! Hast du jemand Brauchbares gefunden?
Die Suche geht noch weiter, aber ich habe jemand Inte-ressantes gefunden.

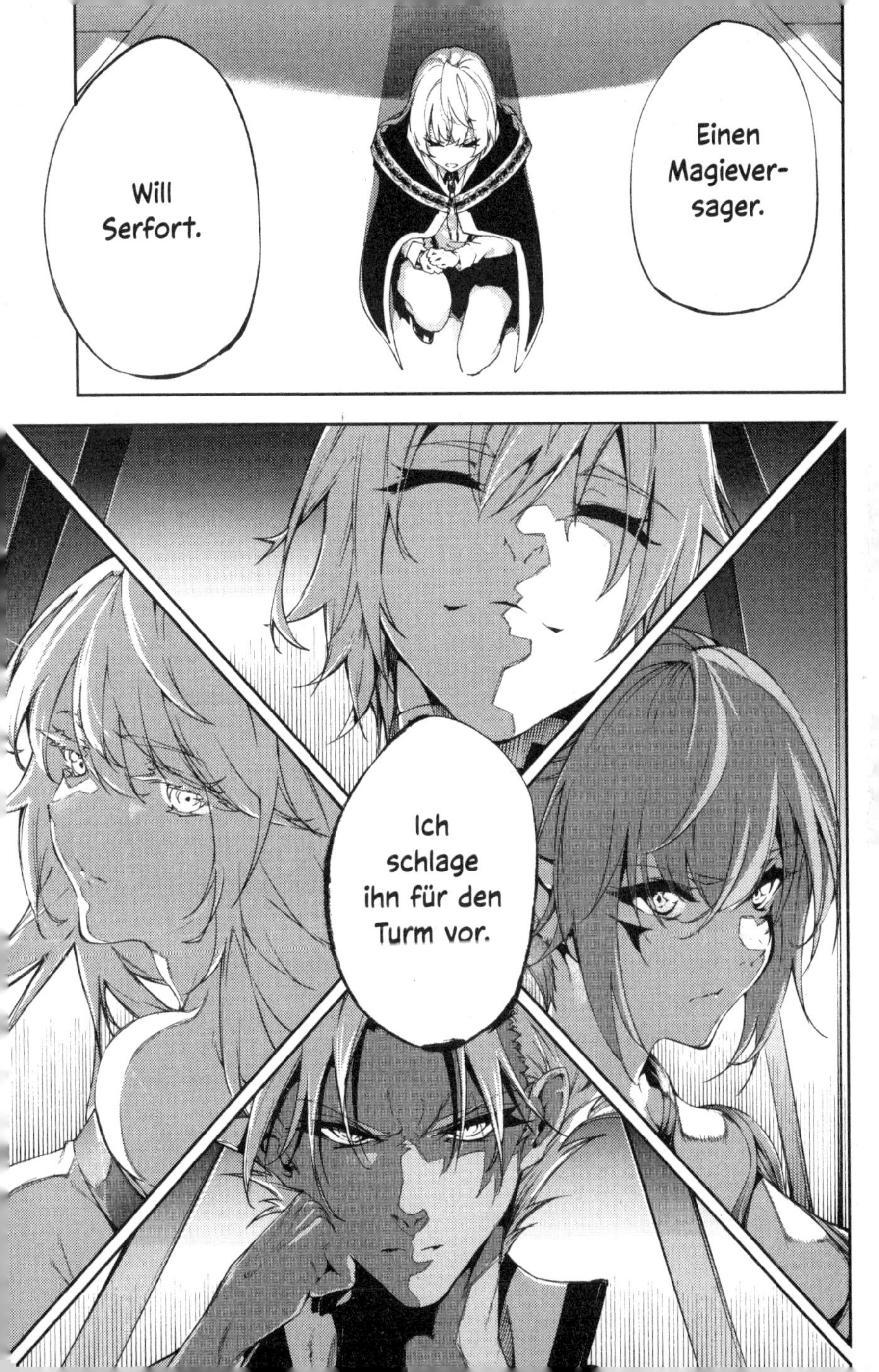
Einen Magieversager.
Will Serfort.
Ich schlage ihn für den Turm vor.

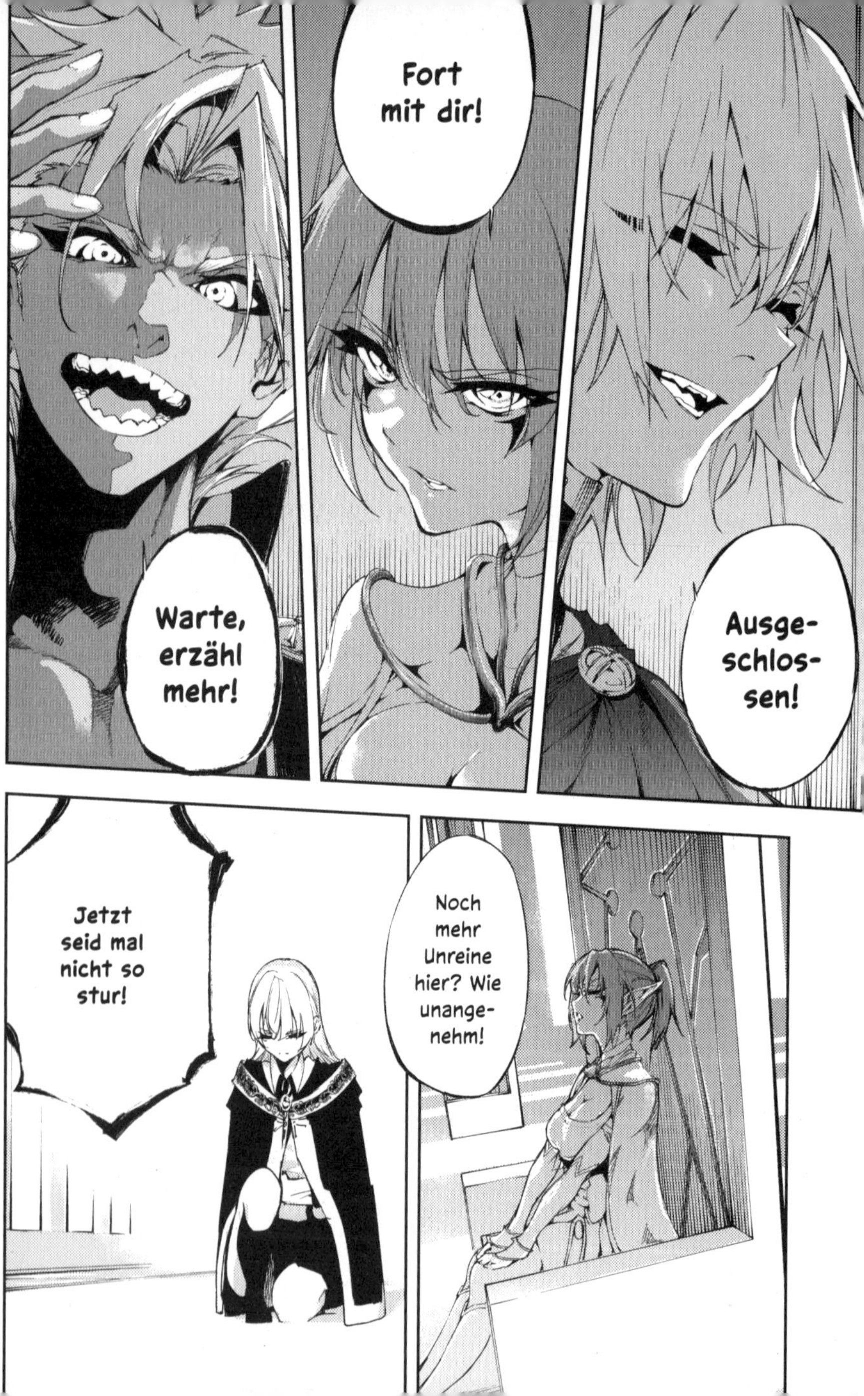
Ausgeschlossen!
Fort mit dir!
Warte, erzähl mehr!
Noch mehr Unreine hier? Wie unangenehm!
Jetzt seid mal nicht so stur!

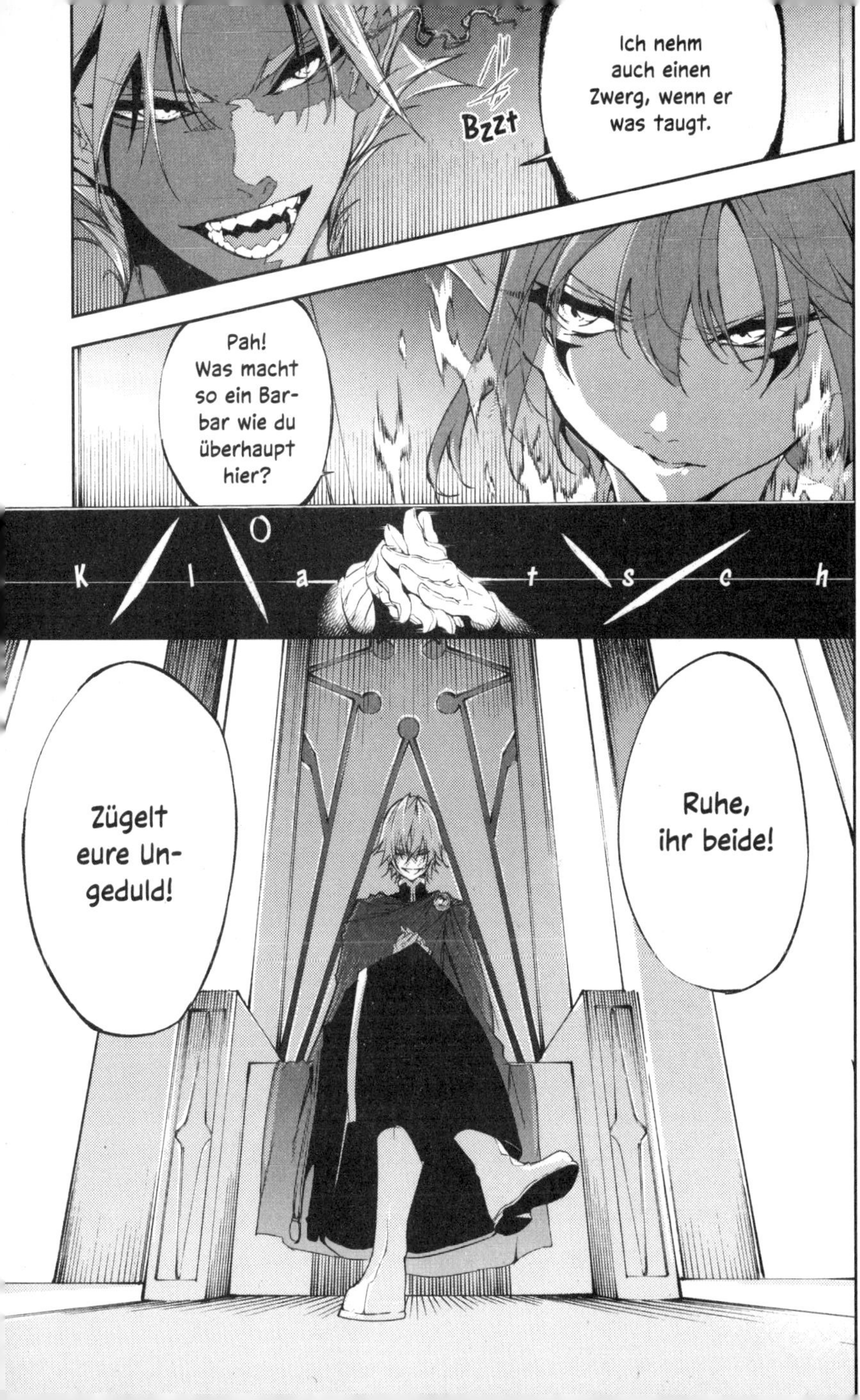
Ich nehm auch einen Zwerg, wenn er was taugt.
Bzzt
Pah! Was macht so ein Barbar wie du überhaupt hier?
Klatsch
Ruhe, ihr beide!
Zügelt eure Ungeduld!

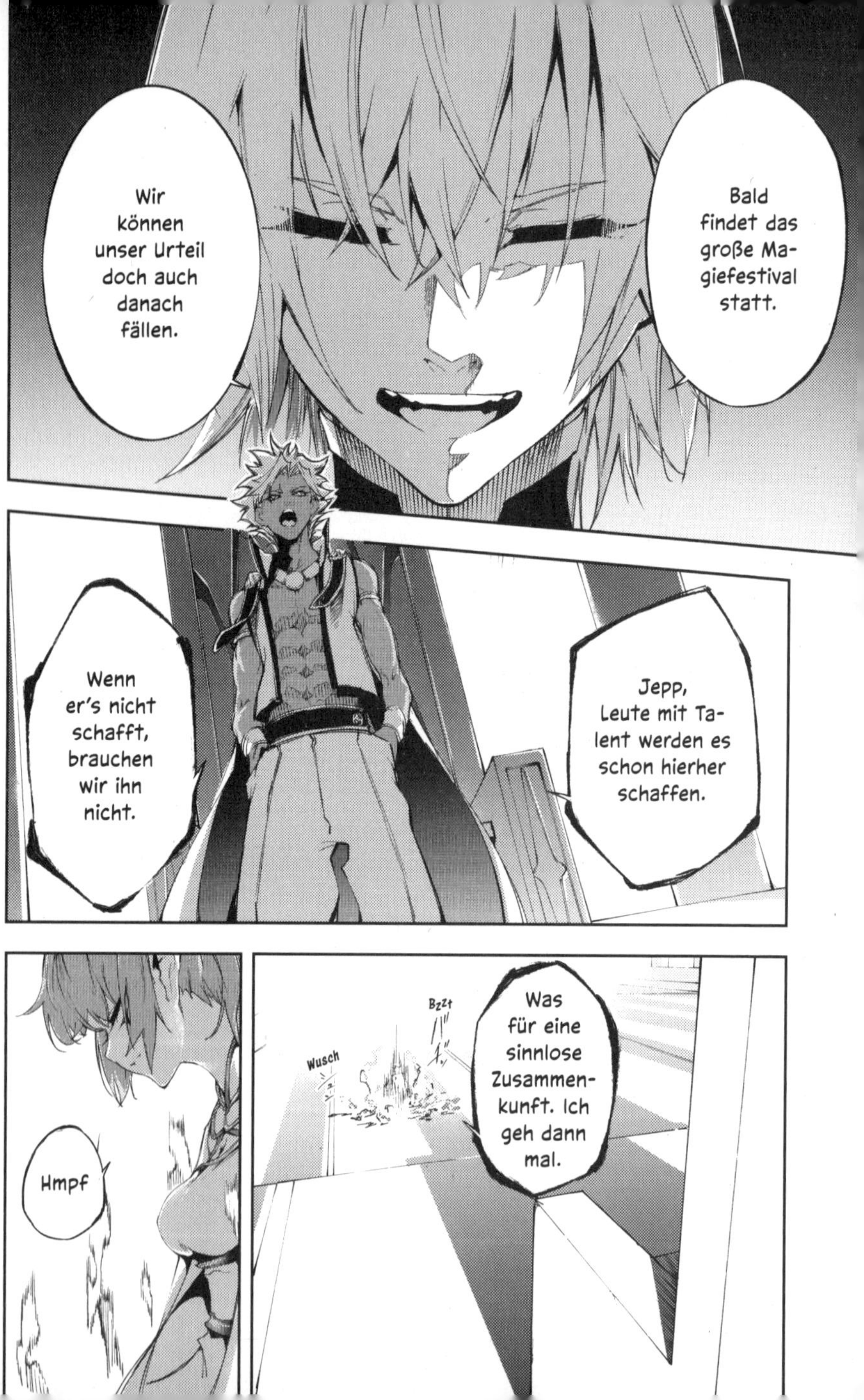
Bald findet das große Magiefestival statt.
Wir können unser Urteil doch auch danach fällen.
Jepp, Leute mit Talent werden es schon hierher schaffen.
Wenn er's nicht schafft, brauchen wir ihn nicht.
Was für eine sinnlose Zusammenkunft. Ich geh dann mal.
Bzzt
Wusch
Hmpf

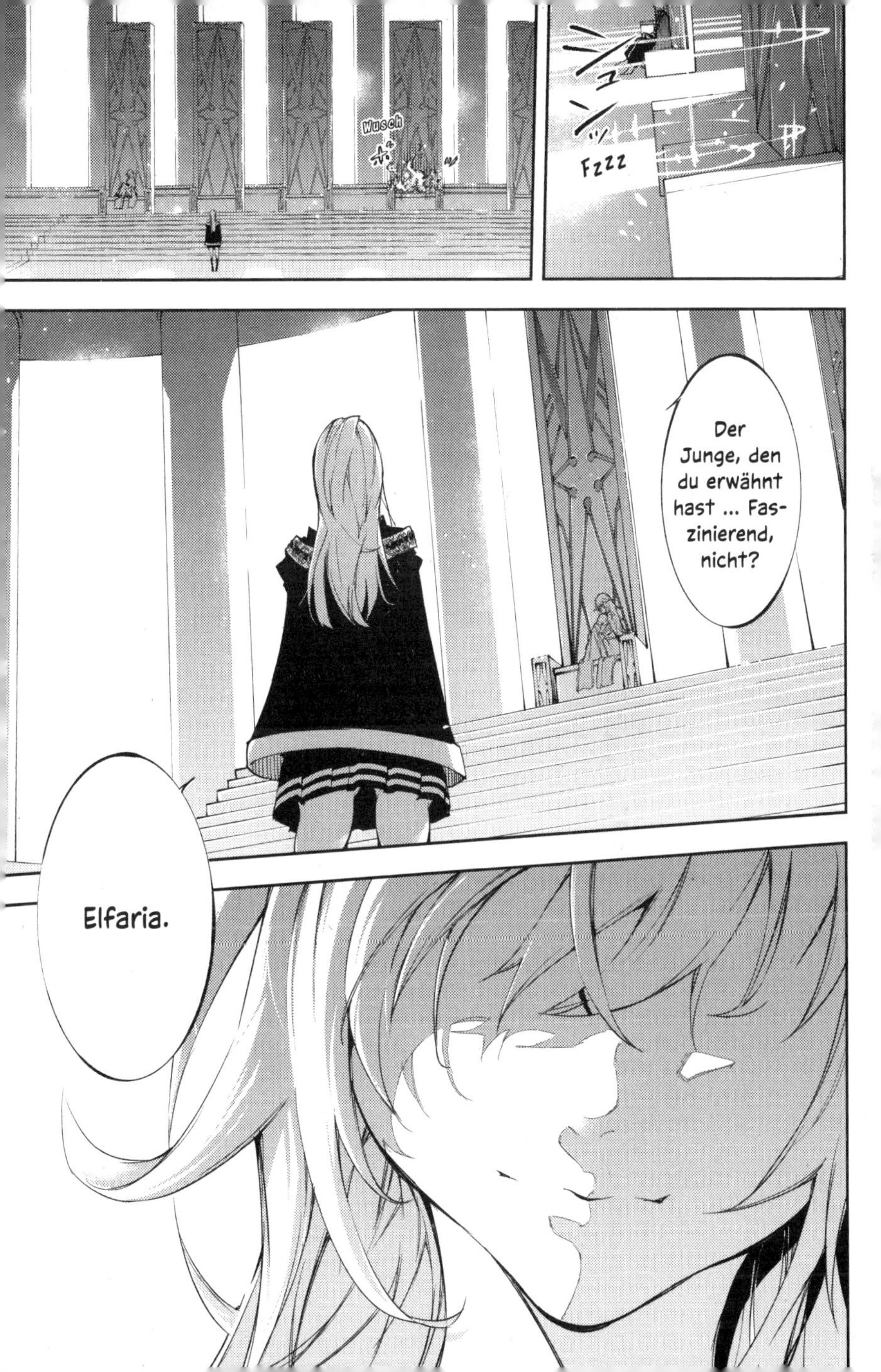

Wusch
Fzzz
Der Junge, den du erwähnt hast ... Faszinierend, nicht?
Elfaria.

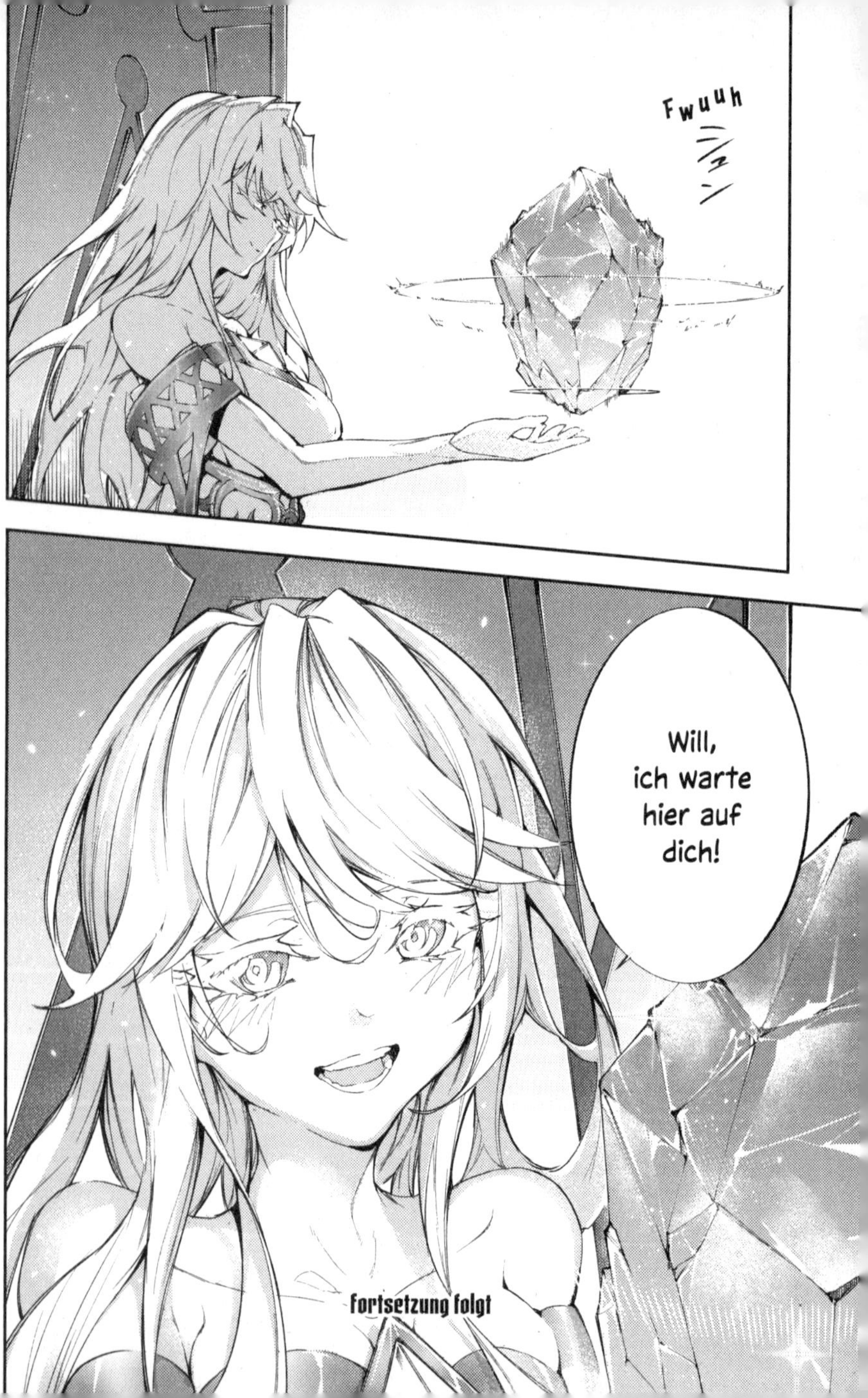
Fwuuh
Will, ich warte hier auf dich!
fortsetzung folgt

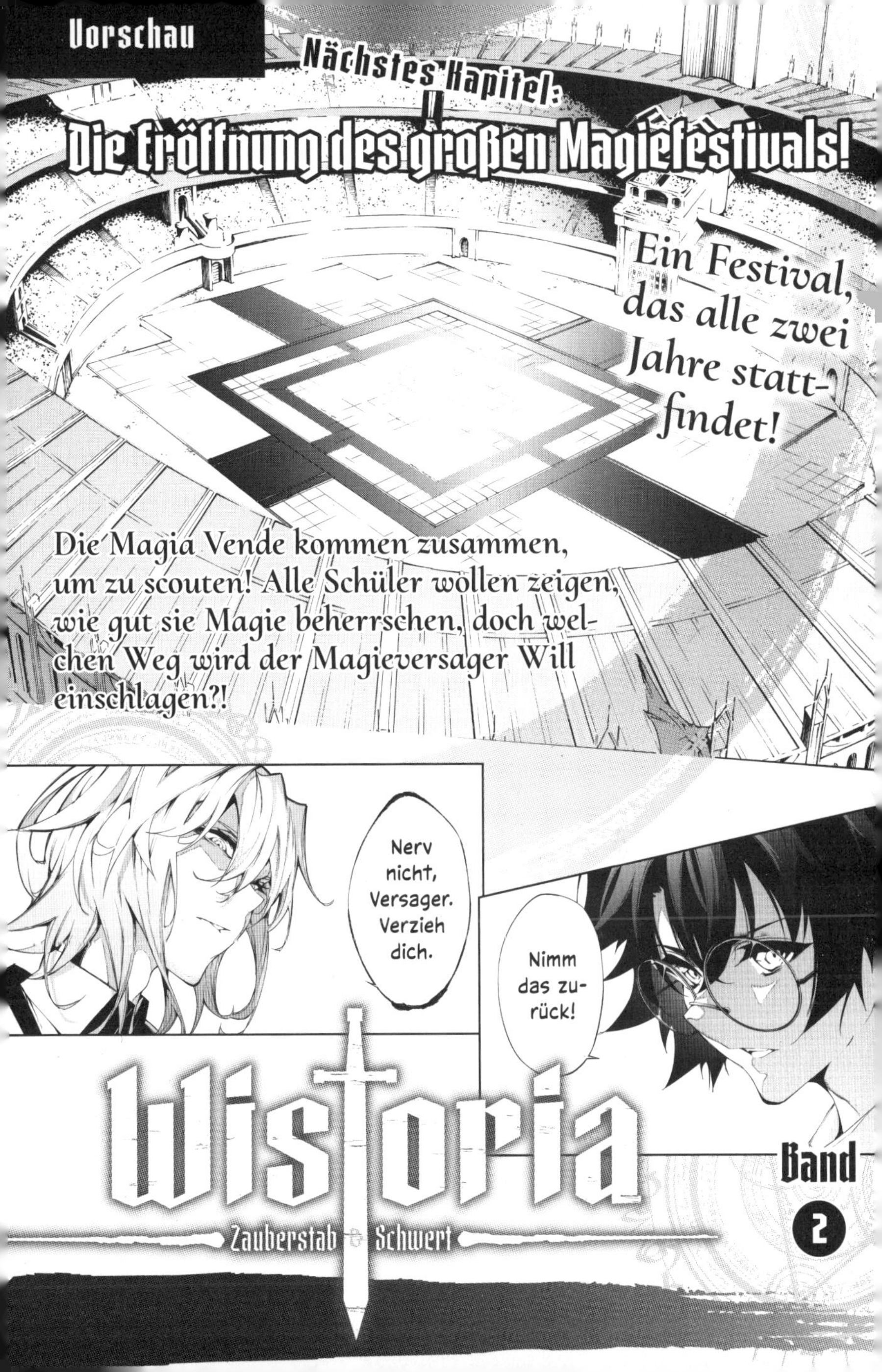
Vorschau
Nächstes Kapitel:
Die Eröffnung des großen Magiefestivals!
Ein Festival, das alle zwei Jahre statt-findet!
Die Magia Vende kommen zusammen, um zu scouten! Alle Schüler wollen zeigen, wie gut sie Magie beherrschen, doch welchen Weg wird der Magieversager Will einschlagen?!
Nerv nicht, Versager. Verzieh dich.
Nimm das zurück!
Wistoria
Zauberstab & Schwert
Band 2

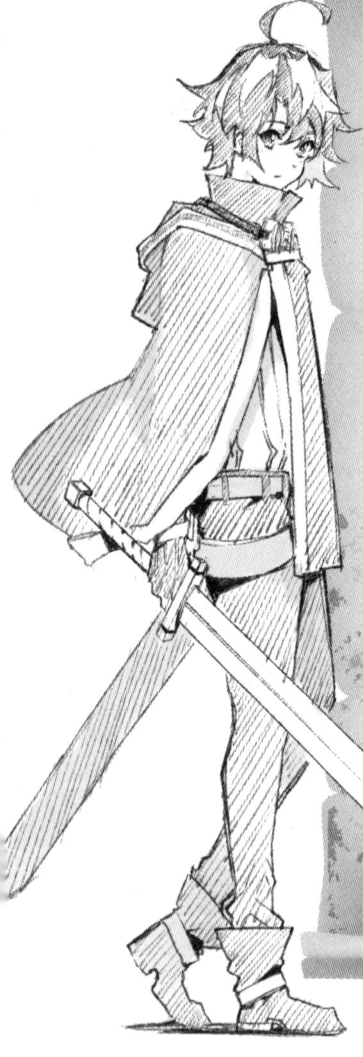

Will Serfort

Rasse: Lyzance

Alter: 16

Größe: 168 cm

Geburtstag: Am 24. des Elsamonats (24.12. in unserer Welt)

Vorlieben: Eisbonbons

Abneigungen: Mollykraut

Erste Liebe: Ein Mädchen aus seiner Kindheit

Tiefste Ebene im Dungeon: [redacted] 7*

Ausrüstung: Moria-Schwert, Rostis sorgfältig hergestelltes Kampfgewand, Brille des Versprechens

Spezialfähigkeit: Schwertattacken, die Magie überwinden

Kommt aus demselben Waisenhaus wie seine Kindheitsfreundin Elfaria. Er ist zwar unfähig Magie zu benutzen, doch dafür ein Ausnahmetalent im Nahkampf.

* Von Workner geändert.

Elfaria Albis Serfort

Rasse: Lyzance

Alter: 16

Größe: 163 cm

Geburtstag: Am 24. des Elsamonats (24.12. in unserer Welt)

Vorlieben: Wills selbst gemachter Salat, den Kopf in Wills Schoß legen, Wills schlafendes Gesicht, Wills Geruch, Wills

Abneigungen: Scharfes

Erste Liebe: Will Serfort

Tiefste Ebene im Dungeon: 37

Ausrüstung: Albis Vina (Eislanze), heilige Eiskristallrobe

Spezialfähigkeit: Beherrscht fast jeden Eis- und Wasserzauber. Elgras Frose (geheime 12er-Eismagie)

Die jüngste Magia Vende aller Zeiten und magisches Ausnahmetalent. Wacht von ihrem Fenster im Turm über einen bestimmten Jungen. Von ihren Vertrauten hört man, sie nehme ihre Rolle als Magia Vende nicht ganz so ernst und spiele die Heilige.

Story: Fujino Omori
Für gewöhnlich bin ich Light-Novel-Autor. Ich hoffe, dass ihr Spaß mit *Wistoria – Zauberstab & Schwert* habt.

Artwork: Toshi Aoi
Danke, dass ihr diesen Band gekauft habt. Ich bin zwar nervös, da es meine erste Serie ist, aber ich gebe mein Bestes.

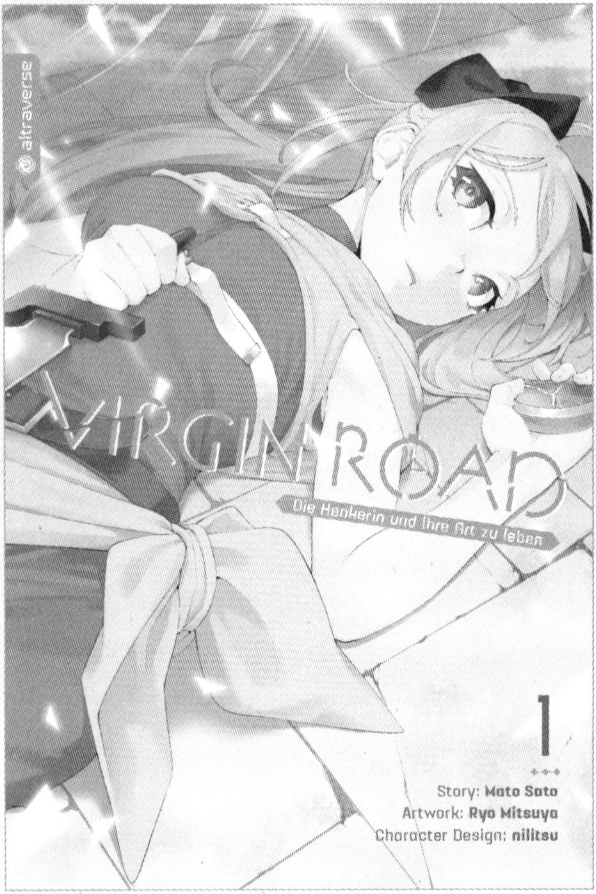
altraverse
VIRGIN ROAD
Die Henkerin und ihre Art zu leben
1
Story: Mato Sato
Artwork: Ryo Mitsuya
Character Design: nilitsu

Fantasy 15 +

Virgin Road – Die Henkerin und ihre Art zu leben
Mato Sato | Ryo Mitsuya | nilitsu

Die junge Menou ist Henkerin, eine Auftragsmörderin im Dienst der Kirche. Als solche ist es ihre Aufgabe, sogenannte Verlorene – Menschen, die beim Übertritt in ihre Welt übermenschliche Kräfte erhalten – zu töten, bevor sie Chaos und Verderben säen können. Allerdings scheint Menous neues Ziel, die süße Akari, unsterblich zu sein …

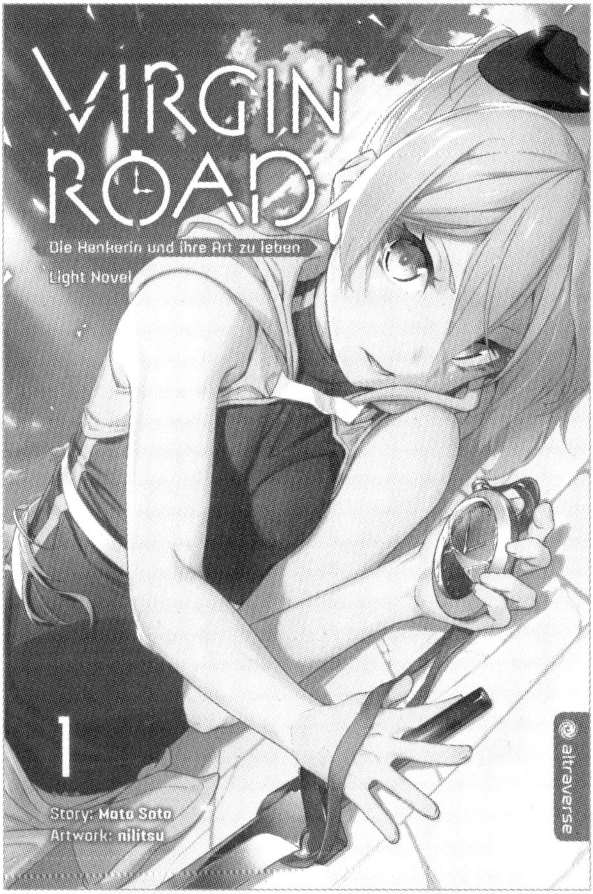
VIRGIN ROAD
Die Henkerin und ihre Art zu leben
Light Novel
1
Story: Mato Sato
Artwork: nilitsu
altraverse

Virgin Road – Die Henkerin und ihre Art zu leben Light Novel

Mato Sato | nilitsu

Mit ihren gewaltigen Kräften bringen die Verlorenen Chaos und Zerstörung über die Welt. Menous Aufgabe als Henkerin ist es, sie hinzurichten, bevor sie sich ihrer Macht bewusst werden. Ihr neustes Ziel, die unschuldige Akari, stellt Menou jedoch vor eine besondere Herausforderung, denn das Mädchen scheint unsterblich zu sein ...

Fantasy 13+

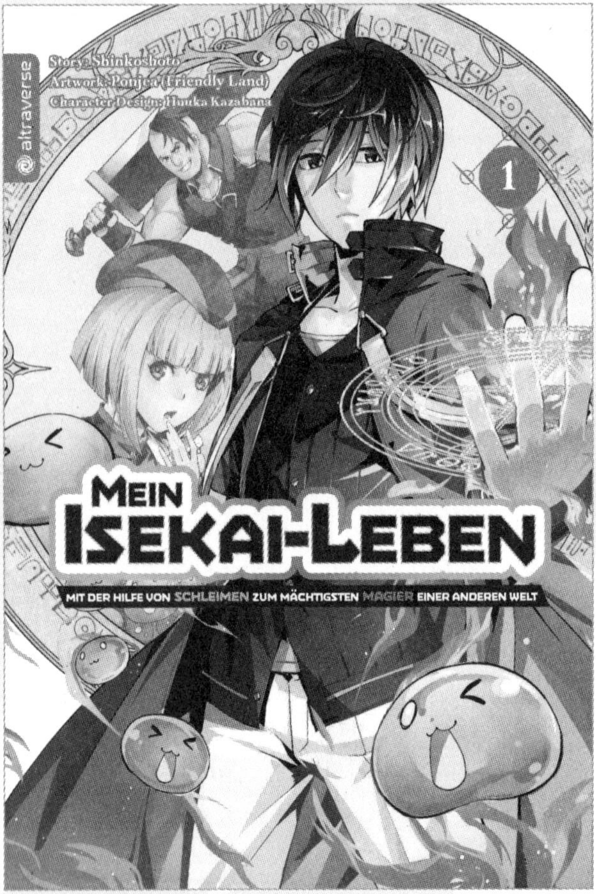
altraverse
Story: Shinkoshoto
Artwork: Ponjea (Friendly Land)
Character Design: Huuka Kazabana
1
MEIN
ISEKAI-LEBEN
MIT DER HILFE VON SCHLEIMEN ZUM MÄCHTIGSTEN MAGIER EINER ANDEREN WELT

Mein Isekai-Leben – Mit der Hilfe von Schleimen zum mächtigsten Magier einer anderen Welt

Shinkoshoto | Ponjea (Friendly Land) | Huuka Kazabana

Yuji Sano hat nichts anderes als Arbeit im Kopf – zumindest bis ihn sein PC eines Tages versehentlich in eine andere Welt katapultiert. Als frischgebackener Monsterbändiger sammelt er neben einer Armee von Schleimen auch schier endloses Wissen. Doch was wird jetzt bloß aus der Arbeit, die er zurückgelassen hat?

Fantasy 13 +

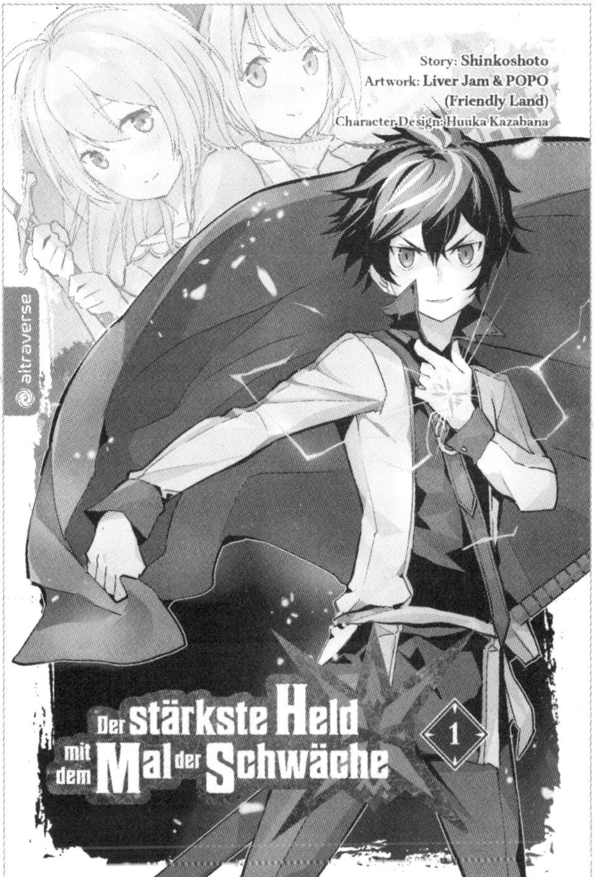
Story: Shinkoshoto
Artwork: Liver Jam & POPO
(Friendly Land)
Character Design: Huuka Kazabana
altraverse
Der stärkste Held mit dem Mal der Schwäche
1

Der stärkste Held mit dem Mal der Schwäche

Shinkoshoto | Liver Jam & POPO (Friendly Land) | Huuka Kazabana

Einst gab es einen mächtigen Weisen, der sein Leben der Magie widmete. Er kam jedoch zu der Erkenntnis, dass sein Mal nicht für den Kampf geeignet war. Da ein Mensch bei seiner Geburt eines von vier Malen erhält, entschied er sich wiedergeboren zu werden. Es glückte ihm, jedoch muss er erkennen, dass die magischen Fähigkeiten der Menschen schwächer sind, als er erwartet hatte.

Fantasy 13 +

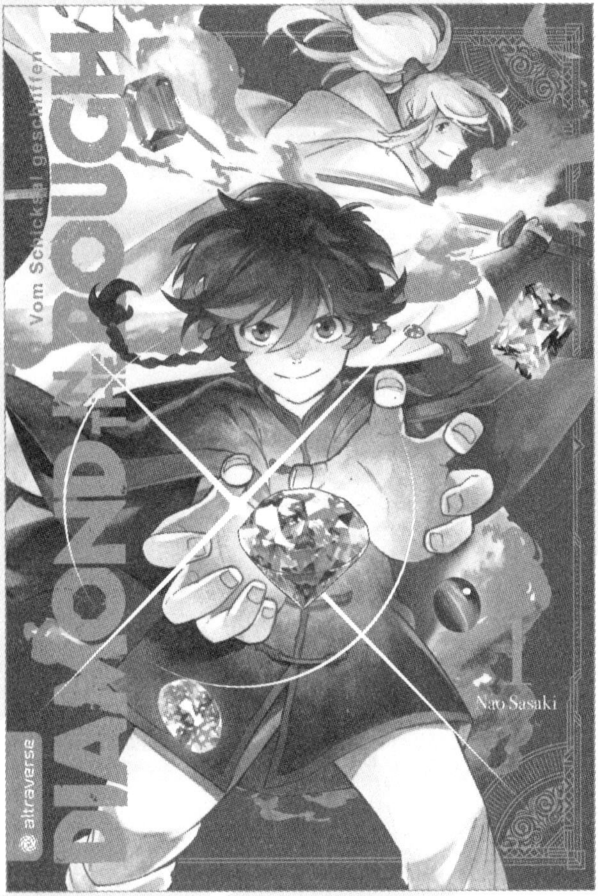
DIAMOND the ROUGH
Vom Schicksal geschliffen
Nao Sasaki
altraverse

Diamond in the Rough – Vom Schicksal geschliffen

Nao Sasaki

In einer Welt, in der sich alles um Steine dreht, bestreitet Akeboshi sein Leben als reisender Erzhandwerker. In einem unterirdischen Dorf trifft er auf Kai – einen Jungen, dessen linkes Bein und seine gesamte Familie versteinert wurden. Akeboshi beschließt, dem Jungen zu helfen, ohne zu ahnen, welche Bürde er sich damit auflädt.

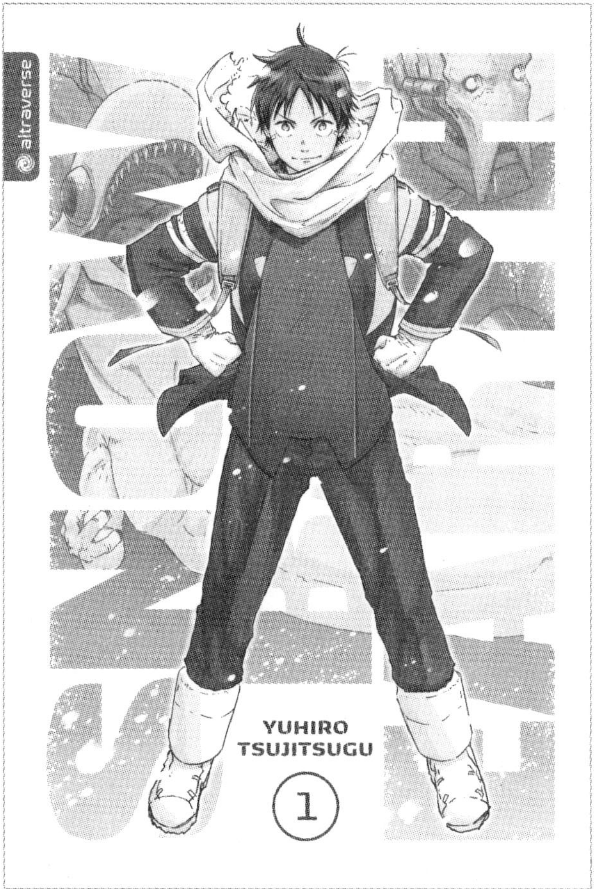
altraverse
YUHIRO
TSUJITSUGU
1

Snowball Earth

Yuhiro Tsujitsugu

Der einzige Freund des menschenscheuen Tetsuo ist ein riesiger Roboter namens Yukio. Zusammen treten die beiden gegen Bestien aus dem All an, um die Menschheit zu retten. Nach zehn Jahren ist die finale Schlacht geschlagen und es ist an der Zeit für Tetsuo, zur Erde zurückzukehren. Allerdings ist die Erde nicht mehr so, wie der Junge sie in Erinnerung hat …

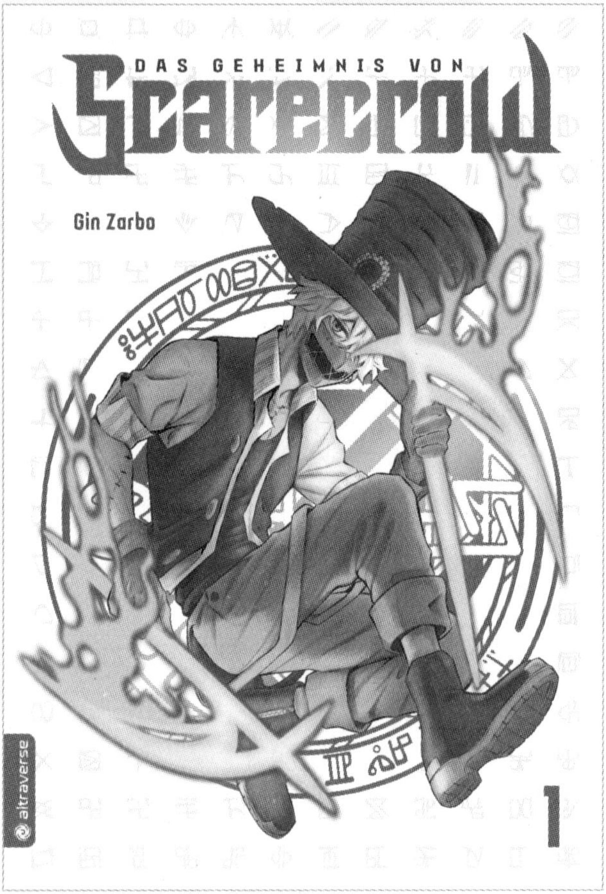
DAS GEHEIMNIS VON
Scarecrow
Gin Zarbo
altraverse
1

Das Geheimnis von Scarecrow

Gin Zarbo

Die Menschen stehen in einem ständigen Kampf mit den Crows, finsteren Monstern, die an riesige Krähen erinnern. Die Legende besagt, dass ihnen dabei einst die Scarecrows zur Seite standen. Engell glaubt fest daran, dass es sie gegeben hat, und macht sich auf die Suche nach ihnen. Doch als sie tatsächlich einen von ihnen findet, nimmt das eigentliche Abenteuer erst seinen Lauf …

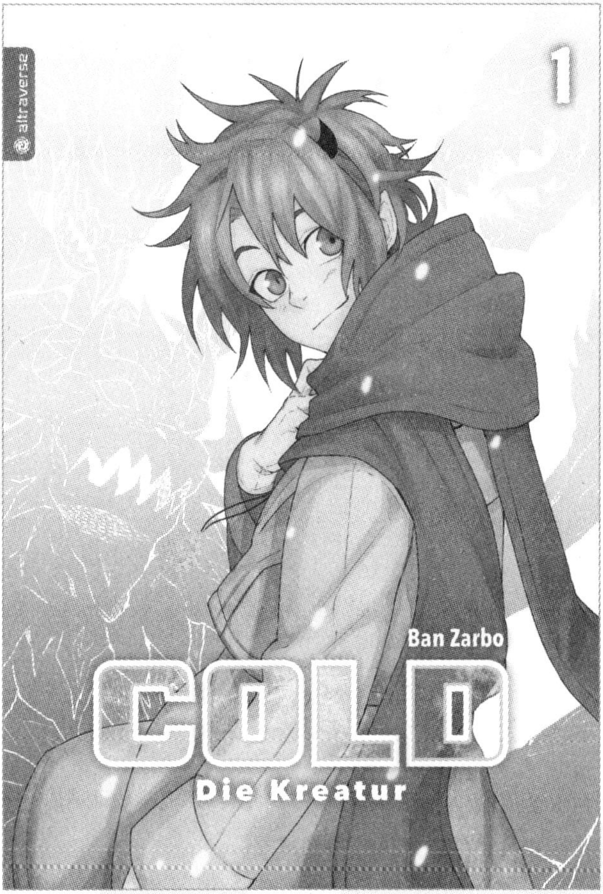
altraverse
1
Ban Zarbo
COLD
Die Kreatur

Cold – Die Kreatur

Ban Zarbo

Nach einer Klimakatastrophe hat sich die Welt in ein Meer aus Eis verwandelt. Durch die eisigen Landschaften wandern gefährliche Monster. Die Menschen haben sich in durch hohe Mauern geschützte Städte zurückgezogen und müssen sich Nacht für Nacht gegen die Monster verteidigen. Der junge Sami will unbedingt ein Mitglied der Stadtwache werden und die Welt für immer von den Monstern befreien …

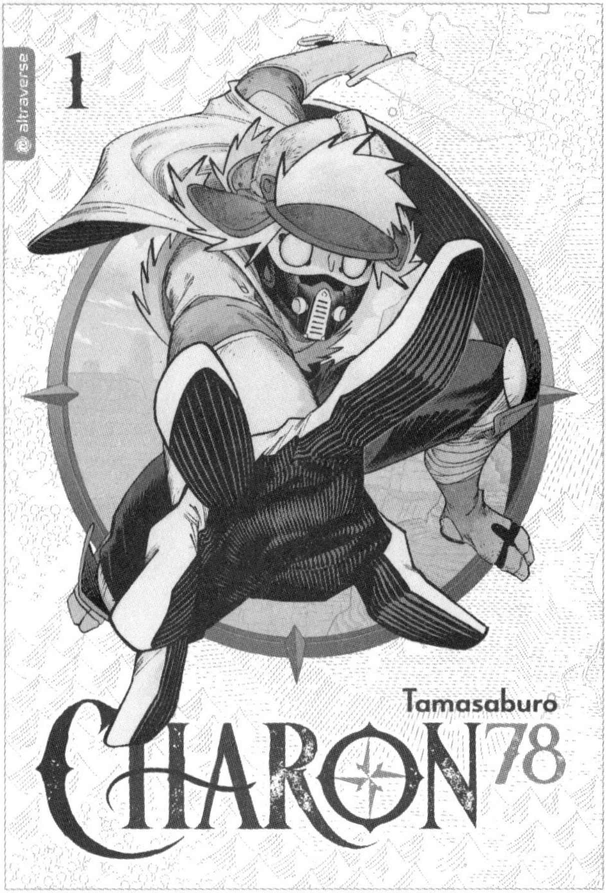
altraverse
1
Tamasaburo
CHARON 78

Charon 78
Tamasaburo

Die Charons sind Fremdenführer in einer Welt, durch die ein tiefer Riss von gigantischen Ausmaßen verläuft. In diesem Riss, der Acheron genannt wird, lauern vielerlei Gefahren auf Reisende. Die Natur ist unbarmherzig und weite Teile werden von unheimlichen Wesen bevölkert. Nichts ist dort so, wie es scheint.

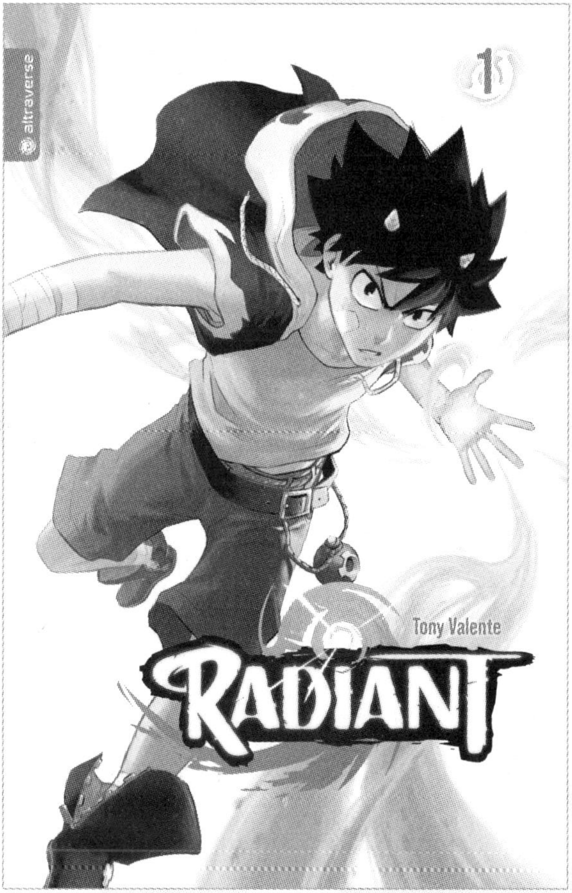
altraverse
1
Tony Valente
RADIANT

Radiant
Tony Valente

Seth ist ein junger Hexer und gehört damit zu den wenigen, die den schauderhaften Monstern namens Nemesis Einhalt gebieten können, welche das Land bedrohen. Geplagt von Vorurteilen der Bevölkerung und gejagt von der Inquisition beschließt Seth nach Radiant zu suchen, dem legendären Ursprung der Nemesis.

Fantasy 13+

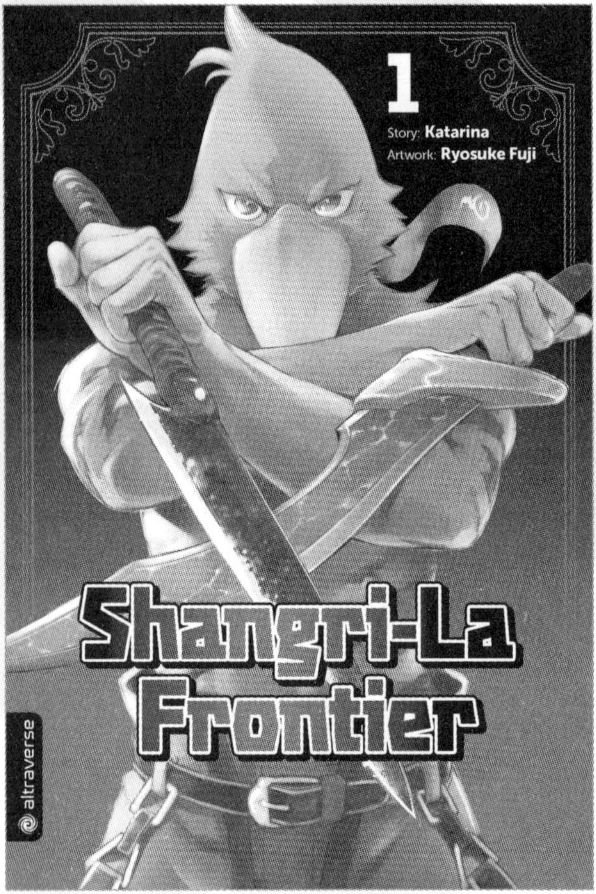
1
Story: Katarina
Artwork: Ryosuke Fuji
Shangri-La Frontier
altraverse

Shangri-La Frontier

Katarina | Ryosuke Fuji

Rakuro interessiert sich nur für das eine: möglichst schlechte Videospiele. Mit nichts verbringt er seine Freizeit lieber als damit, sich die Perlen schlecht produzierter Games zu schnappen und zu bezwingen. Als ihm das VR-Game *Shangri-La Frontier* nahegelegt wird, erwartet ihn in jeder Hinsicht ein episches Abenteuer.

Sci-Fi 13+

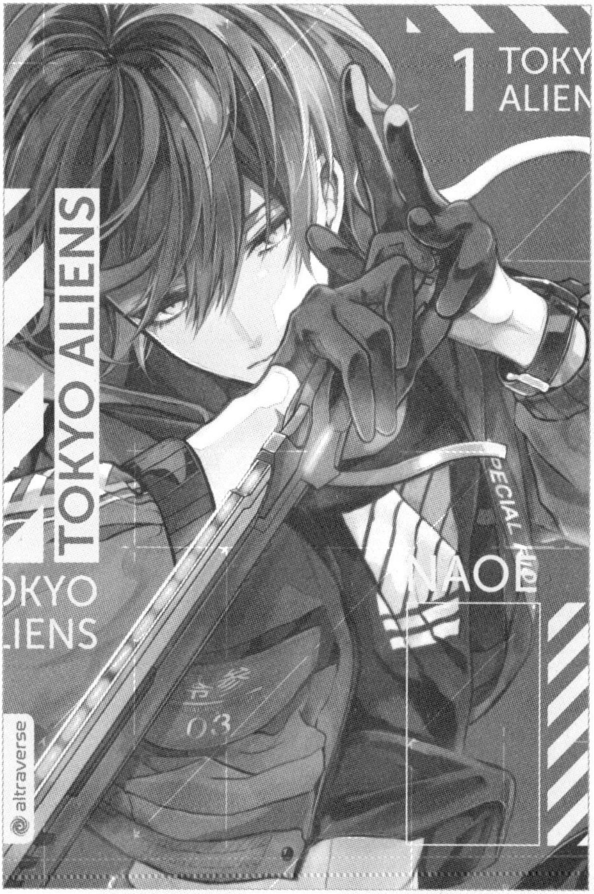
TOKYO ALIENS
NAOE
altraverse

Tokyo Aliens

NAOE

Akira Gunji führt ein stinknormales Leben ... Zumindest bis ihn auf dem Heimweg von der Schule eine Oma mit Tentakeln entführt. Sie entpuppt sich als Außerirdische, und als ob das nicht genug wäre, taucht plötzlich Akiras Klassenkamerad Sho auf und will die Oma festnehmen? Akiras Leben steht mit einem Mal kopf.

Deutsche Ausgabe / German Edition

Altraverse GmbH
Ruhrstr. 11 a
22761 Hamburg
kontakt@altraverse.de

Aus dem Japanischen von Gregor Wakounig

Wir behalten uns die Nutzung unserer Inhalte für Text- und Data-Mining im Sinne von § 44b UrhG ausdrücklich vor.

Tsue to Tsurugi no Wistoria
©2021 Fujino Omori / Toshi Aoi. All rights reserved.
First published in Japan in 2021 by Kodansha Ltd., Tokyo.
Publication rights for this German edition arranged through Kodansha Ltd., Tokyo.

Redaktion: Anh Tu Nguyen, Esther Hornbrook
Herstellung: Esra Doğan
Lettering: Vibrant Publishing Studio

Druck: Nørhaven A/S, Viborg
Printed in Denmark

Alle deutschen Rechte vorbehalten.
ISBN 978-3-7539-1829-7
2. Auflage 2025

www.altraverse.de